Von der Kunst, Frauen zu lieben

••

Celeste West lebt in San Francisco in einem alten roten Haus mit einer innig geliebten Künstlerin und drei buddhistischen Katzen. Gebeten, sich näher zu beschreiben, bezeichnet sie sich als pansensuell von Natur aus, als feministisch durch freien Willen, als lesbisch in der Praxis und taoistisch im Geiste.

1972 gründete Celeste West gemeinsam mit anderen den feministischen Verlag Bootlegger Publishing, der sich der Guerilla-Kunst verschrieben hat und noch immer auf ihrer Sonnenveranda angesiedelt ist. Darüber hinaus ist Celeste West Leiterin der San Francisco Zen Center Library, in der alle Bücher lächelnd bekunden: „Das menschliche Leben ist ein Wortspiel."

Neben *Von der Kunst, Frauen zu lieben* hat Celeste West vier weitere Bücher verfasst: *Revolting Librarians* und *Words in Our Pockets: The Feminist Writers Guild Handbook* sowie den Ratgeber *Lesbian Polyfidelity: Nonmonogamy with Kindness, Clarity & Humor* und (als Co-Autorin) die Biographie *Elsa. I Come With My Songs.* Künftig beabsichtigt Celeste West E-Books zu schreiben, die zudem in kleinen Auflagen auf Hanfpapier gedruckt werden. Zur Zeit arbeitet sie an ihrem ersten Roman mit dem vorläufigen Titel „Laughing Buddha Maria".

Celeste West

Von der Kunst, Frauen zu lieben

Krug & Schadenberg

Für
Sue, Joanne und Elsa,
sine qua non.

Inhalt

Vorwort

Leise Musik, sie sieht ihr tief in die Augen, streichelt ihr Gesicht. Die Musik wird voluminöser, und sie küssen sich. Blende. Happy-End. So zumindest ist es sowohl im Kino als auch im Fernsehen immer öfter zu sehen. Wenn sich also Lesben schon in aller Öffentlichkeit als Liebespaar finden können, muss die lesbische Emanzipation doch wohl gelungen sein. Abgesehen davon, dass diese These dem „Familientest" oftmals nicht standhält, scheint es auch in den Beziehungen selten lange glatt zu laufen, und so pflegen viele Lesben die sogenannte serielle Monogamie. Praktizierende Serienliebhaberinnen glauben fest an die makellose Liebe – und die finden sie dann auch in regelmäßigen Abständen. Manche schaffen es, ein Jahr bei einer Frau zu bleiben, andere bringen es nur auf wenige Wochen. Der Auftakt zu einer solchen großen Liebe auf Zeit ist meist ein schwärmerisches „Sie ist die Frau meines Lebens. Einfach perfekt.". Am Ende kann sich das geneigte Umfeld dann jedoch anhören: „Das war die größte Enttäuschung meines Lebens." Jede zweite Enttäuschung ist bekanntlich eine falsche Erwartung. Und Lesben scheinen besonders anfällig dafür zu sein. Bei allen gesellschaftlichen und politischen Anstrengungen, die wir in den letzten Jahren unternommen haben, um das Lesbentum zur Normalität werden zu lassen, ist die Liebe ein bisschen auf der Strecke geblieben. Wir scheinen uns mit allen Themen, die die Welt bewegen, zu beschäftigen, außer mit der Realisierung einer funktionierenden und für beide gewinnbringenden Liebesbeziehung. Deshalb ist dieses Buch viele Jahre nach dem ersten Erscheinen so aktuell wie am ersten Tag. Mädchen werden erzogen, die Hüterinnen der Gefühle zu sein, und Jungen werden zu „harten Kerlen" zugerichtet. Später sollen die Frauen dann den Männern mit ihrem ewigen „Liebling, was denkst du gerade?" deren Kummer von der Stirn lesen. Dafür soll er sie auf Händen tragen und ihr Leben sichern. Was passiert aber, wenn zwei Gralshüterinnen der Gefühle aufeinandertreffen? Sie erwarten viel voneinander – meist zu viel. Beide hängen der Vorstellung an, sich intuitiv zu verstehen. Ein tiefer Blick und beredtes Schweigen. Doch dann streichelt die eine falsch, die andere küsst ein wenig ungewohnt. Es wird nicht darüber gesprochen. Die eine mag es, morgens im Bett zu lesen, die andere springt gern gleich aus den Federn, wenn sie die Augen aufschlägt. Schweigen. Die eine mag gern Actionfilme, die andere Romanzen. Schweigen. Je tiefer das Schweigen wird, desto unverstandener fühlt sich jede. Das Bild von der Traumfrau bekommt Flecken und Eselsohren, vergilbt. Keine von beiden geht, weil sie es nicht ertragen würde, die Böse zu sein. Also sehen sich beide heimlich nach einer neuen Traumprinzessin um. Da sie diese Fluchtgedanken wie blinkenden Strass auf der Haut tragen, hat eine von ihnen bald Erfolg. Es folgt eine tränenreiche, tragische Trennung. Das Umfeld bestimmt, wer Opfer und wer Täterin ist. Die Täterin wird gemieden, das Opfer getröstet. Die Welt ist wieder in Ordnung – wenn auch nicht mehr heil. Die Frauenliebe ist von ihrem Sockel gefallen. Schade. Oder? *Von der Kunst, Frauen zu lieben* zeigt uns, wie wir es einmal anders versuchen können. Betrachten wir Liebe und Begehren doch mal als Genussmittel. Genießen aber will gelernt sein. Wie nähere ich mich dem Genuss? Wie flirte ich mit einer Frau? Aller Anfang ist schwer, und viele Frauen, die sich begehrten, haben sich nie berührt, weil keine fähig war, den ersten Schritt zu tun. Wie liebe ich sie, dass sie in hohen Wellen kommt? Über den vorgetäuschten Orgasmus in heterosexuellen Beziehungen ist viel geschrieben worden. In lesbischen Beziehungen wird er wie ein Tabu behandelt. Und vielleicht der wichtigste Teil dieses Buches: Wie erstreite, wie erlaube und wie erobere ich mir eine dauerhafte Beziehung? Nicht jeden Tag gleitet eine Liebesbeziehung auf Euphorie leicht dahin. Es gibt Stolpersteine der Eifersucht, Gräben voller Langeweile, kalte Pfützen der Lustlosigkeit. Diese zu überwinden, ohne das Ziel eines gemeinsamen Lebens aus den Augen zu verlieren, ist schlicht und ergreifend Arbeit. Lady Clitoressa ist eine weise, humorvolle und lustbetonte Lehrerin, die die hohe Schule lesbischer Liebe beherrscht. Doch sie lehrt nicht nur den alltäglichen Umgang damit – sie macht jede Frauenliebhaberin zur Expertin. Und das ist dringend nötig. Die Probleme, die in einer Frauenliebe an die Oberfläche dringen, machen deutlich, dass mit einer rein theoretischen Diskussion über die Aufhebung der Geschlechtergrenzen die Macken weiblicher Erziehung, die Harmoniesucht und der zuckersüße Kitsch des verklärenden Blickes und der falschen Erwartungen nicht beseitigt sind. Charme und Genußsucht wollen gelernt, eine gute Beziehung will erarbeitet sein. Eine Frau, die Frauen liebt, sollte nicht ohne dieses Buch ins Bett gehen – ob allein oder zu zweit.

Ahima Beerlage, Juni 2001

Gruß an meine deutschsprachigen Schwestern
anlässlich der Neuausgabe

Ich bin entzückt darüber, dass Krug & Schadenberg diese heitere kleine Liebesbotin erneut aussendet – in einem von stolzem Feminismus geprägten Land. Es beflügelt mich zu sehen, wie viele junge Frauen ihr Lesbischsein heute als ein wundersames Geschenk der Natur annehmen. Lesbianismus ist vielleicht nicht vollkommen, doch mir so kostbar, dass ich ihn mein gesamtes Leben gefeiert habe. Liebt weiterhin beherzt und unerschrocken und denkt daran, dass Ihr nach Liebe nicht suchen müsst, wenn Ihr Liebe im Blick habt.

Mögt Ihr an den Brüsten zärtlicher Liebhaberinnen ruhen.

Celeste West, Herbst 2001

Einführung

Es scheint, als seien alle Menschen auf unserem Planeten darauf aus, einer Lady den Hof zu machen: heterosexuelle Männer, Lesben, schwule Männer – und so manche Hetera erwägt es ebenfalls. Kein Wunder: Der weibliche Teil der Bevölkerung hatte noch nie etwas für „Instant-Sex" übrig. Wir sind Künstlerinnen darin, Sex mit Romantik, Sinnlichkeit und Intimität zu bereichern und zu erotisieren. Außerdem ist die Frau die Glücksbringerin schlechthin: Nahrung zubereiten, zarte Berührungen, eine behagliche Atmosphäre schaffen – das ist ihr Geschäft. Vermutlich hängt dies damit zusammen, dass Frauen sich tendenziell als „Beziehungswesen" verstehen. Wir legen großen Wert auf Verbundenheit, die selbstverständlich im Gewand echter Emotionen daherkommen muss. Frauen sind in der Lage, eine Beziehung auszutarieren, indem sie eher verhandeln als Regeln aufstellen und ihr Territorium abstecken. Frauen geben der Qualität einer sexuellen Beziehung Vorrang vor der Quantität, wobei sie sich selten scheuen, eine innere Verpflichtung einzugehen.

Zwei Frauen können daher ein im höchsten Grade befruchtendes Verhältnis miteinander eingehen und eine berauschende wechselseitige Sinnlichkeit leben. Selbst das Wort „Lesbe" *(lesbian)* ist sinnlich, beschwingt, voller Poesie und geschichtlichem Gewicht („Lesbierin"). Studien typischer Lesben (in nicht-therapeutischen Situationen) zeigen, dass wir glücklicher, unabhängiger und seelisch gesünder sind als heterozentrierte Frauen. Es erfordert sicherlich eine gute Portion persönlicher Würde, die eigene Unabhängigkeit nicht für eine Ehe und sexuelle Gunst nicht für Status einzutauschen sowie eine wahre Form der Partnerschaft zu leben, statt sich von Geschlechtsrollen oder Dominanzstreben einengen zu lassen. Lesbisch zu sein bedeutet weit mehr als nur die Lust auf Frauen oder eine exotische Marotte wie anno dazumal das Monokel oder heutzutage der Einheitshaarschnitt. Lesbisch zu sein ist politisch und beinhaltet eine Philosophie der Gleichheit, des Selbstbewusstseins, der Authentizität und des Mutes. Seit langem gibt es gewisse Kreise von Frauen, die durch Reichtum oder Talent in die glückliche Lage versetzt wurden, ihre Liebe und ihre Freundschaft zu Frauen zu kultivieren. Der einzige „Schrank", an den diese Frauen dachten, war der für ihre Chanel-Kostüme.[*] Schließlich war Coco Chanel eine ihrer Schwestern. Alle, die es wissen wollten, konnten es wissen. Keine, die es wusste, scherte sich darum. Inzwischen hat die Frauen- und Lesbenbewegung dazu beigetragen, eine ähnlich selbstbewusste Freiheit für Millionen Frauen aller Gesellschaftsschichten zu schaffen, wenngleich auch nur in den westlichen Ländern.

Als mein eigenes Lesbischsein erblühte – wir schrieben das schicksalsträchtige Jahr 1969 –, betrachtete ich es mehr als Offenbarung denn als unliebsames Etikett. Nach näheren Informationen über das „Wer, Wo, Was und Wie" dürstend, sprach ich mit allen Lesben, die mir über den Weg liefen, und durchkämmte die Bibliotheken. Wie sich herausstellte,

---

[*] Anm. d. Ü.: Im Englischen bedeutet *in the closet,* im Schrank, das Gegenteil von *coming out:* eine Frau, die ihr Lesbischsein vor der Öffentlichkeit verbirgt. Im Deutschen werden diese Frauen gelegentlich mit dem Ausdruck „Schranklesben" bezeichnet.

war über das Paarungsverhalten von Lesben weniger bekannt als über das der Gorillas und der Küchenschaben. Wo blieb die Dian Fossey des Lesbianismus? Schließlich begegnete ich einer Frau, die ich nur als eine der lesbischen Koryphäen bezeichnen kann, eine weise Dichterin, die damals bereits über Siebzig war. Aus England stammend, führte ihr Weg über Montreal und New York – wo sie große Armut und schwere Schicksalsschläge ertragen musste – in die Wälder Nordkaliforniens, um dort ein lesbisches Avalon zu schaffen. Sie lachte, als wir sie „Lady Clitoressa" nannten. „Lady" bedeutete ursprünglich „eine, die das Brot knetet, bis es locker wird", und „Clitoris" bedeutet natürlich „Göttin".

Ihr wirklicher Name ist Elsa Gidlow, und sie ist eine Muse des *savoir-faire* und *savoir-vivre*. Meine Tagebücher waren voll von ihr. Sei vorsichtig, hieß es, sie ist wie Zen, sie kann dir das Herz brechen. Natürlich tat sie es, und dann lehrte sie mich, wie man Herzen wieder heilt. Sie schrieb eine aufregende Autobiographie *(Elsa, I Come With My Songs),* und mir wichtigtuerischen Junglesbe war sie als Ms Manners („Ms Manieren") eine schalkhafte, wenn auch mitfühlende Lehrerin. Sie ist der Überzeugung, Lesben könnten eine Ratgeberin gebrauchen, weniger für „peinlich korrektes Verhalten" als vielmehr für „ekstatisch korrektes Verhalten". Elsa sagte immer, lesbisch-feministische Politik könne durchaus zu etwas „weniger Zwanghaftem" heranreifen. „Ja, Lesbischsein ist ein Stück vom Kuchen."

Servieren wir ihn weiter. Unsere Zahl und Vielfalt sind Legion. Die konservativste und also am meisten zitierte Schätzung und Definition von Lesben in den USA entstammt dem alten *Kinsey Report* aus den piefigen, verklemmten fünfziger Jahren: zehn Prozent aller Frauen. Das bedeutet, es gibt heute mindestens zwölf Millionen Lesben in den Vereinigten Staaten. Hey, das bedeutet, jede Stunde werden allein in den USA 21 Lesben geboren!

Doch wir wissen, Lesben werden ebenso gemacht wie geboren, besonders seit der großen sexuellen Revolution, die mit dem Feminismus begann. Bis die Diskriminierung aufgrund sexueller Vorlieben endlich aufhört, ist es nicht möglich, uns wirklich zu zählen. Homosexuelle ForscherInnen glauben, zusätzlich zu jeder in statistischen Untersuchungen erfassten Lesbe existieren noch zwei oder drei weitere. Das hängt natürlich davon ab, wie Lesbischsein definiert wird.

Wer erinnert sich noch an die Zeit, als eine Frau definiert wurde als jemand, die im Norden durch ihren Ehemann begrenzt ist, im Osten durch ihre Kinder, im Süden durch ihre Armut und im Westen durch ihre Kleidung? Heute bestehen weniger als 20 Prozent aller US-amerikanischen Haushalte aus „traditionell" verheirateten Paaren mit Kindern. Mehr als 25 Prozent aller Lesben sind Mütter und stolz darauf, wenn auch nicht auf ihre Armut. Lesben sind, wie die meisten Frauen, nach wie vor eher arm, inzwischen aber gut ausgebildet und bewerben sich für Jobs, die Unabhängigkeit garantieren, wenn nicht gar Status oder dicke Schecks. Und Kleidung? Die lesbische Mode war immer die Mode der Freiheit.

Um Alice Walker zu zitieren: Lesbischsein verhält sich zum Feminismus wie lila zu violett, wobei Lesbischsein ein wachsendes Spektrum an Möglichkeiten darstellt. Manche definieren eine Lesbe als eine Frau, deren tiefste emotionale, erotische und spirituelle Bindung und Loyalität einer Frau gilt oder Frauen als Klasse. Nach dieser Definition sind die meisten Frauen Lesben, glaubt man dem letzten *Hite Report* über die Sexualität der Frauen. Für Frauen bringt Erotik *alle* Sinne ins Spiel, nicht nur die Genitalien.

Manche definieren eine Lesbe als androgyne Frau, die alle Geschlechtsrollen „spielen" kann, ohne sich auf sie festzulegen. Frauen, die frech und verletzlich, durchsetzungsbewusst und nachgiebig sind. Es sind eher die von sich selbst besessenen Männer, die es nötig haben, Lesben als kesse Väter zu definieren, als Wesen, die „gegen sie" lieben. Der Wunsch, Männer mögen uns sexuell begehren, ist nichts weiter als männliches Wunschdenken. Die lesbische Frau empfindet eine tiefe Zuneigung für ihr weibliches Selbst und nimmt sich die Freiheit, auf diese Vitalität und Erotik in allen Frauen zu reagieren. Meine Lieblingsdefinition lautet: „A lesbian is a woman who can teach you how to fix a car – or a cat." – Eine Lesbe ist eine Frau, die dir beibringen kann, wie du ein Auto reparierst – oder eine Katze gesund pflegst. Wer immer darauf besteht, Lesben ausschließlich über ihre genitale Präferenz zu definieren (und wer könnte so primitiv sein?), soll nur so weitermachen. Lesben lieben die Lust um der Lust willen. Was spricht dagegen, wenn wir definiert werden als das Geschlecht, das auf *Or*gasmus aus ist, nicht auf *War*gasmus.

Die lesbischen Themen sind die menschlichen Themen. Frauen sind sich mehr darüber im klaren, dass wir die Erde von unseren Müttern geerbt und von unseren Kindern nur geliehen haben. Lesbische Feministinnen waren bei buchstäblich allen fortschrittlichen Bewegungen der jüngeren Geschichte an vorderster Front. Wir sorgen uns um die Rechte und die Zukunft aller Wesen, seien es Affen, Biotope oder

Felsen. Emma Goldman hatte wie immer recht: „Homosexuelle sind gesunde Menschen in einer kranken Gesellschaft."
Die Norm ist nicht immer normal. Lesbischsein ist eine Möglichkeit, in einer patriarchalen Kultur der Mega-Vernichtung
auf die Kraft des Lebens zu setzen. Uns von der Norm abzu-
grenzen ermöglicht uns, kreativ zu sein. Unsere persönliche
Vernetzung zielt auf ein Klima von Sicherheit und Liebe; sie
ist ein gutes Modell für eine kleine, sich selbst befördernde
Gemeinschaft. Indem wir uns für erotische, geschlechtliche
und persönliche Freiheit einsetzen, leben wir Lesben die Revolution jeden Tag. Lady Clitoressa hat einmal ihre „Dreieinigkeit lesbischer Etikette" so zusammengefasst:

1. Bleibe deinem Lebens- und Liebesstandard treu.
2. Vermeide es, andere unnötig zu verletzen oder
   auszubeuten.
3. Versuche zu verhindern, dass schlechte Situationen
   schlimmer werden.

Zahllose Lesben aus allen Teilen der USA und des Auslan-
des kamen, um auf Lady Clitoressas grünen Weiden zu gra-
sen. Sie erwärmten sich für ihre Dreieinigkeit; sie wiederum
erwärmte sich für deren „sinnlichen Intellekt". Ich danke vielen dieser Frauen, die meinen Horizont und mein Herz er-
weitert haben, besonders denjenigen, mit denen ich in liebevoller, aber scharfzüngiger Kontroverse über dieses Buch
gelegen habe. Ich gebe zu, in diese Ratgeberin sind hauptsächlich die Ansichten und Gepflogenheiten von Lesben in
diesem kleinen goldenen Halbmond aus San Francisco, Ma-
rin und Alameda County im nördlichen Kalifornien einge-

gangen, und wir leben hier in einer wunderschönen Seifenblase, einem psychischen Hafen mit kosmischer Libido. Alles, was ich tun kann, ist, euch auf einen Besuch einzuladen.
Wir werden euch den Himmel und das Meer reservieren.
Seid jedoch vorbereitet. San Francisco ist die einzige Stadt,
in der ihr gefragt werdet: „Bist du gekommen?" Möge eure
Antwort klar, frei und freundlich ausfallen.

Inzwischen hat sich herausgestellt, dass wir schönen, stol-
zen Märchenwesen den Paradiesgarten nicht verlassen müssen, sondern dass wir im Gegenteil immer mehr werden. Ein
lesbischer Regenbogen lächelt über diesen grünen Wiesen.
Ein Wort leuchtet in ihm: *Veränderung*.

Celeste West,
San Francisco, 1989

I. Die hohe Kunst:

Lesbisches Flirten, lesbische Romantik

Beginnen wir beim Flirten. Beginnt nicht schließlich alles damit? Das Flirten ist der Musik verwandt, eine leichte Berührung als Mittel und Ziel. Das Wort selbst stammt von dem alten französischen *fleureter* ab, was wörtlich bedeutet: „von Blume zu Blume schweben". Eine Form des Flirtens ist die Anmache, ein eher zielorientiertes und offensives Verhalten *(con brio)*. Jede Lesbe hat ihren einzigartigen Flirt-Stil, mit wunderbaren Variationen. Am Anfang prägst du dir vielleicht ein paar Themen ein, übst sie sogar und nennst sie „Eröffnungszüge" wie beim Schachspiel. Keine Angst: Selbst wenn du schrecklich schüchtern bist, kannst du immer noch jene „eloquente Rezeptivität" entwickeln, die sich vielleicht als die magnetischste Form aller Verführungsstile entpuppt. Lesben wissen diese Schüchternheit zu schätzen, sie ist oft nur ein Schleier der Tugend. Trampeltiere haben auf diesem Terrain natürlich nichts zu suchen.

Natalie Barney, die „Amerikanerin in Paris", deren exquisite Salons Legende sind, hat den Titel Lesbianas: *„une séductive exemplaire"* inne. Natalie widmete ihren beträchtlichen Reichtum und Genius ihren amourösen Freundschaften und las ihre Geliebten noch mit weit über achtzig am Strand auf. Zwar muss die Tatsache, dass sie fließend zwei Sprachen beherrschte, einnehmend gewesen sein, doch eine ihrer charmantesten Eigenschaften war ihre Fähigkeit, ihr Leben lang wie eine Novizin zu erröten, wenn sie einer begehrenswerten Frau vorgestellt wurde. Wer wäre nicht entzückt von einem so rosigen Kompliment?

Flirten und Anmache, darin ähneln sie ebenfalls der Musik, verbessern sich mit zunehmender Praxis. Es ist ein Prozess, der sich nur wenig abkürzen lässt, wenn auch ein charmanter Akzent und ein leichtes Erröten helfen mögen. Empfehlenswert sind die folgenden Techniken, die wir als Teil des Repertoires weiter unten ausführlich diskutieren werden: *Clitzpah,* Gesprächsvorspiel, Körpersprache, Kenntnis erprobter Anmachorte und, zu deiner eigenen Sicherheit: Überlebenstechniken nach Zurückweisung.

Dann sei bereit. Flirten und Anmache können dir in der Tat die Türen öffnen zu jenem ekstatischen, wild- und doch so zartblühenden Garten: der lesbischen Romanze. Der Preis dafür, hineinzugelangen, besteht darin, deine sicheren Grenzen und deinen Alltagsverstand hinter dir zu lassen. Du schwebst auf die Blume zu, in die psychedelische, pulsierende, vergängliche Lavendelblüte der Romantik, du bist die Königin für deine Königin ... und dann? Hört es nicht genau hier gewöhnlich auf? Wir fragen uns: Was ist geschehen? Wohin geht die Blume der Romantik, wenn sie stirbt? Du kannst sie länger leben lassen. Du kannst sie nicht ewig bewahren. Es kommt immer die Zeit, sie neu auszusäen. Also werden am Ende dieses Kapitels Pflanzanweisungen für neue Romanzen zwischen alten Partnerinnen angefügt. Doch denk daran, eine Welle innezuhalten, nicht nur um zu sinnieren – auch um dich auszuruhen. Das ist der Sinn eines Zyklus.

Clitzpah

Clitzpah zeugt von reinem Hedonismus: Lust um der Lust willen. Du bist offen, weit offen dafür, die Engel singen zu hören, hier und jetzt, ohne Scham. *Clitzpah* ist der Weg zum Abenteuer, auf dem du immer ein wenig mehr gibst und ein wenig mehr bekommst. Du spürst, dass du es wert bist, über und über mit Küssen bedeckt zu werden und den Körper einer Frau gleichermaßen zu kosten und zu liebkosen. Auch wenn du im Moment nicht so empfindest – so sollte es sein. Du bist ein Kind des Universums; das gilt es zu feiern – nun geh! Das göttliche Recht, das Erste Gebot lautet: Du hast das Recht, der Dame deines Herzens auf stilvolle Weise alles vorzuschlagen, was du dir wünschst. Selbstverständlich respektierst du dabei ihr natürliches Recht, dich zurückzuweisen, was du gelegentlich auch erfahren wirst. Schließlich ist die Zurückweisung ein Bestandteil des Spiels, das die Werbung so aufregend macht. Mehr über die wechselhafte und wertvolle Rolle der Zurückweisung später. Jetzt aber zelebrieren wir *Clitzpah* und feiern das Leben, den unwiederbringlichen Moment. Warum sollten wir nicht mit jeder Faser unseres Wesens leidenschaftlich glücklich sein?

Nicht zuletzt ist *Clitzpah* auch politisch korrekt. Eine große, starke Feministin wie du darf doch keine Angst davor haben, eine Schwester zum Tanz aufzufordern!

Unterhaltsames Vorspiel

Du brauchst dir über das Anmachgespräch keine Sorgen zu machen, wenn die Kugel erst einmal rollt und ihr beide angeturnt seid. Lesbisches Flirten ist ebenso wie die lesbische Verführung eine wechselseitige Angelegenheit. Keine übernimmt die Kontrolle. Keine ist das Opfer. Die große Herausforderung liegt darin, einer Frau, die du begehrst, zu signalisieren, dass du bereit, fähig und willens bist, dich mit ihr auf höchst vergnügliche Weise einzulassen. Die Aufgabe besteht also darin, die richtige „Eröffnung" zu finden. Lies noch einmal den Absatz über *Clitzpah* und denke an *Lady Clitoressas Erstes Gesetz der Bewegung: In neun von zehn Situationen musst DU den ersten Schritt tun.* Im Anmachspiel ziert sich häufig selbst die hartgesottenste Lesbe: „Nach Ihnen, meine liebe Alphonse ... " Jede Frau wartet darauf, die andere möge beginnen, das seltsamste Balzverhalten aller Spezies. Schüchterne, sehr schüchterne Frauen führen ein aufregenderes Leben, als sich gewöhnliche Sterbliche je vorstellen können. Was kühnen Menschen wie ein schlichtes Tête-à-tête erscheint, bedeutet der Schüchternen die höchste Form des Abenteuers, voller Gefahren und verblüffender Erfolge. „Ich habe sie angelächelt, und sie lächelte zurück!" kann uns volle zwei Wochen in Glückseligkeit versetzen. Es ist schon ein Wunder, dass Lesben jemals dahin gelangen, das Manna wirklich zu kosten, aber am Ende kommt es doch, wie es kommen soll ... früher oder später. Um aber jetzt den Anfang zu machen, legst du dir am besten einige allgemeine Eröffnungssätze zurecht, die dir leicht über die Lippen kommen. Sie einzuüben bedeutet nicht, unaufrichtig zu sein. Buchstäblich alle sanften Draufgängerinnen in Lady Clitoressas Kreis haben einige solche Eröffnungssätze parat.

In der Regel empfiehlt es sich, niemals schrecklich witzige, sarkastische oder intellektuelle Bemerkungen an den Anfang zu stellen. In der Regel wird dein Gegenüber darauf nämlich keine schnelle Erwiderung bereit haben, also fühlt sie sich unbehaglich und wünscht nur noch eines: der Situation zu entkommen – und dir. Eine Bemerkung wie: „Haben Sie immer soviel Spaß?" sollte auf deiner Negativliste stehen. Schließlich willst du mit dieser Frau flirten und sie nicht an die Wand nageln. Eine leicht sexuelle Anspielung wie „Kann ich Sie zu einem Drink einladen – oder zu einem Sommer auf Ibiza?" wird so manche Frau nervös machen – selbst wenn sie verdammt genau weiß, wovon du sprichst. Eine am Hungertuch nagende Künstlerin jedoch gab einmal zu, die Ironie des folgenden Satzes genossen zu haben: „Kann ich Ihnen einen Drink besorgen, oder hätten Sie lieber das Geld?" Dies war der Beginn einer faszinierenden Unterhaltung über Kunst, die ökonomische Situation von Frauen und weit darüber hinaus ... Hier ist ein Eröffnungssatz nach New-Age-Art: „Die Erde ist solch ein wundervoller Ort. Kommen Sie öfter her?" Er verlangt jedoch ein entsprechendes Umfeld, um nicht lächerlich zu wirken.

Heutzutage gilt es als etwas überzogen, wenn eine Lesbe in einer Bar oder auf einer Party Runden schmeißt wie ein Cowboy im Saloon. Du musst eine Lady zwischen zwei Gläsern erwischen, und heute nippen Frauen langsamer an ihrem Drink oder beobachten die Szene bei Saft oder Mineralwasser. Wenn du es nicht lassen kannst, frage sie, ob du ihr einen Drink „holen" (nicht „spendieren") darfst, und bezahle ihn selbstverständlich. Eine willige Mitspielerin reagiert darauf mit einem bezaubernden Lächeln und mit: „Die nächste Runde geht auf mich", eine tollkühne mit: „Vielleicht können wir das nächste Glas an einem ruhigeren Ort trinken ... " Und hier eine Eröffnung für Fortgeschrittene: „Wenn es nicht länger als romantisch gilt, alkoholisiert zu sein, ist es dann trunken, romantisch zu sein?" Ein Anfangssatz für alle Gelegenheiten, der nicht von Trinkgewohnheiten abhängig ist, besteht in der Frage: „Darf ich mich einen Moment zu Ihnen gesellen?" Der „Moment" entwaffnet eine Lady, die fürchtet, bei einem seltsamen Vogel hängenzubleiben – und gibt dir die Möglichkeit, einen Abgang zu machen, wenn dir danach ist.

Lady Clitoressas Damen favorisieren folgenden Eröffnungszug, der fast immer passt: „Wie geht es Ihnen?" Das klingt freundlich, beinhaltet kein Risiko für dich und ist auch für sie ungefährlich. Einige wenige Frauen werden es dir daraufhin erzählen – in allen Einzelheiten. Indem du aufmerksam zuhörst („Oh. Oh? Oh!", falls es dir für einen Augenblick die Sprache verschlägt), macht die Unterhaltung riesige Fortschritte, es sei denn, es stellt sich heraus, dass sie sich in einer hoffnungslos unglücklichen Situation befindet. Dann tauchst du ab auf die Toilette. Die meisten Frauen jedoch antworten zunächst einmal mit „Gut, danke" und fragen entsprechend zurück. Selbst wenn sie nichts fragen, hast du jetzt eine erstklassige Gelegenheit, über die Eröffnungssequenz hinaus zu einem wirklichen Dialog zu gelangen. Biete ihr irgendeine Abwandlung von „Tja, mir geht es gerade ganz gut, denn ..." Hier erwähnst du irgendein kleines Highlight des Tages, deinen jüngsten Coup oder machst eine nette Bemerkung über die Szene. Du erscheinst damit interessant und erfolgreich oder zumindest positiv – keine Frau, vor der eine andere davonlaufen möchte. „Ich habe gerade eine Geschichte verkauft" ... „ein neues Fahrrad erstanden" ... „einen wundervollen Film gesehen" ... „unserer Gastgeberin zustimmen müssen, als sie sagte ... " usw. Schließlich flichst du geschickt etwas Nettes über deinen Beruf ein und steuerst damit die Unterhaltung zu ihr zurück, indem du fragst: „Und was machen Sie?", da die meisten Frauen irgend etwas machen. Gelegentlich aber haben Frauen langweilige Jobs, also ist die beste Nachfrage: „Wie verbringen Sie eigentlich am liebsten Ihre Zeit?" Merke: Sobald du etwas Schmeichelhaftes über ihre Erscheinung oder ihre Kleidung sagst – und Komplimente sind exzellente Eröffnungssätze –, signalisierst du, dass dein Interesse an ihr mehr als nur sagen wir mal schwesterlich ist. Frag sie zu allem möglichen nach ihrer Meinung. Irgendwo in diesem Einführungsgeplauder bemerkst du so ganz nebenher: „Übrigens, ich heiße ..."

Zugegeben, das reißt eine Frau nicht gerade vom Hocker, aber wir reden hier über das Allerelementarste: wie ein Welterfolg beginnt. Der grundlegende Zweck aller ritualisierten sozialen Mitteilungen und des ganzen Small talk über das Wetter ist *Kontakt;* der Inhalt ist völlig irrelevant. Small talk bedeutet nichts weiter als „Ich bin dir freundlich gesinnt und möchte diesen einen Augenblick im Leben mit dir teilen." Small talk ist die federleichte Ausnahme von der literarisch gewichtigen Regel. Auch du kannst leichtfüßiger und heiterer werden, wenn du nur einfach daran denkst, dass wir uns hier im gelobten Land eines Prozesses befinden, nicht des bleischweren Inhalts. Du kommst schnell in eine lockere Stimmung und ein ebensolches Gespräch, wenn du mit deinem Gegenüber ein gemeinsames Interesse entdeckst, weshalb es immer besser ist, die Dame bei einem Frauenstudien-Vortrag oder selbst einem Ikebana-Volkshochschulkurs zu treffen als in Bus oder Bar. Niemals solltest du unmittelbar dazu übergehen, eine Frau ins Kreuzverhör zu nehmen, ihr all die „Erzähl mir deine Lebensgeschichte"-Fragen zu stellen über solche delikaten Angelegenheiten wie persönliche Ziele und Hindernisse, das Verhältnis zu den Eltern, das Coming-out oder frühere Geliebte. Selbstverständlich willst du nichts lieber wissen als das, aber die sofortige Verfolgung dieses Ziel würde bedeuten, dich in die Privatangelegenheiten der Dame einzumischen. Zunächst solltest du nichts weiter tun, als ein paar deiner eigenen allgemeinen Interessen mit Anekdoten zu verknüpfen und sie freundlich darzubieten (diese Geschichten handeln dann von Lieblingsgerichten, Katzen, Tagesereignissen, Frauenthemen). Um an Informationen heranzukommen, musst du Informationen geben; dann geraten die Dinge in Fluss.

Wenn all deine Versuche, dich als Lady Chatterley zu betätigen, dir nichts weiter einbringen als bleiernes Schweigen, erinnere dich daran, dass auch die schönsten XX-Chromosomen nicht unbedingt auf Anhieb miteinander harmonieren müssen. Übe dich einfach eine Weile in Geduld und lass es durchaus zu einigen Gesprächspausen kommen. Du signalisierst ihr damit deine respektvolle Aufmerksamkeit. Schweigt die Dame beharrlich, so begnüge dich damit, dich der Gegenwart einer wunderschönen Frau zu erfreuen. Lächle sie an, so lange, wie es brauchen würde, die Worte auszusprechen: „Würdest du gern jenseits aller Worte mit mir ins Bett gehen?"

Schweigen kostet nichts, und es verletzt nicht. Es kann sogar durchaus erfrischend sein. Atme Wohlgefühl ein und Hoffnung aus. Denke daran: Diese Lady kommt gerade von Göttin weiß woher und braucht vielleicht eine Chance, die plötzlich aufgetauchten neuen Optionen zu sondieren – dich inbegriffen. Merkst du aber, dass sie auf das Spiel nicht eingehen mag, dann sei so galant zu sagen: „Tja, es war mir ein Vergnügen, mich mit dir (Ihnen) zu unterhalten." Und das war's dann.

Das Wichtigste am unterhaltsamen Vorspiel ist die gute Energie, da zu sein, sich lebendig zu fühlen und das Spiel zu genießen. Dies bringt uns zu *Lady Clitoressas Zweitem Gesetz der Bewegung: Nur keine unziemliche Hast.* Lesben verfügen über eine ungezählte Vielfalt erotischer Gefühle und Sinnesempfindungen, die sie ins Spiel bringen können. Es ist nicht nur ungeschickt, auf sofortige Befriedigung zu drängen, es ist ausgesprochen tollkühn. Die meisten Lesben können es nicht leiden, eilig von einer Fremden zum Sex gedrängt zu werden. Anders als die Opfer wildgewordener Testosterone können wir es uns leisten, Connaisseurinnen des Feinsinnigen zu sein und dabei geradezu verschwenderisch mit Zeit umzugehen. Sinnliche Lesben wissen: Der Weg ist schon der halbe Genuss; die Blume des glühenden Verlangens wächst in der Jahreszeit der Erwartung. Wir könnten auch sagen: „Vertrautheit erhöht die Chance." Bei der ersten Begegnung solltest du dich damit begnügen, eine Verabredung zu treffen, und nicht gleich darauf aus sein, auf Tuchfühlung zu gehen. „Ich würde mich sehr freuen, Sie (dich) wiederzusehen. Darf ich Sie (dich) anrufen?" oder, schon konkreter: „Ich möchte die Frauenkunst-Ausstellung besuchen. Ich würde gern mit

dir dorthin gehen. Hättest du Zeit und Lust mitzukommen?"
In diesem Fall demonstrierst du, dass du eine aktive Person
bist, die etwas Interessantes vorhat. Du präsentierst ihr eine
neutral klingende Gelegenheit. Sich für ein kulturelles Ereignis zu verabreden ist weniger heikel als eine Einladung zum
Abendessen oder zum Tanzen, die deutlicher auf romantische Interessen verweist. Was auch immer du vorziehst, tu
etwas. Sonst verzehrst du dich hinterher mit „Es wäre so
schön gewesen … "; jede Handlung kann Erfolg zeitigen oder
wenigstens Klarheit schaffen. Also geh los und treibe das
Rad des Karmas an.

Sagen wir einmal, du hast die Initiative ergriffen und die
Sache ins Rollen gebracht. Dann kommt jetzt der nächste
Schritt auf dem Pfad des unterhaltsamen Vorspiels. Es ist
dies der entscheidende Schachzug namens „aufs Ganze gehen", die Frage nach SEX. Aufs Ganze gehen kannst du bereits beim ersten Mal oder beim fünfzehnten Date, es hängt
von deiner Periode ab, deinem Sternzeichen und den Signalen, die du erhältst. Du magst es bei dieser Frau auf ein gemeinsames Leben oder eine süße Nacht abgesehen haben.
Am besten übst du, indem du dir zum Beispiel folgende Szene vorstellst: Dies ist dein letzter Abend in Minneapolis. Du
hast den ganzen Abend mit einer anscheinend interessierten
Schönen geflirtet, und es wird spät. Spielerisch berühren
sich eure Hände. „Ich habe gar keine Lust zu gehen." Dann
liebkosen deine Finger aufmerksam jede ihrer Fingerspitzen
in stummem Zwiegespräch. Du glaubst zu sehen, wie sich
unmittelbar darauf die Brustknospen unter ihrer Bluse auf-
richten. Es heißt also: jetzt oder nie. Aber *wer* wird den ersten Schritt tun?

Erinnere dich an deine Chancen: Sie könnte eine der neun Lesben von zehn sein, die von *Clitzpah* nur gehört haben. Und nach der Wahrscheinlichkeitsrechnung ist klar: Es ist an DIR. Bei dieser delikaten Angelegenheit ist es natürlich von höchster Bedeutung, sich an Lady Clitoressas „keine unziemliche Hast" zu erinnern, obwohl natürlich ebenso klar ist, dass die Zeit dir *tatsächlich* davonläuft; also flüsterst du leise: „Darf ich dich nur ein einziges Mal küssen?" (Erfolg, langersehnter Erfolg. Ein abgrundtiefer Blick, feuchte Lippen, die sich erwartungsvoll spitzen ...)

„Ich würde dich gern irgendwann einmal von oben bis unten mit Küssen bedecken." (Liebevolles Lächeln. Tiefes Atemholen.) „Weißt du, ich wäre entzückt, wenn du die Nacht mit mir verbringen *könntest* ... "

Geübte Verführerinnen werden das harmlos klingende „nur ein einziges Mal" des Eröffnungssatzes und das „irgendwann" des nächsten zur Kenntnis nehmen. Du bist ja schließlich nicht verzweifelt. *Ein* Kuss ist in der Tat besser als *keiner*, und *irgendwann* ist besser als *nie*. „Wenn du könntest" im letzten Satz gibt einer Lady, die gegenwärtig noch nicht bereit dazu ist, die Möglichkeit, mit einem diplomatischen „Nun ja, ich kann heute leider nicht", statt mit einem endgültigen „Nein danke" zu antworten.

Es geht hier nicht darum, stets passende Standardfloskeln vorzugeben, sondern lediglich darum, die altmodischen, wohlduftenden guten Manieren und die dezente Unaufdringlichkeit zu betonen, für die Lesben berühmt sind. Im oben beschriebenen Szenario enthalten die entscheidenden Sätze genügend feingewebte Schlupflöcher, durch die beide Spielerinnen hinwegtanzen können. Es ist einfach, die Hand auszustrecken, und ebenso einfach, loszulassen. Vielleicht musst du *dieses* Mal *diese* Frau gehen lassen. Es ist jedoch *immer* als erfolgreiche Avance zu betrachten, eine schöne Frau stilvoll darauf aufmerksam gemacht zu haben, dass du – nun ja, scharf auf sie bist. Sie wird das Kompliment zu schätzen wissen, während du dich daran erfreust, wieder mal das Leben in dir pulsieren zu fühlen. Außerdem hast du das Haupthindernis aller Lesben genommen, das darin besteht, es nicht zu versuchen.

Anders als schwule Männer sind Lesben nicht auf Code-Sätze programmiert, die den Aufbruch signalisieren. Natürlich, wenn eine in einer Bar sagt: „Wohnst du hier in der Nähe?", ist das schon irgendwie ein Signal, und abgesehen davon auch eine beliebte Informationsstrategie. Erspare uns bitte „Wie magst du die Eier am Morgen, Liebling?" und das abgedroschene „Zu dir oder zu mir?". Frauen, die den Merkur im Skorpion haben, lassen sich gern von „Möchtest du dich mit mir davonstehlen?" hinreißen. Lady Clitoressa selbst schmolz dahin, als ihr ins Ohr geflüstert wurde: „Heirate mich für heute nacht", eine Nacht, die dreizehn Jahre dauerte. Gespräche über Sex, ob soziologischer oder unverblümter Art, werden natürlich häufig einfach deswegen geführt, um das Thema weniger heikel zu machen und den nächsten Schritt zu erleichtern. „Ohral-Verkehr" ist ein eigenständiges Vergnügen, schon allein deshalb, weil du lesbischen Sex auf diese Weise in all seiner Vielfalt kennenlernst. Außerdem ist er von nicht unwesentlicher Bedeutung, falls irgendwelche exotischen Neigungen ins Spiel kommen. Und schließlich müssen wir seit Aids einfach lernen, uns mit potentiellen Partnerinnen über unsere Sexpraktiken und unsere Sexgeschichte(n) zu unterhalten.

Körpersprache

Wenn der vorangegangene Abschnitt über das unterhaltsame Vorspiel eher prosaisch anmutet, so liegt das daran, dass du die andere Frau schließlich *mit deinem ganzen Körper* anmachst. Zu Beginn des sozialen Tanzes ist es weniger wichtig, *was* du sagst, als *wie* du es sagst. Wir wissen ja: Alles ist Körper, und dieser ist so kommunikativ, dass wir die meisten Botschaften tatsächlich auf non-verbale Art erhalten. Erinnerst du dich an die Zeit, als Rauchen noch sexy war? Damals brauchte eine Frau keine Worte, um das Feuer zu entfachen. Generell solltest du mit deiner verbalen Anmache erst beginnen, wenn die Dame deines Herzens ihre Antennen ausgefahren hat. Das lesbische Balzritual kann äußerst subtile Signale enthalten, selbst Telepathie und Energiefelder spielen eine Rolle. Nutze sie.

Viele Künstlerinnen der lesbischen Verführung beginnen mit den Augen. Wieder und wieder sprachen Natalie Barneys *amies* davon, dass sie zunächst von ihren unvergleichlichen Augen gefangengenommen, manchmal sogar auf Anhieb erobert wurden. Ein Blick war ein intimer persönlicher Austausch. Sie selbst bemerkte dazu: „Anfassen kann jeder. Es ist der optische Nerv, der die Seele durchzuckt." Wenn dir das zu poetisch erscheint, sei eine „wissenschaftliche" Studie zitiert: Zweiundsechzig Prozent aller Befragten äußerten in einer US-Umfrage, sie seien von den Augen ihres Ge-

genübers am meisten angezogen, die Haare dagegen lande-
ten an zweiter Stelle weit abgeschlagen bei 22 Prozent. Es
stimmt wirklich: „Mit den Augen zu lauschen gehört zu den
delikaten Künsten der Liebe."

Ein Grund, warum Bars den Ruf haben, sexy zu sein, liegt
darin, dass dort sehr viel visuelle Bestätigung und Augen-
Spiele stattfinden. Die Pupillen weiten sich im Schummer-
licht ähnlich wie sie es vor Verlangen tun würden. Wenn
zwei Lesben miteinander flirten, beginnen sie zunächst mit
ein paar feurigen Blicken, die wir als „Applaus-Reaktion" bezeichnen können. Zunächst siehst du dich selbst anerken-
nend in den Augen einer Frau gespiegelt. Geschmeichelt
spiegelst du ihr wiederum dein Bild von ihr als anspruchsvol-
le, sensible Seele. Sie sieht diese attraktive Spiegelung und
wirft dir ein noch entzückenderes Bild von dir zurück. Die
applaudierenden Bilder spiegeln einander bei dem Vorgang,
einander zu spiegeln, wie leuchtende Tautropfen in einem
Spinnennetz. Was letztlich aus dieser exquisiten, zerbrech-
lichen Illusion wird, kann nur die Zeit erweisen. Jedenfalls
ist es ein bezaubernder Anfang.

So magisch der Tanz im Spiegelkabinett auch sein mag,
das Auge gilt zudem von alters her als Symbol für Ehrlichkeit,
Klarheit und Macht. Avalokiteshvara, die hochverehrte chinesische Göttin Kwan Yin, wird manchmal mit tausend Armen und offenen Händen dargestellt, in jeder ein geöffnetes
Auge. Lady Clitoressas Damen sagen: „Der Unterschied zwischen Sex mit einem Mann und Sex mit einer Frau ist wie der
Unterschied zwischen Sex mit geschlossenen oder mit offenen
Augen." Frauen setzen sich am Tisch oft einander gegenüber,
um sich in die Augen sehen zu können. Zwei Männer dage-

gen bevorzugen es eher, sich nebeneinander zu setzen. Eine Pionierstudie der Lesbenforschung heißt aus gutem Grund *Look Me in the Eye* – „Sieh mir in die Augen". Mit einem langen Blick kannst du einer Frau signalisieren, dass du sie begehrst, ob quer durch eine Bar oder einen vollen Seminarraum. Ja, du brauchst schon etwas Übung, um deinen anerkennenden Blick beizubehalten, wenn eine Frau ihn bemerkt; gewöhnlich schlagen wir schnell die Augen nieder, wenn das Gegenüber unseren Blick auffängt. Du aber bist un-verschämt – und freundlich. Du hebst leicht die Augenbraue und lächelst sanft. Bitte nicht grinsen. Lady Clitoressa pflegt eine solche Begegnung mit einer fast unsichtbaren Verbeugung abzurunden. „Die einzige Etikette, die eine Frau kennen muss, ist die, wie man sich von Herzen verbeugt." Gemeinsam mit einem Nicken oder Lächeln kannst du der Lady einen stillen Gruß, einen warmen Farbtupfer, einen Hauch Sternenstaub senden. Ein paar ganz Galante tippen bei dieser Gelegenheit leicht an ihre Hutkrempe.

Vielleicht hilft dir eine kleine Übung: Zwinkere Frauen zu, die dir auf der Straße, im Bus oder im Einkaufszentrum begegnen. Nur zwinkern, kein anzügliches Grinsen, kein einziges Wort, nicht einmal ein Lächeln. Frauen am Postschalter und am Gemüsestand, Kartenabreißerinnen und Handwerkerinnen. Bei Polizistinnen macht es besonderen Spaß, ganz zu schweigen von Nonnen. Die Frau wird nie wissen, ob sie sich geirrt hat oder ob du in der Tat so verwegen gewesen bist. Sollte sie dich jedoch tatsächlich fragen: „Haben Sie mir gerade zugezwinkert?", dann lächle und frage mit freundlich-überraschtem Gesichtsausdruck zurück: „Gezwinkert? Hätte ich das denn tun sollen?" So ein Zwinkern ist entwaffnend und konspirativ, wenn es geradezu beiläufig geschieht. Deshalb ist es besonders nützlich, wenn du bei etwas Unartigem ertappt wirst, wie zum Beispiel diese Ratgeberin auf dem Kopierer in deinem Büro zu vervielfältigen.

Wenn du eine liebenswerte Frau triffst und mit ihr Augenkontakt aufgenommen hast, dann solltest du darauf achten, sie nicht zu bedrängen, nichts zu überstürzen, so als hättest du gerade deine Doktorarbeit im Flirten abgeschlossen, sondern das Ganze mit einer gewissen Leichtigkeit zu betrachten. Auf das richtige Timing kommt es an. Du wirst es merken, wenn du zu weit gegangen bist. Manchmal wird eine Frau sogar heftig den Kopf abwenden, als hätte man sie geschlagen. Achte darauf, welcher Kultur die Dame deines Herzens angehört. Freundlicher Augenkontakt mit einer westlichen Weißen kann von einer Asiatin als ausgesprochen rüde empfunden werden. In einer Untersuchung wurde herausgefunden, dass Weiße eher beim Zuhören Augenkontakt suchen, Schwarze dagegen nur beim Reden, womit sie Weißen irrtümlich den Eindruck vermitteln, sie würden nicht zuhören.

Augen sind jedoch nur ein Tor zur romantischen Verführung. Blinde Frauen zum Beispiel haben eine Art, mit ihrem ganzen Körper zuzuhören, die ein Wunder eloquenter Rezeptivität darstellt – davon können wir anderen nur lernen. Margaret Mead, die sich jüngst als Adeptin lesbischer Empfindsamkeit entpuppte, hat bei privaten Unterhaltungen angeblich häufig die offenen Handflächen nach oben gedreht. Ruhige, vollständige Stille bedeutet: „Ich bin empfänglich." Lass dein Blut pochen, und sie wird es hören. Dies ist die Fähigkeit des *être là,* der Präsenz von leuchtender Intensität. Geübte Verführerinnen (und weise Frauen) verwenden ein ganzes Spektrum von Signalen aktiven Zuhörens wie Augenkontakt, sich vorbeugen, sich mit dem Atem auf ihr Gegenüber einschwingen, nicken, zartes Berühren (bei besonders berührenden Themen) und vor allem: niemals unterbrechen. Auch versuchen sie nie, die Unterhaltung zu beschleunigen, etwa indem sie die Sätze der anderen beenden. Warum den Tanz nicht auskosten?

Nicht nur Zeit ist ein delikates Thema, auch Raum. Wir alle wissen, dass eine lesbische Feministin „Raum" braucht wie die Luft zum Atmen. Jede Frau (in jeder Kultur) hat ihre ureigene „Intimitätszone", wenn sie einer neuen Person begegnet. Selbst Männer wissen das; wenn sie rüde sind, versuchen sie, den Raum einer Frau zu dominieren. Beginne mindestens einen Meter entfernt und rücke dann näher, je nach den Hinweisen, die dein Gegenüber dir gibt. Wenn ihr beide sitzt, kannst du dich allmählich in die Unterhaltung hinein„lehnen". Umarmungen bieten reichhaltige Studienmöglichkeiten in Sachen „Raum-Teilung". Eine typische Distanz-Frau wird sich nicht in die Umarmung hineinschmiegen, sondern da, wo kein Druck ausgeübt wird, zurückweichen. Dies könnten wir als „A-förmige" Umarmung bezeichnen. Sei wachsam; hier hast du eine „Raum-Pflegerin" vor dir; gehe so sorgfältig mit ihr um, als wäre sie ein wildes Tier. Körperfreudige lehnen sich mit dem ganzen Körper in die Umarmung, Brust an Brust und Bauch an Bauch. Halte das nicht für eine sexuelle Umarmung. Manche Frauen gehen sehr großzügig mit körperlicher Zuneigung um, ebenso ist es in manchen Kulturen. Es heißt: Je friedliebender die Kultur, desto eher wird sie körperliche Zuneigung demonstrieren. Dreimal darfst du raten, ob Maggie Thatcher oder Nancy Reagan andere Menschen gern umarmen?! Mittelmäßige Freude am Körperkontakt zeigt eine Frau, die sich zwar in die Umarmung hineinschmiegt, den Körper jedoch leicht zur Seite biegt, so dass nur einer ihrer Hüftknochen die andere berührt.

Das Händeschütteln bietet einen weiteren Anlass für faszinierende Studien. Manchen Frauen fällt es sehr leicht, anderen überhaupt nicht. Europäische Lesben scheinen mit dieser Tendenz geboren zu sein. Die Französinnen sind dabei besonders charmant, indem sie häufig ihre linke Hand benutzen, die „dem Herzen näher ist". Eine ausgesprochen freche Variante ist es, die Lippen kurz über ihren Handrücken schweben zu lassen, die Hand dann umzudrehen und deinen Atem sanft über die erotisch sensible Innenseite ihres Handgelenks zu hauchen. Ein einfaches Händeschütteln kann ein machtvolles Ausdrucksmittel sein, wenn es mit einem langen Blick in die Augen der anderen Frau verbunden ist und damit, einen Moment innezuhalten. Sei darauf vorbereitet, diese Avance mit einer charmanten Bemerkung aufzulösen. Ja, es ist durchaus in Ordnung, die Handschuhe anzubehalten, aber warum sollte sich eine Lesbe selbst verleugnen?

Wo begegnest du ihr?

Clitzpah besteht nicht nur aus sensitiver Aufmerksamkeit und *savoir-faire*. Sondern auch aus Cleverness. Wo sollst du Ms Richtig aufgabeln? In einer wilden Lesberado-Bar? Falsch. Selbst lebenslange Mitglieder der trinkenden Kaste in Lady

Clitoressas Kreis halten Anmache in Bars für vergebliche Liebesmüh. Besuch eine Bar, um Freundinnen zu treffen, Musik zu hören, dich zu entspannen, zu tanzen, Billard zu spielen, schönen Frauen bei all diesen Tätigkeiten zuzusehen – und wenn du Lust hast, leiste dir um fünfhundert Prozent überteuerte Drinks. Aber denke an *Lady Clitoressas Flüssigkeitsgesetz: Eine Romanze, die in einer Bar beginnt, wird auch in einer Bar enden.* Bars ziehen tendenziell Frauen an, die Alkohol brauchen, um Mut zu fassen, und die ihre Realität Drink für Drink verändern. Du kannst dir bei ihnen nie sicher sein, besonders wenn du selbst zuviel getrunken hast. Es stimmt schon, dass in Bars auch „frische" und trockene Lesben zu finden sind, aber sie sind wahrscheinlich ebenso schüchtern wie du.

Alkohol vermindert – anders als manch andere Stimmungsaufheller – deine Fähigkeit zur Kontrolle und deine Sensibilität. Und das Schlimmste ist: Es könnte sein, dass du vor lauter Nervosität bis zum Filmriss trinkst, wie in einem schlechten Witz morgens neben einer Frau aufwachst, deren Namen du nicht weißt, und danach erst einmal tagelang deinen schädelspaltenden Kater kurieren musst. Und das soll romantisch sein? Es ist ein Mythos, über den Rand eines Glases hinweg könne dir überschwengliche Liebe entgegengebracht werden. Wir können Bars nur aus wenigen Gründen empfehlen: weil sie dunkel sind, sexy und anonym wie die One-Night-Stands, für die sie manchmal gut sind.

Hervorragend und äußerst empfehlenswert ist es dagegen, der Liebe über gemeinsame Interessen näherzukommen: in Workshops, politisch aktiven Gruppen, bei spirituellen Praktiken, in Sportzentren, auf Fortbildungen, bei Vorträgen, bei der Arbeit, bei irgendwelchen Hobbys (wo sind bloß die Hobbys geblieben?). Selbst wenn du nicht sofort auf eine sexuell attraktive Frau triffst, die auch noch innerlich frei für dich ist, hast du deine Zeit auf jeden Fall gut investiert, indem du etwas Sinnvolles tust, ohne hohe Zeche, verräucherte Kleidung und ein frustriertes Erwachen. Du wirst dadurch attraktiver, erweiterst dein Wissen und deinen Freundinnen- und Bekanntenkreis oder knüpfst einfach nur nützliche Verbindungen. Möglicherweise stellst du dabei sogar fest, dass du eigentlich gar keine Geliebte suchst, sondern Freizeitvergnügen und Gesellschaft. Frauencafés und -buchläden, Frauengesundheits- und -sportzentren sind gute Orte, weil du sehr viele Lesben dort triffst.

Große Partys und Tanzveranstaltungen sind ein bisschen wie Bars, wenn Alkohol und Lesben die einzig gemeinsamen Zutaten sind. Kleinere Abendessen mit Freundinnen und neuen Frauen sind sehr viel besser, weil dort die Unterhaltung weniger oberflächlich ist, du mehr Hintergrundinformationen über die in Frage kommende Person erhalten kannst und dich gewöhnlich gut amüsierst, auch wenn es nicht unbedingt zu einer sexuellen Liaison kommt. Lesbische Freundinnen sind gewöhnlich großartige Kupplerinnen, da sie selbst romantisch veranlagt sind, also bitte deine Freundinnen, entsprechende Abendessen zu arrangieren. Du würdest dasselbe für sie tun, wenn du dich erst einmal gebunden hast und sie wieder auf die Rolle gehen.

Apropos auf der Rolle: Hast du dich je gefragt, warum so viele Lesben nirgendwo ohne ihren Hund hingehen? Hunde bieten eine wunderbare Möglichkeit, neue Frauen kennenzulernen – Frauen, die Hunde mögen, natürlich, und für manche Lesben ist das entscheidend. Der Hund bricht das Eis und liefert ein unverfängliches Gesprächsthema, und du kannst behutsam von Hunden auf Menschen überleiten, insbesondere auf Frauen ... Katzenliebhaberinnen hingegen können sich von ihren Lieblingen einiges abgucken: Lass dir von der wilden, genüsslich schnurrenden Expertin demonstrieren, wie eine Verführung wirklich funktioniert.

Ein Mitglied aus Lady Clitoressas Kreis hat sich einen ganz anderen Weg einfallen lassen: Sie antwortet auf „Suche Mitbewohnerin"-Anzeigen, wenn sie neue Frauen kennenlernen will, besonders in einer fremden Umgebung. Bei einer möglichen Wohnungsgenossin kannst du schnell zur Sache kommen, herausfinden, ob sie single ist, und ihre Vorlieben und ihren Lebensstil unmittelbar abschätzen. Dann „entscheidest" du dich angeblich für ein anderes Zimmer, wartest ein paar Tage ab und fragst sie dann, ob sie mit dir einen Kaffee trinken geht. Wenn du damit Erfolg hast, deckst du den ganzen Schwindel auf, erweist dich in jeder Hinsicht als eine verdammt gute Liebhaberin und versündigst dich nie wieder. Unsere kühne Freundin sagt bei solchen Gelegenheiten einfach: „Deine witzige Anzeige hat mich unwiderstehlich angezogen", was wahrscheinlich stimmt. Und es wird ihr vergeben. Natürlich ist es aus moralischen Gründen verboten, eine Frau, die unbedingt ein Zimmer braucht, in deine Höhle zu locken, es sei denn, du hast wirklich ein Zimmer übrig.

Manche Tätigkeitsfelder bieten lukrative Jagdgründe für Lesben. Versuche dich nebenbei als freie Schriftstellerin oder in einem sonstigen „Nebenberuf", der etwas mit Verlagen, Musik, Okkultismus, Photographie oder Körperarbeit zu tun hat – fast jede Dienstleistung oder Kunst, bei der du dir die Zeit einteilen und neuen Frauen auf gleicher Ebene begegnen kannst, eignet sich dafür. Viele solcher Nebenbeschäftigungen zahlen sich mehr in Begegnungen als in Bargeld aus, aber die Damen sagen: Orgasmen, die man von der Steuer absetzen kann, hätten einen besonderen *frisson*. Dagegen ist es ein ausgesprochen männliches Phänomen und in der lesbischen Kultur verpönt, wenn eine Frau, die aufgrund ihrer beruflichen Stellung über bestimmte Macht verfügt – als Ärztin, Therapeutin, spirituelle Ratgeberin, Lehrerin –, einer Klientin beziehungsweise Schülerin sexuelle Avancen macht. Hier geht es schließlich um *Lust mit* und nicht um *Macht über* ...

In größeren Orten und Universitätsstädten gibt es häufig personell stark fluktuierende Organisationen, die ausschließlich für das *social life* von Lesben da sind. Die berühmten *Daughters of Bilitis* waren ihre Großmütter. Solche sozialen Organisationen inserieren gewöhnlich in Frauenzeitungen. Wenn du nichts findest, das dir zusagt, bleibt dir immer noch die Möglichkeit, selbst eine Gruppe zu gründen. Und wenn alle Lokalzeitungen strikt heterozentriert sind, kannst du Code-Worte benutzen, um dein Ansinnen zu umschreiben. Landlesben in der Nähe einer Stadt mit einem Kino organisieren zum Beispiel eine regelmäßige „Ladies' Night". An vielen Universitäten gibt es Lesbengruppen, und in fast allen größeren Städten sortieren sich die Lesben inzwischen nach bestimmten Altersgruppen („Lesben über Vierzig" oder „Ältere Lesben" oder „Junglesben"). In San Francisco war die „Lesben über Vierzig"-Gruppe so erfolgreich, dass sich Frauen, die noch auf die große Jahreswende warteten, in einer

„Etwas ältere Lesben"-Gruppe organisierten. Solche Phänomene inspirierten die Kabarettistin Linda Moaks dazu, die „So-Sos" zu gründen, die „Slightly Older Sex Objects" (etwas ältere Sexobjekte), ein Name, der darauf hinweist, dass manche dieser sozialen Gruppierungen nur aus einem einzigen Zweck gegründet werden.

Sag's mit einer Anzeige

Ob in einer lokalen Frauenzeitung, einem regionalen Szenemagazin oder in einer überregionalen Tageszeitung unter „Sie sucht Sie": Hier ist eine Möglichkeit, von dir aus den ersten Schritt zu tun und die Frau deines Herzens anzulocken. Längst haben Lesben, die eine Annonce zur Selbstvermarktung bevorzugen, ihr Loser-Image verloren. Ihre Anzeigen klingen häufig eloquent und attraktiv, und erfrischend klar beschreiben sie darin, was sie sich genau vorstellen. Die Verfasserinnen sind in der Regel alles andere als Mauerblümchen – es sind ganz gewöhnliche Frauen, die sich in Bars tödlich langweilen und viel zu beschäftigt sind (mit ihrer Karriere und/oder als Mütter), um sich zeitintensiven und möglicherweise vergeblichen Flirts hinzugeben. Manche Frauen sind auch neu in der Stadt oder auf dem „Markt".

Auch ich gürtete meine Lenden, um eine Anzeige aufzugeben, als ich von den Erfolgen in Lady Clitoressas Kreis erzählen hörte. Es dauerte doch tatsächlich Tage, bis ich als ehemals rasende Reporterin die entsprechenden wohlgesetzten Worte fand! Folgendes habe ich daraus gelernt:

Schon der bloße Akt, eine Anzeige zu formulieren, ist wertvoll, selbst wenn du sie nie aufgibst. Es ist mindestens so gut wie der Gang zur Therapeutin, um dich dazu zu zwingen, deine gegenwärtigen und künftigen Ziele zu formulieren und aufzuhören, dich planlos treiben zu lassen. Deine kostbare Person mit wenigen Worten zu beschreiben, festzustellen, was dir im Leben wichtig ist und was du von einer anderen Frau erwartest, ist eine großartige Möglichkeit, dich zu sortieren und in die Hufe zu kommen. Wie ehrlich traust du dich, deine wirklichen Bedürfnisse zu schildern? Bist du bereit, dein wahres Selbst zum Vorschein kommen zu lassen, oder gehörst du eher zu diesen Glaswesen, die in tausend Stücke zerbrechen, wenn die Neunzig-Tage-Garantie der Romantik abgelaufen ist? Bist du groben Vorurteilen verhaftet wie „Keine Fetten, keine Femininen, keine mit Falten"? Oder wird deine Anzeige von gesunder Selbstliebe zeugen, indem du dich als begehrenswertes, freundliches Wesen präsentierst?

Soviel zum Thema Selbsterkenntnis; nun zur Technik der heißen Anzeige. Du hast natürlich mehr Kontrolle über das Geschehen, wenn du selbst eine Anzeige aufgibst, statt auf die Selbstbeschreibung einer anderen Frau zu reagieren. Also schildere um Himmels willen *deutlich,* was du willst! Sicher, wir sind alle scharf auf eine, die „heiß & sexy" ist, doch ich stellte beim Schreiben fest, was ich wirklich wollte, war eine geistreiche, fröhliche Frau von Welt, eine Geschäftsfrau oder Künstlerin – jedenfalls eine der aktiven Art. Das *machte* sie sexy für mich. Wenn du explizit eine Akademikerin, eine Fickfreundin, eine treue Seele, eine Nichtraucherin und Nichttrinkerin oder eine elegante Femme willst, dann sage es! Eine Wunschliste ist klarer und klingt sehr viel netter als ein Grummeln über Eigenschaften, die du „bloß nicht!" an deiner Geliebten finden willst.

Schildere deine Hauptinteressen, deine liebste Art, dir mit einer Frau die Zeit zu vertreiben: Rucksackreisen, Musikhören, romantische Abende am Kamin, Doppelkopf. Fügst du nicht wenigstens kurze Details ein über dein Äußeres, deine Persönlichkeit, deine Lebenseinstellung, dann mangelt es deiner Anzeige an „Fleisch". Sei dabei so gnadenlos ehrlich, wie es dir nur möglich ist. Wenn du dich falsch darstellst, setzt du dich mit größerer Wahrscheinlichkeit einer Zurückweisung aus. Meinst du an einer bedeutsamen Unfähigkeit oder Behinderung zu leiden, dann erwähne sie und entschuldige dich nicht dafür. Auf diese Weise vermeidest du das nervenzerrüttende Warten auf die passende Gelegenheit zur Erklärung. Wenn es um ihr Aussehen geht, lügen die Leute am meisten. Glücklicherweise hängen Lesben weniger irgendwelchen äußeren Klischees an als der „Het-Set". Vor allem aber: Sei humorvoll – behaupte nicht nur, du wärst es. In der Anzeigenprosa machen sich Verben am besten; halte jedes Adjektiv gegen das Licht und eliminiere nichtssagende Füllwörter wie „irgendwie", „eigentlich", „oder so" und abgedroschene Phrasen wie „auf diesem nun nicht mehr ungewöhnlichen Wege". Wenn noch eine einzige Lesbe in San Francisco schreibt, sie liebe Strandspaziergänge, schicken wir sie nach Kansas.

Gib deiner Annonce einen spritzigen Titel. Hier sind ein paar Vorschläge: „Cunnilinguistin sucht liebevolle Gespräche", „Keine Last mit der Lust?", „Naschkatze will ans Eingemachte – du auch?", „Tödliche Top sucht blonde Bottom", „Hochseiltänzerin will sich fallen lassen", „Schlau und scharf – suche Gleichgesinnte", „Fordernde Femme sucht bezwingende Butch". Die wohl kürzeste Anzeige erschien in einer Zeitschrift in San Francisco: „Ich will ficken! Du bist lesbisch. Ich bin lesbisch. Schreib! Chiffre ... " Die Inserentin konnte sich vor Zuschriften kaum retten.

Verrate niemals deine Telefonnummer, sonst bekommst du Anrufe von schrägen, sehr schrägen männlichen Vögeln. Wähle lieber eine Chiffre-Anzeige oder gib eine E-Mail-Adresse an. Wenn dir ein Brief gefällt, telefoniere zunächst mit ihr, um Näheres abzuchecken, dann triff dich mit ihr an einem öffentlichen Ort. Glücklicherweise haben wir es nicht mit Männern zu tun, sonst würde die Liste der Vorsichtsmaßnahmen endlos werden. Stell dich darauf ein, im Anschluss eine anderweitige Verabredung vorzuschützen, falls du dich aus der Affäre ziehen möchtest.

Hier nun einige Hinweise, wie du auf eine Anzeige antworten kannst: Du solltest dich ruhig trauen, auch wenn du nicht alle geforderten Merkmale erfüllst. Die meisten Inserentinnen werden dir eine Chance geben; ich machte bei meiner Nichtraucherinnen-Regel eine Ausnahme für eine Pfeifenraucherin und eine Frau, die ihre Zigaretten mit einer Hand drehte. Schreib, was genau dir an ihrer Anzeige gefallen hat. Du kannst der Inserentin gar nicht genug schmeicheln; schließlich reden wir hier vom Flirten. Sie wird gern angenehme Dinge hören, selbst wenn sie schon zum fünfzigsten Mal eine Anzeige aufgegeben hat. Liefere ihr eine kurze Beschreibung deiner Person und füge ein Foto bei, auf dem du fröhlich und unkompliziert aussiehst. Falls du absolut umwerfend aussiehst, könnte das die Frauen eher verschrecken. Mehr als das Äußere verrät ein Foto etwas über das „Image", das eine Frau von sich selbst vermitteln möchte. Posierst du lieber mit einer Katze oder auf deiner Harley oder mit Licht- und Schattenspiel auf deinen Audrey-Hepburn-Wangenknochen? Wichtig ist auch deine Handschrift, also verfalle nicht auf die Idee, deine *billets doux* mit dem Computer zu tippen. Und eine fotokopierte Antwort ist wie Plastikblumen verschicken. Du solltest vor allem gut gelaunt klingen. Schließlich hältst du Ausschau nach einer Liebhaberin, nicht nach einer Therapeutin. Reagiere in demselben Stil, in dem die Anzeige gehalten war: War sie ernst, so schreibe ernst; war sie witzig, dann scherze; war sie erotisch, dann sei erotisch. Auf eine gute Anzeige gibt es meist eine überwältigende Reaktion, also antworte schnell und wundere dich nicht, wenn die Frau deiner Träume zu beschäftigt ist, um sich dir zu widmen.

Hier ist die erste Anzeige, die ich verfasst habe. Ich bin keine Anhängerin der „Fasse dich kurz"-Schule. Schließlich geht es hier um seelische Tiefe, und da sollten ein paar Mark keine Rolle spielen. Da ich keine Massenreaktion auslösen wollte, entmutigte ich gezielt alle SM-Frauen, Konservative und Raucherinnen. Vermutlich verlor ich auch alle Frauen, die mit Pferden nichts im Sinn haben, aber das fällt wahrscheinlich nicht so ins Gewicht. Alles, was ich sagen kann, ist: Mein Leben war danach nie mehr dasselbe.

Rendezvous im O.K. Corral

Eine galante, reinrassige Schützin hält Ausschau nach der wilden Hengstin, die sie mit Freundschaft, später vielleicht mit Liebe zähmen möchte. Ich bin Langstreckenläuferin, Gewinnerin des lesbischen Dreierordens für drei vorangegangene Langzeit-Beziehungen, die meinen Verstand geschult und mir das Herz geöffnet haben. (Empfehlungsschreiben auf Anfrage.) Als glückliche, exzentrische, finanziell beinahe „abgesicherte" Schriftstellerin (wer kann sich schon jemals sicher sein?) brauche ich eine große Weide und billige dir dasselbe zu. Wenn wir uns der Leidenschaft hingeben, kann ich dich sanft oder wild lieben – keine Sporen, keine Peitsche. Natürlicher S&S (Sex und Spiritualität) wird uns zum Licht am Ende des Horizonts tragen. Meine Farben sind die der Anarchie; ich bin eine glühende, begeisterte Linke: neunzig Prozent politisch bewusst; zehn Prozent einfach faul. Bist du meine blitzgescheite, nichtrauchende, sich selbst mögende, lachende Zen-Kavalierin? Hast du deinen Humor schwer erworben? Bist du eine liebevolle Frau, die ihren Lebensunterhalt als Geschäftsfrau oder Künstlerin verdient? Da ich mit meiner fünfundvierzigjährigen Silbermähne und meiner Boheme-Eleganz im Moment umwerfend aussehe, zögere nicht, mit dieser Zentaurin und Pferdenärrin anzubändeln. Foto nicht nötig, Schönheit und Mut sind mir wichtiger als Aussehen, aber eine silberne Zunge ...

Ich erhielt fünfundzwanzig Antworten, von denen ich sechs geradezu hinreißend fand. Ich galoppierte also zu fünf herrlichen Verabredungen. Die sechste Reaktion kam von meiner früheren Geliebten, die mich erkannt hatte und dachte, ich hätte die Anzeige ausdrücklich und ausschließlich für sie geschrieben. Sie ist Löwin, und die Welt dreht sich natürlich nur um sie … Es gelang uns, einigen alten Müll loszuwerden und wieder zusammenzufinden. Es ist also durchaus ratsam, es mit einer Anzeige zu versuchen, bevor man das Geld für eine Paarberatung ausgibt.

Abgeblitzt!

Nun kommen wir, wie es nicht anders sein kann, zu *Lady Clitoressas Gesetz der Schwerkraft: Die Wurzeln der Zurückweisung sind unendlich.* Auch wenn du es persönlich nimmst, wenn eine Frau dich abblitzen lässt – vielleicht ist es gar nicht so gemeint. Schließlich *kennt* diese Frau dich gar nicht persönlich. Zugegeben, es kann sein, dass sie sich von deiner Erscheinung, deinem Typ oder deinem elektromagnetisch-chemischen Feld nicht besonders angezogen fühlt. Keine gefällt jeder. Doch jede gefällt einer. Die Frau, die du dir zufällig ausgeguckt hast (was von deiner eigenen „Typologie" abhängt), ist vielleicht einfach nur müde, in Gedanken ganz woanders, deprimiert, mit einer anderen zusammen, muss gerade „mitten in der Menge allein sein" – es gibt natürlich unzählige Möglichkeiten, die sich deinem Einfluss entziehen.

Begabte Verführerinnen, die sich an die unterschiedlichsten Frauen heranmachen, behaupten, wenn sie an einem Abend nicht wenigstens ein paarmal abgewiesen wurden, haben sie es nicht wirklich versucht. Entscheidend ist, sich niemals mit dem „Warum" abzuquälen, sondern in Bewegung zu bleiben. Die Musikerin Laurie Anderson hat einmal gesagt: „Es ist nicht die Kugel, die dich tötet, es ist das Loch." Lass dich von einem belanglosen „Nein", das nichts mit deinem wahren Wert als menschlichem Wesen, ganz zu schweigen von irgendwelchen grundlegenden Überlebensnotwendigkeiten zu tun hat, nicht bis in die Grundfesten erschüttern. Vertraue Ms Manieren, die uns in Erinnerung ruft: „Auch grässliche Augenblicke gehen vorüber." Ms Manieren selbst hat einmal vor versammeltem Publikum, in aller Öffentlichkeit also, die angebotene Umarmung des Liebesgurus Leo Buscaglia zurückgewiesen. Buscaglia selbst hat dies später in einer solch entzückenden Geschichte wiedergegeben, dass er im nachhinein wahrscheinlich froh ist – wie auch Lady Clitoressa –, dass sich die Episode genau so und nicht anders abgespielt hat. Die beiden hatten schlicht und einfach unterschiedliche Szenarien im Sinn. So kann es dir auch ergehen: In jenem Augenblick kann die Frau, mit der du in Kontakt treten willst, vielleicht gerade ganz andere Pläne haben. Dies wird dich enttäuschen, ist jedoch wohl kaum als eine Zurückweisung deiner schönen Seele zu interpretieren.

Selbstverständlich handelst du dir mehr Körbe ein, je aktiver du dich auf dem Markt umsiehst. Indem du es auch nur versuchst, gehörst du bereits zur Risikogruppe. Du wirst dir „Neins" einfangen, das eine oder andere „Vielleicht" und ein gelegentliches „Ja". Das ist der kleinste Preis, den du zahlen musst, um jene Delikatessen kosten zu dürfen, die für die weniger Abenteuerlustigen für immer Gegenstand ihrer Phantasie bleiben werden. In den süßen Gefilden kannst du nur wie eine Epikuräerin leben, wenn du es dir leisten kannst, wie eine Stoikerin zu verlieren. Im Zen-Buddhismus ist es so, dass jemand, die (oder den) du bittest, deine Lehrerin zu werden, dich dreimal zurückweist. Die Religion romantischer Liebe ist nicht weniger rigoros. Da du dir ohnehin Zurückweisungen einhandeln wirst, solltest du sichergehen, dich um den besten Preis zu bewerben. Warum solltest du dir einen Dämpfer verpassen, bevor sie es tut? Das bezaubernde Objekt deiner Begierde mag vielleicht alle einschüchtern – und ist doch möglicherweise die einsamste Frau im Raum. Lass dich nie bei einer nieder, der du damit einen Gefallen zu tun glaubst. Sie hat jedes Recht, so stolz und wählerisch zu sein wie eine Bienenkönigin, und es ist schrecklich entmutigend, sich bei einer Frau einen Korb zu holen, die du eigentlich gar nicht begehrst, aber es geschieht dir recht, wenn du so herablassend bist.

Eine der liebenswertesten Eigenschaften erfahrener Verführerinnen besteht darin, dass sie selbst niemals eine andere Frau rüde abblitzen lassen. Schließlich standen sie selbst schon auf der anderen Seite. Es gibt nur eine Art und Weise, eine Frau zurückzuweisen: entschieden, aber *herzlich*. Lächle und sage: „Ich bin heute abend nicht interessiert, aber vielen Dank für die Freundlichkeit." Du kannst dich sogar noch ein paar Minuten länger mit ihr unterhalten. Es kostet nichts, ihr zu zeigen, dass du ihren guten Geschmack zu schätzen weißt und ihr alles Gute wünschst. Lesben neigen nicht dazu, einer Frau liebestoll nachzulaufen. Besonders ungehörig ist es, dich zu weigern, mit einer nüchternen Frau, die dich darum bittet, zu tanzen – es sei denn, du kannst nicht tanzen, aus welchen Gründen auch immer, oder du bist gerade in ein absolut lebensnotwendiges Gespräch vertieft. Wenn du nicht allein da bist, frag deine Begleiterin, ob sie etwas dagegen hat, wenn du einmal tanzt, und versichere ihr, dass du gleich zurück sein wirst. Es ist immer leicht, sogar angenehm, nur einen Tanz zu tanzen. Danach bedankst du dich herzlich und verlässt die Tanzfläche. Sie hat dich ja schließlich nicht gefragt, ob du sie heiraten willst. Immer wenn ich sehe, wie einer liebenswerten Frau und guten Tänzerin abrupt der Strom abgestellt wird, frage ich mich, was mit unserer *Sisterhood,* mit unserem Tanz des Lebens, passiert.

Verliebtheit oder: Liebe als Wahnsinn

Wenn du das tiefe Tal der Zurückweisung durchschritten hast, kannst du, mit ein wenig Glück und Ausdauer, schließlich das wilde Hochland der Verliebtheit und des Liebeswerbens erklimmen. Dieses ist nicht zu verwechseln mit den reichen Hochebenen einer Liebesbeziehung. Verliebtheit ist eine feine Art der Verrücktheit, wenn du dir bewusst bist, was sich gerade abspielt, und du ihren Exzessen und Absurditäten ein Lächeln schenken kannst. Sie kommt in zwei allgemeinen Formen vor: als *Hohe Romanze* und als *Quälemich-Romanze.* Beide beinhalten veränderte Bewusstseinszustände und leidenschaftliche Besessenheit. Es ist ratsam, eine spirituelle Führerin oder eine treue Freundin zur Seite zu haben, welche die Aufgabe übernehmen kann, dafür zu sorgen, dass du nicht jedes Maß verlierst, wenn du deine üblichen Grenzen überschreitest, was Sinn und Zweck der Verliebtheit darstellt.

Bei der Hohen Romanze geht es um ein hinreißendes Spiel der Sinne. Diese liegen im wahrsten Sinne des Wortes bloß, sind befreit von den Alltagssedimenten und höchst empfindsam und empfänglich. Musik kann dich zu Tränen rühren, Gedichte haben mehrere Bedeutungsebenen, Speisen sind göttlich, der Wein ein Juwel, Blumen werden zu einem Meer der Sinnlichkeit. Sex ist reine Selbstaufgabe, der Körper Quecksilber und Honig. Körperlich magst du vielleicht auch ein wenig durcheinandergeraten, wie trunken sein, ständig rot werden und dein Herz klopfen hören. Die Damen des Kreises sagen, es sei eine ähnliche Erfahrung wie mit reinstem LSD oder bestem Dope. Du bist offen, beschwingt, beseelt, bereit, in Sinn und Schönheit zu schwelgen. Triviale Probleme und Pflichten existieren nicht oder können mühelos auf ein Minimum reduziert werden; deine Barrieren fallen, wenn du zur großen Vereinigung gerufen wirst. Entwaffnet bist du verletzlich und beeinflussbar.

Unser analytisches Hirn kann nur klägliche Versuche unternehmen, all das auszuloten. Studien über die Lustzentren unseres Gehirns zeigen, dass der Körper während romantischer Verrücktheiten Stimmungsaufheller produziert wie das berühmte „Liebeshormon", das Amphetamin PEA (Phenyläthylamin). Lesben sind sicherlich die romantischsten Kreaturen auf Erden, und wahrscheinlich produzieren wir PEA in ungeahntem Ausmaß. Oder ist es andersherum – drängt uns das PEA zum Lesbischsein? Jede Erklärung wirft neue Fragen auf. Wir wissen allerdings, dass Amphetamine wie PEA eine körperliche Erregung auslösen, gekennzeichnet durch höchste Aufmerksamkeit und Intensität, sogar Schlaflosigkeit und Appetitmangel. Außerdem produziert der Körper seine eigenen Beruhigungsopiate, „Glückshormone" wie die berühmten Endorphine. Diese Erkenntnisse haben ganz neue

Freizeitbeschäftigungen und Industriezweige entstehen lassen, da zum Beispiel Aerobicübungen die Endorphinproduktion erfreulicherweise stimulieren. Depressive Menschen sowie Menschen, die dazu neigen, von chemischen Stimmungsaufhellern abhängig zu werden, sind häufig schlechte natürliche AlchimistInnen „selbstproduzierter" Drogen wie PEA und Endorphine. Schlimmer noch: Welche „Rezepte" ihr Körper auch immer enthält, äußere Chemikalien zerstören sie. Die Körperalchimie kann sich auch dramatisch ändern durch Diäten, Sport und Seelenmassage. Heute wissen wir, dass unsere halbfreiwilligen Trips auf der Straße der romantischen Verliebtheit ähnliche Auswirkungen haben.

Die wunderbare Welt der Chemie enthält noch mehr romantische Neuigkeiten. Studien zeigen, dass die kaum wahrnehmbaren natürlichen Parfums, die man „Pheromone" nennt und die in allen Körpersekretionen vorkommen (Schweiß, sexuelle Flüssigkeiten, Urin), Frauen eher sexuell erregen als Männer; Männer werden in Anwesenheit dieser unbewusst wahrgenommenen Pheromone eher aggressiv. Frauen haben auch einen empfindsameren Geruchssinn als Männer, besonders während des Eisprungs. Jede Frau hat ihren einzigartigen Pheromon-Duft, vergleichbar ihrem Fingerabdruck. Es ergeht uns bei Pheromonen wie bei Parfums: Entweder werden wir magnetisch von ihnen angezogen, oder sie stoßen uns entschieden ab. Anfangs bist du vielleicht einzig von dem körpereigenen Duft einer Frau angezogen oder von ihrer speziellen Mischung aus ihren Pheromonen und ihrem Lieblingsparfum. Wenn du später herausfindest, dass du überhaupt keinen Draht zu dieser Frau hast, und lamentierst: „Was hab ich nur in ihr gesehen?", dann könnte ihr Duft dich auf die falsche Fährte gelockt haben. Ähnlich können Pheromone dich unmittelbar von einer Frau zurückweichen lassen, die dich verstandesgemäß eigentlich perfekt ergänzen würde. Pech: Du kannst sie einfach nicht riechen. Chemiker, die sich als „Duftspezialisten" gerieren, haben Insekten-Pheromone synthetisch hergestellt und verwenden sie entweder als biologische Fallen oder als Abschreckungsmittel und forschen nun über synthetische menschliche Pheromone, um diese in der menschlichen Verhaltensmodifikation einzusetzen. Sehr beängstigend. Die kommerziellen Parfumhersteller mit ihren unverhohlenen Hinweisen auf Stimmungsveränderungen durch ihre Duftwässerchen erscheinen dagegen vergleichsweise wohlmeinend. Wenn du also eine Frau im „chemiefreien Raum" kennenlernst (die Sinne also weder von Alkohol noch Rauch, noch Duftwässerchen abgelenkt werden), was in feministischen Kreisen zunehmend *de rigueur* ist, werdet ihr vielleicht beide von Anfang an klarer durchblicken.

Wissenschaftliche Studien über die an romantischer Verliebtheit beteiligten neurochemischen Vorgänge beinhalten Erklärungsversuche, *wie* unsere Sinne und die Lustzentren unseres Gehirns Whirlpools elektrochemischen Magnetismus erzeugen. Diese materialistische Analyse kann jedoch letztlich nicht die Quelle oder den Zweck der chemischen Reaktion erklären. Sie wird niemals in der Lage sein, das sich ständig verändernde Zusammenspiel der Milliarden subtiler Einzelreaktionen zu analysieren, die jenseits kontrollierter Laborbedingungen stattfinden. Fokussierte Wissenschaft verfügt nicht über das Werkzeug, lesbische Verliebtheit zu verstehen, sollte sie es denn wagen, den Versuch dazu zu unternehmen. Die meisten Lesben stimmen jedoch der vorherrschenden wissenschaftlichen Theorie zu, wonach die lesbische Romanze in all ihren bunten Farben und Düften nur einem einzigen Zweck dient: der Fortpflanzung. Und die Damen des Kreises sind sich einig, dass eine gute lesbische Verführerin eine neue Lesbe ins Leben rufen kann, auch ohne einen Generationensprung. Es dauert nur einen innigen Kuss lang.

Die ganze Welt ist ein hinreißendes Liebeslaboratorium, wenn eine Frau bereit ist, sich diesen Experimenten zu unterziehen. Ihr Schritt auf das Lesbischsein zu mag im Duft einer Blume in der Nacht liegen, in der Bahn des Mondes, in einer auftauchenden Erinnerung, einer wiedererweckten Hoffnung, einer großzügigen Berührung, aufblitzenden Augen ... Eine Frau mag einzig die magische Wirkung einer anderen Frau wahrnehmen oder sich erlauben, den Moment zutiefst zu genießen, oder sie mag den Zauber rückhaltlos in jeder Körperzelle empfinden. Wie tief oder flüchtig sie jeweils involviert sein mögen, die meisten Frauen würden – übrigens die einzige Umfrage, die wir wirklich gern veröffentlicht sähen – Virginia Woolf zustimmen: „Es sind Frauen allein, die meine Phantasie beherrschen." Da wir das Geschlecht mit der bewussteren Wahrnehmung sind, nehmen wir auch einander mehr wahr.

Der Rhythmus der lesbischen Romanze pulsiert weiter und weiter, aus schierer Freude daran, sich gut und lebendig zu fühlen. Achte darauf, diesen kosmischen *élan vital* zu befördern, indem du zum Beispiel in der Fülle der Natur mit ihr badest oder deine Sinneswahrnehmungen schärfst oder feministische Rituale mit tiefer innerer Konzentration durchführst. Manche nennen das verrückt, weil ihr auf wilden Strömen in eine übersinnliche Wirklichkeit davongetragen werdet. Wahrscheinlich bist du in dieser Zeit geradezu verantwortungslos und opferst alles deiner Leidenschaft. Der Zustand ist ekstatisch, aber erschöpfend; niemand kann ihn ohne Pause aufrechterhalten. Gewöhnlich gibt es irgendwo auf dem Weg zwischen einer Woche und über sechs Monaten bis zu zwei Jahren einen Höhepunkt, und diese Zeit ist eher stimulierend, als dass sie großen Nährwert enthielte. Vielen Lesben, wie der bezaubernden Margaret C. Anderson von der Zeitschrift *Little Review,* die es als allererste wagte, Auszüge aus James Joyces *Ulysses* zu veröffentlichen und die eine berühmte Gerichtsreporterin wurde, ist das üppige Buffet des Lebens keineswegs fremd. Margaret C. Anderson berichtete, von *allem und jedem* leicht „romantisiert" zu werden, und schrieb eine leidenschaftliche autobiographische Trilogie über diesen ständig exaltierten Zustand. Keine lesbische Liebhaberin, Künstlerin, Mystikerin oder Frau mit Esprit sollte ihre Enthüllungen versäumen.

Während manche es heiß mögen, geht es anderen keineswegs so. Einige wenige Lesben bevorzugen es, nüchternen Geistes zu bleiben, und erlauben es sich nur selten, eine *folie à deux* zu erleben. Sie wählen ihre Partnerinnen so pragmatisch aus wie die Heldin eines Romans von Jane Austen. Wieder andere bevorzugen eine Variation der romantischen Verliebtheit namens „Quäle mich". Diese Präferenz enthält viele der sinnlichen Effekte der Hohen Romanze. Im Quäle-Mich jedoch ist Distanz – nicht Nähe – das Ziel. Der Schlüssel zu Erregung und Leidenschaft liegt im verzweifelten Sehnen nach einer unmöglichen Liebe im Reich des Verlangens, das ewig unerfüllt bleiben wird. Die Angebetete wird idealisiert, ist Gegenstand der Kontemplation und Ursache süßen Leidens. Gleichgültigkeit, Betrug und Schikane werden erduldet. Die Quäle-Michs sind genial: Sollte die Romanze tatsächlich eine Wende in Richtung Erfüllung nehmen, rufen sie sofort einen ganzen Stab von Mitbewerberinnen auf den Plan oder produzieren irgendeine andere Gefahr, um das alte Quälniveau wiederherzustellen. Ein Publikum, das die Beteiligten amüsiert beobachtet, ist gewöhnlich eine wesentliche Zutat des ganzen schmerzvollen Dramas. Bange Erwartung über dem Reich des vergeblichen Verlangens verleiht Quäle-Michs das Gefühl, lebendig und – tja, glücklich zu sein. Eine körperliche Variante des Quäle-Mich kann SM sein.

Eine jüngere oder auch unschuldigere Version des Quäle-Mich heißt „anhimmeln". Hier ist das Objekt der Zuneigung wirklich unerreichbar und wird es wahrscheinlich immer bleiben (Lehrerin, Promi, Hetera). Oft ist ein solches romantisches Anhimmeln zu unschuldig für fleischliche Gelüste, die körperlich befriedigt werden wollen.

Die Quäle-Mich-Romanze hat eine lange und gefeierte Geschichte in der westlichen Zivilisation, beginnend mit der Tradition der höfischen Minne im zwölften Jahrhundert. Sie ist locker mit dem christlichen Sadomasochismus verknüpft: Lust muss „schmerzen", um einen Wert zu haben; Leiden adelt; der Geist ist willig, aber das Fleisch ist schwach. Die Essenz des Quäle-Mich ist sein geringer Risikofaktor. Du kannst keine Frau verlieren, die du nie hattest; du brauchst nicht daran zu arbeiten, sie zu behalten, und letztlich musst du nicht einmal ein Coming-out wagen. Quäle-Mich-Romantikerinnen haben ein reiches, gar pompöses Phantasieleben. Häufig finden wir sie unter den Dichterinnen und Songwriterinnen.

Werbeverhalten

In der romantischen Werbung ist das Ziel die andere Frau, Punkt. Wenn sich der Zyklus in Richtung Liebe und Verbindlichkeit bewegt, verändert sich das Ziel in Richtung auf gegenseitiges Glück und Wachstum beider Frauen. Die reine Romantikerin kann jedoch ihren puren Egoismus temperieren, indem sie ihn versteht. Romantische Liebe ist die Projektion der Phantasie über die ideale Partnerin auf eine Frau, der du neulich begegnet bist. Psychologisch bist du von ihrem wirklichen So-Sein durch dein leuchtendes Wunschbild von ihr getrennt. In der Zwischenzeit macht sie dasselbe begeistert mit dir. Wieder handelt es sich dabei um eine „Applaus-Reaktion". Du liebst die Liebe und dich selbst, nicht die andere Person. Oder wie eine kluge Frau einmal bemerkte: „Wann immer sich zwei Frauen begegnen, sind in Wirklichkeit acht Frauen anwesend. Da ist jede Frau, wie sie sich selbst sieht; jede Frau, wie die andere sie sieht; jede Frau, wie sie auf das Kräftefeld dieser bestimmten Frau reagiert; und jede Frau, wie sie wirklich ist." Das ist eigentlich wunderbar, denn schließlich verwandeln wir dabei unser gewöhnliches verkrumpeltes Ich in eine bildschöne Traumfrau, was dazu führt, dass wir die wahre Lust auf Erden immer wieder erneuern. Die Werbung um eine andere Frau ist auch der Katalysator in der Alchimie, der die Schlacke selbstsüchtiger Liebe in das Gold einer gebenden Liebe zu verwandeln vermag. Romantisches Werben ist Inspiration, ist die Muse der Liebe. Viele ihrer seidigen Aspekte müssen sich zu geübten Fähigkeiten materialisieren, wenn eine einmal eingegangene Beziehung gedeihen soll. Warum sollten wir jemals aufhören, uns zu umwerben?

Margaret C. Anderson machte Dutzende von Vorschlägen für ein deliziöses Werbeverhalten. Die folgende Liste romantischer Gepflogenheiten schließen einige Lieblingsgewohnheiten Margarets ebenso ein wie solche aus Lady Clitoressas Zirkel. Selbst etwas so Potentes wie lesbischer Sex oder tiefe Freundschaft wird welken ohne das strahlende Licht der romantischen Gefühle. Merke dir *Lady Clitoressas Mondgesetz: Liebe ist wie die Mondin: Wenn sie nicht zunimmt, nimmt sie ab.* Merke dir auch, dass alle großen Freundschaften zumindest ein wenig *amoureuses* sind, dank des wechselseitigen Flirtens. Jede der Freundinnen verspricht immer wieder, was natürlich niemals in Erfüllung gehen kann. („Wären wir uns nur unter anderen Umständen begegnet ... seufz!") Jede bekommt Streicheleinheiten für ihr Ego, und keine wird verletzt oder enttäuscht.

Die folgenden Vorschläge, eine Romanze am Leben zu erhalten, wirst du am besten nachvollziehen können, wenn du ein bestimmtes Alter überschritten hast oder das Wunder der romantischen Verliebtheit mehrfach kosten durftest, daraus erwacht bist, ihren Glanz und ihre Glut jedoch noch immer zu schätzen weißt. Erfahrene Lesben wissen, dass eine Romanze nie von Dauer, unsere Sehnsucht danach aber unendlich ist.

Romantische Gepflogenheiten, die sich kultivieren lassen:

- Besuche sie niemals ohne ein Unterpfand deiner Liebe: eine einzelne Blume, ein Sträußchen (aus Kräutern), eine himmlische Süßigkeit oder etwas, das du selbst hergestellt hast.
- Verstecke ein kleines Geschenk oder eine Notiz für deine Geliebte, die sie nach deinem Weggang finden soll.
- Gestalte ein Überraschungsfest: einen Gedenktag für einen Moment, der dir unvergesslich ist.
- Sorge an jedem Tag dafür, dass es einen Augenblick gibt für die reine Freude daran, mit ihr zusammenzusein, wie kurz er auch immer sein mag.
- Versucht, euer Leben in Begegnungen und Abschieden zu leben.
- Wähle den Pfad des Herzens und des Gefühls zur sexuellen Intimität; sei nicht abhängig von Sex, der dich zum Herzen führen soll.
- Komplimente. Komplimente. Komplimente. Ein Tag ohne Komplimente ist ein Tag ohne Romantik.
- Enthalte dich jeglicher Erwähnungen deiner eigenen Unzulänglichkeiten.
- Beklage dich über nichts, sei es groß oder klein. Verlasse den Raum, ja wenn nötig sogar die Stadt, bis du dich wieder wie eine attraktive Fremde benehmen kannst.
- Ruf sie regelmäßig mit einem neuen Kosenamen und merke dir, welche ihr am besten gefallen.
- Sei nicht dramatisch. Dramatisiere deine Geliebte.
- Schreib Liebesbriefe, um dauerhafte Wellen im Meer der gegenseitigen Anziehung zu schaffen.

- Geh nicht davon aus, dass deine Geliebte automatisch so romantisch gestimmt ist wie du, also übernimm du die Initiative.
- Nimm am besten gar nichts als gegeben hin.
- Wechsle nie dein Parfum.
- Vergiss nicht, den Haaransatz in ihrem Nacken zu küssen und den empfindsamen Puls an ihrem Handgelenk, und hauche ihr sanft deinen warmen Liebesatem ins Ohr.
- Schick ihr nie ungefragt ein Foto. Bitte sie um eines.
- Zeichne ein Herz auf ihren Badezimmerspiegel, mit Seife oder deinem Lippenstift.
- Provoziere niemals Eifersucht; alles ist schon zerbrechlich genug.
- Sei nicht geheimnisvoll, sei intim.
- Denk daran, dass Charme potenter ist als Intellekt.
- Denk daran, dass Verständnis potenter ist als Charme.
- Drück deiner Geliebten keine Pläne auf, wenn sie gerade lesen oder ein Nickerchen machen oder die Aussicht genießen will.
- Sei immer bereit, deine Waffen abzulegen.
- Nimm all das, besonders aber dich selbst leicht.

II. Schlafzimmer-Manieren:

Sexuelle Freuden und soziale Gefahren

Und so schreiten wir fort vom Spielfeld der Hohen Romanze zu dem der köstlichsten Berührung. Du hast die Tore der Leidenschaft mit einer einzigen roten Rose erstürmt, und jetzt ...

Was nun folgt, ist kein Kapitel aus einem lesbischen Sexhandbuch – es sind ein paar Vorschläge für eure intime Gastfreundschaft. Es ist manchmal schwierig, bei der Diskussion über lesbischen Sex ruhig zu bleiben, denn für unsere Gesellschaft ist Lesbischsein sowohl ein exotischer *thrill* als auch ein entsetzlicher Schrecken. Für gewöhnliche Lesben ist beides schwer zu ertragen. Entspannt euch, allesamt! Lasst uns einander die schizoide Hysterie über lesbischen Sex (über Sex insgesamt) vergeben und statt dessen die Gelassenheit wünschen, Küsse zu genießen, wo immer sie zu bekommen sind. Für uns ist Sex nur eine der zahlreichen Formen lesbischer Kommunikation, sozusagen eine weitere soziale Fähigkeit, die uns die Zeit auf Erden besonders versüßt. Lesben – so heißt es – finden im Sex eines der metaphysischen Geschenke der Weisheit, die sie bewusst auskosten. Meistens ist lesbischer Sex nichts Außergewöhnliches, lediglich eine Art und Weise, das Leben und die Lust einzuatmen wie die Luft, die unsere Lungen füllt. Das Natürliche und Wunderbare an lesbischer Sexualität besteht darin, dass die daran beteiligten körperlichen Reaktionen gewöhnlich völlig problemlos und harmonisch sind, ganz anders als wenn Figur XY in der Lage sein muss, zu stehen, zu passen und in Figur XX zu bleiben – wobei XX letztlich für jede sich daraus ergebende Konsequenz verantwortlich ist, einschließlich Geburt, Tod, Schmerz und Kindererziehung. Lesbischer Sex ist eher das reine Vergnügen und – unbelastet von männlicher Herrschaftsideologie – ein leidenschaftlicher emotionaler Austausch von ungeheurer Intimität.

Lesben können nur den Kopf schütteln, wenn sie hören, dass jede zweite Hetero-Ehe ein „sexuelles Katastrophengebiet" ist, so Masters und Johnson. Shere Hite fand in ihrer Studie *Women & Love: A Cultural Revolution in Progress* heraus, dass 87 Prozent der 4500 befragten Frauen unabhängig von ihrer sexuellen Präferenz (11 Prozent gaben sich als Lesben zu erkennen) ihre größte emotionale Erfüllung bei anderen Frauen gefunden hatten. Von den Lesben über Vierzig hatten 34 Prozent eine heterosexuelle Ehe hinter sich gelassen, um sich einer Frauenliebe zu widmen; ist dies die „kulturelle Revolution", von der im Untertitel die Rede ist? 76 Prozent der Lesben bewerteten ihr Sexualleben als „gut", aber die Mehrzahl der heterosexuellen Frauen zeigte sich erbost und verletzt durch die Tendenz der Männer, „sich zurückzuhalten und zu distanzieren". Männliche Kritiker ereiferten sich selbstverständlich über Shere Hites Forschungsergebnisse und spalteten Prozentrechnungshaare, aber die Botschaft „Heterosexuelle Frauen sind sexuell zutiefst enttäuscht!" wird in einer Studie nach der anderen aufs neue bestätigt.

So hat Ann Landers 90 000 Frauen gefragt: „Wären Sie zufrieden damit, im Arm gehalten und liebevoll gestreichelt zu werden und den Geschlechtsakt als solchen zu vergessen?" Überwältigende 72 Prozent sprachen sich dafür aus, „es" sausen zu lassen und dafür das intime Zusammensein zu verlängern. Nach 30 Jahren im Ratgeberin-Business erlaubte sich Ann Landers daraufhin die Bemerkung, sie sei über dieses Ergebnis „nicht überrascht", und fügte hinzu: „Viele Frauen sind so unzufrieden mit ihrem Sexleben, dass sie am liebsten gar nichts mehr damit zu tun haben möchten." *Zong!* Vielen Dank, Annie. Eine weitere Umfrage in den USA enthüllte, dass selbst „glücklich" verheiratete Frauen mit ihren Männern unzufrieden sind. Studien, die im Auftrag solcher des Feminismus unverdächtiger Verlagsprodukte wie *Redbook, Women's Day, New Woman, Glamour* und *Cosmopolitan* durchgeführt wurden, kommen zu demselben traurigen Ergebnis. Die Damen um Lady Clitoressa waren sich schon immer darin einig, dass heterosexuelle Männer die besten Förderer lesbischer Liebe sind. Wenn heterosexuelle Männer, die Frauen wirklich lieben, es nicht schaffen, sie zutiefst zu befriedigen – tja, dann ... Wie Aretha singt: „Sisters are doing it for themselves ... "

Instinktiv und intuitiv weiß eine Frau, wie sie einer anderen Frau Lust bereiten kann, schließlich hat ihr eigener Körper und dessen Erregbarkeit es sie gelehrt. Ihre Herangehensweise und ihr Zugriff bringen auf zwanglose Weise ihre eigenen Präferenzen und Rhythmen zum Ausdruck; sie tut einfach das, was ihr selbst gefallen würde. Einfühlung als Königinnenweg zur Ekstase: „Hier?" – „Ahhh, ja ..." – „Und hier? " – „Jaaa, da ..." Lesbischer Sex ist deshalb einzigartig, weil er umfassend und reichhaltig ist, statt sich auf genitale Akte und Aktiönchen zu beschränken. Lesben tanzen alle

Farben des Regenbogens, nicht nur eine. Abgesehen von Fingern, Zungen, Brüsten, Mösen, Haaren, Bäuchen usw. erotisiert unsere Neigung zur Hohen Romantik alles, was mit Liebesgeflüster und Musik daherkommt. Außerdem wissen wir phantasievolle Genüsse zu schätzen wie mit den Fingern zu essende Köstlichkeiten, Federn und andere ausgewählte Accessoires, und Materialien wie Lack, Leder und Latex bis hin zu Samt, Seide und Spitze. Frauen als die Langstrecken-Tänzerinnen des Sex haben die Fähigkeit, köstliche Ewigkeiten lang größtmögliche Nähe zueinander zu verspüren, und können, wie Lady Clitoressa es ehrfurchtsvoll ausdrückte, „einen kinetischen Ruhepunkt" erreichen, für den der Orgasmus nur den Anfang darstellt.

Das Verführungsdinner

Tischmanieren, Gusto und Essensvorlieben sind häufig ein Spiegel des sexuellen Stils, so dass die Damen der Ansicht sind, es sei angeraten, mit einer möglichen Geliebten zunächst zu dinieren. Außerdem, so möchte ich hinzufügen, erfordern manche lesbischen Sex-Praktiken einen gutgenährten Körper und einen hinreichenden Vitaminpegel, so dass ein wenig leibliche Stärkung ein besonders kluges Vorspiel darstellt. Das beste Verführungsdinner ist eines, das du selbst zubereitest, da du die Zutaten nach deinem Geschmack zusammenstellen und zu ihrem Vergnügen arrangieren kannst; außerdem strahlt das Selbstgemachte (vielleicht sogar aus dem eigenen Garten) etwas besonders Persönliches aus. „Ich kenne da ein nettes kleines Restaurant" mag eine nette kleine alles ruinierende Busfahrt mit sich bringen. Es ist besser, nur wenige Schritte vom Schlafzimmer entfernt zu sein, wenn sich das Verlangen regt.

Als einzige Regel für ein Verführungsessen – gleichgültig, ob zu Hause oder anderswo – gilt, dass du es einfach als eine nahrhafte, nette Geste im gesamten Verführungsabenteuer betrachtest und nicht zwangsläufig als Auftakt für *die* Nacht begreifst. Das senkt den Nervositätspegel erheblich. Das romantische Bistro-Dinner in Ms Manners lesbischen Memoiren *Elsa, I Come With My Songs* illustriert, wie sich Nähe mit einer Fülle subtiler Einladungen herstellen lässt und auf diese Weise ein weiteres Nachtcrescendo ausgelöst werden kann. Geh niemals davon aus, dass die Dame deines Herzens die Nacht bei dir verbringen wird, wenngleich es auch Teil des Vergnügens ist, genau dies einzuplanen und sich darauf einzustimmen. Das Verführungsdinner ist eine Gelegenheit, bei der du demonstrieren kannst, wie behaglich es bei dir daheim sein kann: durch deine aufmerksame Gastfreundschaft, deinen guten Geschmack oder auch nur dein erstes komplettes Porzellanservice. Sei geduldig; die Liebe ist ein bewegliches Fest. Die Dame will vielleicht erst das Terrain sondieren, bevor sie sich darin niederlässt, oder ist so nervös, dass sie es vorzieht, die erste gemeinsame Nacht in *ihrem* Bett zu verbringen, oder vielleicht ist sie auch nur unruhig, weil sie die Katzen noch füttern muss. Schließlich war es eine Einladung zum Abendessen, nicht zu einer Pyjamaparty.

Begrüße sie mit einer schwesterlichen Umarmung. Halte Augen-, nicht Schenkelkontakt. Erhebe dein Glas auf sie, nicht „auf uns" (zu aufdringlich). Sorge dafür, Blumen im

Haus zu haben, und schenke ihr eine ganz besondere, die sie mit heimnehmen kann, ob am Morgen oder am Abend. Kerzen sind ein absolutes Muss; Tischtuch und Servietten sollten vorzugsweise aus Leinen sein. Falls du Austern liebst, serviere sie ihr nicht gleich beim ersten Mal, das wirkt zu forciert; auch Artischocken sind eine zu starke Metapher, es sei denn, du weißt, dass sie darauf steht ... Bringe auf jeden Fall vorher in Erfahrung, was sie nicht mag. Viele Lesben essen kein Fleisch oder trinken keinen Alkohol, also musst du möglicherweise zwischen deinen Essgewohnheiten und ihren wählen. Falls du in Versuchung gerätst, beim Abendessen zuviel zu trinken, erinnere dich daran, dass du einen ausgezeichneten Champagner für den Brunch zurückgelegt hast. Schließlich hast du dir nicht die ganze Arbeit gemacht, um sie unter den Tisch zu trinken. Wer sagt, es sei einfach, Hedonistin zu sein?

Für ein gutes Menü empfehlen sich Proteine, vielleicht das, was man früher einfach *nouvelle cuisine* genannt hat, also kleinste Portionen (jede eine Delikatesse) aus ultra-frischen Salaten und Gemüsen, kunstvoll auf einer Platte angerichtet. Die *nouvelle cuisine* ist bekannt für Finesse, visuelle Kunst und, tja – Nacktheit. Keine schweren, alles überdeckenden Soßen täuschen die Sinne. Wenigstens heute abend solltest du kein Instant food servieren. Bereite statt dessen so deliziöse Köstlichkeiten zu wie Palmenherzen, Tintenfischringe, kleine Krabben oder geschmorte Endivien, die auch noch den Tastsinn reizen, da sie mit den Fingern gegessen werden. Mit solch kleinen Delikatessen könnt ihr euch dann auch gegenseitig füttern, wenn der entsprechende Grad an Intimität erreicht ist. Manche Lesben vermeiden Salate, weil beispielsweise grüne Salatblätter als Anaphrodisiakum gelten. Aphrodite warf sich auf ein Bett aus Salatblättern, um ihr inneres Feuer zu kühlen. Da es heutzutage aber geradezu als Faux pas gilt, kein Grünzeug zu servieren, hat eine der Ladies einen besonderen Salat für das Verführungsdinner kreiert. Ja, auch dieser lässt sich mit den Fingern essen. Der „Trick", wie es bei solchen Gelegenheiten in *Cosmo* heißt, besteht darin, kleine „Boote" aus Romana-Blättern herzustellen.

Sylvias Verführungssalat

Wasche einen Kopf Romana und trockne jedes Blatt gut mit einem Papierhandtuch ab. Toaste ein Stück Brot, bestreiche es dünn mit Knoblauch, schneide den Toast diagonal in vier Dreiecke und lege sie in eine Salatschüssel. Arrangiere die Romana-Blätter über dem Toast. Koche zwei Eier weich und dekoriere mit den Vierteln die Salatblätter. Mische drei Teelöffel leichtes Olivenöl, drei Teelöffel Zitronensaft und etwas Pfeffer und Salz und gieße die Soße darüber. Die Krönung bilden geriebener Parmesan und gerösteter Sesam.

Wenn ihr euch zu Kaffee und Süßigkeit auf die Couch zurückzieht, dann – und nur dann – kannst du ernsthaft überlegen, ob du „den ersten Schritt machst". Vielleicht steht dir einfach der Sinn nach einem weiteren aufregenden Vorerwartungsabend oder nach einer Einladung zu einem Abendessen bei ihr zu Hause. Wenn es etwas gibt, das noch aufregender ist als ein Verführungsdinner, dann sind es zwei

Verführungsdinner. Ist die Zeit jedoch reif, ist es an der Gastgeberin, den ersten Schritt zu tun. „Ich wünschte, du müsstest heute abend nicht gehen." Damit machst du deutlich,
worauf du hinauswillst, ohne dir etwas zu vergeben oder sie
zu bedrängen. Denk daran: Du kannst keine Frau verführen,
die nicht verführt werden will. Ihr entscheidet beide, wieviel
Energie ihr austauschen wollt. Ein wunderschönes Abendessen, begleitet von geistreicher Konversation, ist ein höchst
sinnliches Ereignis, das an sich schon Erfüllung bedeuten
kann, aber o, ihr süßen Träume ...

Das „erste Mal" oder: Ein langsames Entkleiden

Mit jeder neuen Frau gibt es ein „erstes Mal", und jedesmal
bist du vor Aufregung ganz durcheinander. Wahrscheinlich
wird es in Zukunft befriedigender sein, aber nichts gleicht
der ersten Dämmerung der Fleischeslust. Manche Lesben,
die im Leben als „neugierig" gelten, spezialisieren sich auf
das „erste Mal", wobei es für sie immer zweierlei ist: das „erste" und das „letzte Mal".

„Erste Male" erfordern Fingerspitzengefühl und Sorgfalt,
um Peinlichkeiten soweit wie möglich zu vermeiden. Natürliche Schüchternheit ist jedoch ebenso charmant wie Natalie
Barneys Erröten. Dies ist in der Tat ein Muss in den besonderen Erotika des „ersten Mals", also vermittele nie den Eindruck, zu professionell vorzugehen. An den Knöpfen herum-
zufummeln ist nicht zwangsläufig abturnend. Sei versichert,
dass manche Frauen beim „ersten Mal" nicht so leicht zum
Orgasmus kommen; das bedeutet, du hast ein langes Vor-

spiel vor dir. Erfahrene Verführerinnen denken an Kleinigkeiten, die geeignet sind, eine Gast-Liebhaberin zu entspannen. Lady Clitoressa gestaltete ihr Schlafzimmer als „eine Kirche für zwei". Installiere Lampen, die hell genug sind, um erkennen zu können, wo sich die einzelnen Möbelstücke befinden, die du aber in der ersten Nacht taktvoll dimmen kannst. Telefon und Anrufbeantworter sind leise gestellt, das Handy ausgeschaltet. Eine Kerze in einem schönen Glas, das warmes Licht erzeugt, sollte in Reichweite stehen, ebenso eine kleine Auswahl an Getränken. Eine Gardenie oder andere duftende Blumen am Bett werden ihr später die Erinnerung versüßen.

Manche Amouren entflammen schnell. Auf dem Teppich herumzurollen verkürzt das Vorspiel. Doch solches Feuerwerk zündet oft erst später. Gehen wir nun jedoch davon aus, dass du den ersten Schritt gemacht hast und sie bleiben möchte. Dann kommt das eher verlegene, aber köstliche „Einstimmen". Erweise dich als wahre Gastgeberin: „Hier sind frische Handtücher", dränge sie nicht und hilf ihr, ihre Nervosität in den Griff zu bekommen. Schließlich: „Dies ist das Bett, dies sind meine Arme ... " Wenn äußerste Zurückhaltung geboten ist, wirst du es merken. Scham mag eine kleinbürgerliche Vorstellung sein, aber Privatheit ist aristokratisch. Erweise dich ihrer würdig. Biete ihr an, zuerst ins Badezimmer zu gehen. Wenn sie die Tür hinter sich schließt, respektiere es. Zieh dich selbst rasch aus und krieche unter die Bettdecke, das beschleunigt die Dinge, wenn sie herauskommt. Vielleicht gehst du dann ins Bad oder anderswohin, so dass sie sich ausziehen und zu Bett gehen kann. Bringe die Drinks, zünde die Kerze an ... Und wir lassen euch im sanften Licht des Mondes auf eurem Liebeslager zurück, wo ihr euch den Freuden eurer Körper hingebt ...

Der Morgen danach

Wecke deine Geliebte mit einem Kuss und einer Umarmung und allem anderen, was eure Seelen schmelzen lässt, aber danach kehre zur lesbischen Alltagsetikette zurück, wobei die genauen Verhaltensregeln davon abhängen, ob du eine Wiederholung des Vorabends wünschst oder nicht. Wenn nicht, biete ihr Kaffee und ein Croissant an und sage ihr, dass du gleich wegmusst. Sei geschäftig, aber nicht gemein. Vielleicht erwähnst du, dass du die nächsten sechs Monate vor lauter Arbeit zu nichts anderem kommen wirst, aber benimm dich nicht ungehobelt. Du schuldest jeder Frau wahre Höflichkeit, deren Zuneigung du ermutigt und gewonnen hast. Selbstverständlich hast du absolute Integrität mit deiner romantischen Werbung verbunden, also brauchst du ihr nichts zu gestehen, wie etwa, dass deine Partnerin, mit der du seit drei Jahren zusammenlebst, demnächst heimkommen wird.

Wenn du die letzten Stunden jedoch großartig fandest, möchtest du vielleicht eine Liaison beginnen, also plane entsprechend. Sorge dafür, dass ein zusätzlicher Morgenmantel bereitliegt, damit ihr beide es euch zum Brunch gemütlich machen könnt. Schließlich willst du ja wohl kaum, dass sie sich anzieht! Secondhand-Läden sind voller Designerklamotten jeglicher Art, und häufig passt eine Größe fast allen, die du ... Wenn du für den Brunch nicht entsprechend eingekauft haben solltest, biete ihr an, frühstücken zu gehen. Es ist jedoch unverzeihlich, keinen Kaffee, keine Milch, keinen Tee oder Saft im Haus zu haben. Beim Brunch solltest du das nächste Date mit ihr ausmachen, oder du wirst dich später fragen, ob alles nur ein wunderschöner Traum war. Am Tag darauf ist es angesagt, einander ein liebevolles Dankeschön-Briefchen zu schicken, um das Liebemachen mit Liebe in Verbindung zu bringen. Wenn du es nicht gewohnt bist, Liebesbriefe zu schreiben, genügt schon ein beziehungsreiches „Danke für *alles!*". Ein beigefügter Lavendelzweig oder „die blaue Blume der Erkenntnis" hilft deiner Prosa auf die Sprünge. Schreibpapier mit deinem Monogramm erfüllt denselben Zweck. Eine kleine Investition in dieser Richtung mag dir für den Rest deines Liebeslebens genügen. Gib dich jedoch nicht mit einem aufgedruckten Monogramm zufrieden, sondern lass es einprägen. Lesben haben sensible Fingerspitzen.

Exotische Vorlieben und abenteuerliche Amouren

Lesben praktizieren gewöhnlich ganzheitlichen Sex, dennoch gibt es spezielle Vorlieben oder auch Spezialitäten wie etwa SM. Manchmal ist es peinlich, deiner neuen oder alten Geliebten zu gestehen, dass du am liebsten mit dem Auto irgendwohin fahren und Räuber und Gendarm spielen oder die Dessous-Abteilung im Kaufhaus mit ihr durchstöbern möchtest, um in der Umkleidekabine übereinander herzufallen. Es kann eine delikate Angelegenheit sein, ihr zu erzählen, dass du davon träumst, Pfirsichmus von ihrer Du-weißtschon zu lecken, den Hintern versohlt zu bekommen oder sie zu bitten, eine lüsterne Nonne zu spielen.

Beginne damit, sie wissen zu lassen, dass du an ihren Phantasien interessiert bist und sie gern teilen möchtest. Selten wird dir ein Vorschlag so abstoßend und unmoralisch erscheinen, dass er die gesamte Beziehung in Frage stellen könnte. Wenn doch, dann lasst die Finger davon. Wir alle haben unsere Schlangengruben, gefüllt mit Tabus. Lass sie wissen, dass du sie immer noch wahnsinnig liebst, nicht aber diese eine Phantasie. Nichts ist tatsächlich so schrecklich, es sei denn, es ist mit Zwang und Gewalt verbunden. Eine Phantasie ist nichts weiter als eine Phantasie. Die meisten von uns haben „Schlüssel"-Phantasien, die in unsere Kindheit zurückreichen. Manche davon auszuleben kann unglaublich Spaß machen. Das gilt beispielsweise für alles, was dein gepflegtes Äußeres ruiniert, angefangen damit, eure Körper gegenseitig mit Fingerfarbe zu bemalen bis hin zu Weibercatchen im Schlamm. Was eine Frau heftig anturnt, kann für eine andere ausgesprochen anti-erotisch sein – zum Beispiel, bepinkelt zu werden. Wenn eine von euch heiß ist, während die andere sich ekelt, solltet ihr lieber Anregungen finden, die euch beiden genüsslich erscheinen. Diese gibt es zuhauf, und sie können ein Quell reichhaltiger Vergnügungen sein. Auf diese Weise wird Langeweile vermieden. Und gemeinsam mit eurer Geliebten etwas „Anrüchiges" zu tun schafft Intimität und Vertrauen und festigt die Verbindung zwischen euch. Viele Tabus können tatsächlich nur mit einer engen Geliebten ausagiert werden. Analer Sex und der Einsatz von Dildos oder Fesseln sind nicht gerade das, was du mit jeder in der ersten Nacht tun würdest.

Die Verwendung von Dildos war einst ein Hauptstreitpunkt zwischen Lesben. Jahrelang als politisch unkorrekt und Verkörperung phallischer Penetration verurteilt, sind Dildos inzwischen jedoch von der Tabuliste gestrichen und tauchen immer häufiger in den Schlafzimmern lesbischer Frauen auf. Gigantische, steife Dildos sind natürlich die absurd narzisstische Verkörperung männlicher pornographischer Vorstellungen. Seit einigen Jahren sind jedoch Dildos auf dem Markt, die aus feinstem Silikon bestehen, und es gibt sie sogar als Doppel-Dildos. Manche davon sind fast zu Kultgegenständen avanciert: kunstvoll gestaltete Statuen tauchender Frauen. Sie sind weich und biegsam, und du kannst sie bei lesbenfreundlichen Versandhäusern bestellen oder auf einschlägigen Festen und Veranstaltungen erwerben. Manche Lesben finden Dildos genauso amüsant wie das Organ selbst und treiben allerlei Unfug damit. Die Damen um Lady Clitoressa fragen sich, ob der Dildo ein Penisersatz ist oder umgekehrt? Als eine Art Faustregel gilt jedoch: Viele Lesben benutzen weder Dildos noch eine organische Version davon wie Karotten, Gurken oder Bananen, also lass es langsam und behutsam angehen. Vibratoren scheinen etwas weiter verbreitet zu sein. Am besten ist es, zunächst mit deiner Geliebten über erotische Sexpraktiken und Spielzeuge zu reden, vorzugsweise wenn ihr beide heiß seid. Wie in allen delikaten Situationen ist auch hier Kommunikation das beste Gleitmittel.

Sado-Maso-Rollenspiel

Der lesbische Preis für die bestgeschmierten Sexpraktiken geht sicherlich an SM. Viele haben es ausprobiert, wenige bleiben dabei, trotz des großen Presserummels und der Tatsache, dass SM bei Heteros als schick gilt. Die meisten weltlichen Dingen aufgeschlossenen Frauen in Lady Clitoressas Kreis halten SM eher für nicht sonderlich verfeinert und das entsprechende Verhalten für recht klischeehaft. Eigensinnige Frauen mögen sich nicht in Karikaturen patriarchaler Herrschaft und Unterwerfung verwandeln. Ein anderer Aspekt von SM, den viele Lesben für anti-erotisch halten, ist seine sado-puritanische Seite. Eine ganze Menge des *feelings* basiert auf schrecklichen und unrealistischen Schuldgefühlen. Darüber hinaus wird dein Körper durch Brandwunden, Narben und Hepatitis nicht gerade interessanter.

Lady Clitoressa selbst erklärt jedoch, SM sei eine der wertvolleren Häresien der feministischen Religion. Wie alle vom Dogma abweichenden Lehren enthalte SM ein Körnchen Wahrheit und einen wichtigen befreienden Aspekt. Die S&Ms, die sie „us & thems" nennt, haben sich Verdienste erworben, da sie nicht nur die Präsenz, sondern auch die Pathologie von Dominanz und Unterwerfung in uns allen nach außen tragen. Wie oft agieren wir unsere Beziehungskonflikte in einem verbalen SM-Szenario der Gewalt aus und bemerken dabei nicht einmal, dass psychischer Schmerz ebenso grausam sein kann wie physischer? SM zeigt uns auf dramatische Weise, dass alle Beziehungen mehr Zutaten enthalten als nur Liebe – Macht und Kontrolle beispielsweise.

SM unterstreicht auch kosmische Wahrheiten wie Vergänglichkeit und gegenseitige Abhängigkeit. Er agiert aus, dass alle unsere Ego-Rollen in Wirklichkeit Abwandlungen des „als ob"-Spiels sind, zum Beispiel wenn die abends kunstvoll gestylte „Top" im Morgenlicht definitiv „unten" liegt oder sich die Bi-Frau als dynamische und keineswegs statische Persönlichkeit entpuppt. Außerdem hängt die Identität der scheinbar alles beherrschenden „Top" vollständig von einem Partnerschaftsmodell ab, nämlich von der Bereitschaft einer anderen Frau, die entgegengesetzte Rolle zu spielen und ihr dabei einen Zerrspiegel vorzuhalten. Wer übt dabei *wirklich* die Kontrolle aus? Beide. Gemeinsam.

Die Vertreterinnen von SM haben viel dazu beigetragen, die Lust an Fetisch und Phantasie, an ritualen Spielen und Rollentausch in die lesbische Gemeinschaft einzuführen. Die Ikonographie des Faschismus brauchen wir für erregende sexuelle Inszenierungen jedoch nicht. Und so gehört zum Beispiel „S & S", Sex und Spiritualität, zu den ebenso liebe- wie machtvollen Alternativen, wie sie in späteren Kapiteln beschrieben werden. Außerdem hat SM unsere Verschiedenheit in Sachen Schmerz-Lust-Schwelle ans Licht gebracht. Betrachten wir es einmal so: Für manche ist es vielleicht Liebe auf den ersten Biss. Was für die eine Frau nichts als grausamer Schmerz ist, stimuliert vielleicht die Tigerin in einer anderen Lesbe. Die wahrhaft erotische Lesbe versteht, dass die Macht der Empfindung sich dreht und windet wie der Yin/Yang-Fisch in verschiedenen Stadien der Leidenschaft und Bewusstheit.

Und schließlich sehnen wir uns sicherlich alle – nicht nur die Leder-Ladys – nach der tiefen Entspannung, die darin liegt, sich einem anderen Körper und Willen anzuvertrauen, genauso wie wir Glück dabei empfinden, die Macht unseres eigenen Körpers und Willens zu spüren, während wir die Ekstase einer Geliebten erregen und lenken. Die entscheidende Frage lautet vielleicht: Wann ist es dumm oder ausbeuterisch, mit den Grenzen unserer Sinnesempfindungen zu spielen – und wann ist es heilend und fördernd? Stammt unsere Motivation aus dem Willen zur Macht, oder bleibt sie im Fluss mit den Liebesenergien?

Bisexueller Swing

Eine weniger provokative, aber immer noch faszinierende Häresie mit unendlichen Möglichkeiten ist Bisexualität. Ja, viele Frauen und Männer hatten und haben Sex mit Frauen, die sich selbst als Lesben definieren. Dies sollte kein Problem sein, solange dabei nicht die Gefahr der HIV-Übertragung besteht. Denk an Safer Sex! Die Ladies wünschten, der ungenaue Begriff „bisexuell" existierte nicht, außer als „technische" Bezeichnung für eine Person, die gleichzeitig mit einer Frau und einem Mann Sex hat. Jedes der selbstdefinierten und sich ständig neu definierenden Sexgeschlechter (weibliche und männliche Homosexuelle/Heterosexuelle/Bisexuelle) mag in wenigstens sechsunddreißig Kombinationen mit anderen Personen geschlechtlichen Vergnügungen nachgehen. „Bisexuell" scheint ein wenig vage in unserer vielfältigen sexuellen und multidimensionalen Welt. Da gibt es immer noch das alte Märchen, das besagt, bisexuelle Männer könnten nicht zugeben, schwul zu sein, und bisexuelle

Frauen seien Frauen, denen es peinlich ist, heterosexuell zu sein; aber vielleicht ist Bisexualität eine Experimentier- oder (vielleicht auch lebenslange) Übergangsphase für Menschen, die im nächsten Leben das Geschlecht wechseln werden.

Diese negative Sicht der Bisexualität stammt daher, dass Schwule häufig glauben, das Konzept der Bisexualität untermauere die homophobe Überzeugung, so etwas wie Homosexualität existiere gar nicht. Tja, wir Lesben brauchen uns darum eigentlich gar nicht zu scheren. Außerdem geht die Befürchtung um, Bisexuelle würden nur unsere Früchte kosten, spätestens aber wenn die Verfolgung von Schwulen und Lesben ihr hässliches Haupt erhebt, ihr „heterosexuelles Privileg" in die Waagschale werfen und uns wie Judas verraten. In Wirklichkeit sind Bisexuelle nicht besser oder schlechter als wir alle, manche sind vertrauenswürdig, manche nicht. Viele Lesben verlangen nach wie vor von bisexuellen Frauen, sich definitiv zu entscheiden – entweder/oder. Doch gehört es nicht zu den fundamentalen schwullesbischen Überzeugungen, dass alle Menschen frei sein sollten zu lieben, wen immer sie lieben wollen?

Was wir vom „bisexy-Drama" in der weiten Arena der Sexualität lernen können, ist, dass die aufgeführten genitalen Theaterspiele nur auf das Genre verweisen. Die wirkliche Action spielt sich außerhalb des Bettes ab, und hier sollten wir auf Dinge wie Loyalität, Authentizität und Evolution achten. Läßt die Akteurin feministische Werte (geteilte Macht) oder maskuline Werte (Macht über) erkennen? Wann und warum ist der Stil der einen „feminin" und wann „maskulin"? Ist die Akteurin die Verfasserin ihres eigenen Scripts; sind ihre Liebesgesänge ehrlich? Bisexualität bietet guten Stoff zum Nachdenken – vor allem, wenn du denkst, du hast schon alles kapiert.

Zölibat

Damit kommen wir zu einer der exotischsten (und in der Hetero-Welt am meisten tabuisierten) sexuellen Formen, sich auf Menschen zu beziehen: zölibatäres Verhalten. Das Zölibat ist die bewusste, durchdachte Bestätigung und Förderung des eigenen Selbst, die dazu führt, sexuelle Energie in alternative Bahnen zu lenken. Es ist nicht zu verwechseln mit einem zufälligen, ungewollten Zustand der Keuschheit. MystikerInnen haben schon lange verstanden, dass sexuelle Energie eine wunderbar mächtige Spielart spiritueller Energie sein kann. Sexuelle Abstinenz kann den sexuellen Strom in Herzensbewusstheit verwandeln und uns auf diese Weise mit dem kosmischen Ganzen vereinigen. Warum sollte Sex immer nach außen in einen Orgasmus gelenkt werden, sei es mit oder ohne eine andere Person?

Lesben üben sich oft in sexueller Enthaltsamkeit, um ihre höchst kreative Energie voll und ganz auf ihre Kunst, ihren Beruf oder ihre Studien zu konzentrieren. Manchmal tun wir es, ohne groß darüber nachzudenken. Vielleicht brauchen wir die Enthaltsamkeit, um uns selbst zu erden, bevor wir in eine bedeutsame Beziehung mit einer anderen Frau eintreten oder um eine liebevolle Beziehung mit uns selbst einzugehen. Möglicherweise müssen wir uns von sexuellem Missbrauch oder einer Vergewaltigung erholen. Vielleicht möchten wir auch einfach erkunden, wie wir eine andere Art liebevoller

Beziehung aufbauen können, die nicht von den turbulenten Stürmen des Sex gebeutelt wird. Schließlich gibt es andere Wege zu Liebe und Intimität als genitalen und orgasmischen Sex. Eine bedeutsame Zeit und tiefe Erlebnisse miteinander zu teilen oder sich einer gemeinsamen Sache zu widmen – das kann mit zärtlichster Zuneigung *und* feinster Erotik gesegnet sein. Wir können uns zum Beispiel dafür entscheiden, uns in visualisierter, imaginärer oder astraler Hinsicht mit einer anderen Frau zu verbinden. Das ist nicht dasselbe wie genitaler Sex, aber es ist nicht weniger bedeutsam. Wir alle müssen manchmal im Leben enthaltsam sein, und manchen Menschen gegenüber müssen wir es immer sein (gegenüber der hinreißenden Geliebten deiner besten Freundin, deiner Chefin, deiner Therapeutin oder spirituellen Lehrerin). Es ist weise, sexuelle Enthaltsamkeit willkommen zu heißen, wenn sie angemessen ist. Sie wird dir guttun.

Häufig stellen Lesben fest, dass sexuelle Enthaltsamkeit nach einer schwierigen Trennung nützlich ist. Wir können zurücktreten und die Dynamik der Veränderung ergründen, feststellen, was falsch gelaufen ist, was wir besser machen können; wir können uns Zeit nehmen, zu trauern und loszulassen. Sich sofort in die Arme einer anderen zu stürzen kann dich dazu verdammen, dasselbe alte Muster zu wiederholen – darin liegt weder Heilung noch Veränderung, sondern allein Ablenkung.

Eine Phase bewusster Enthaltsamkeit mag Monate, Jahre oder ein Leben lang dauern – solange sie sinnvoll und bestärkend ist. Schließlich ist das Zölibat keine Strafe oder Buße. Entweder sind Frauen wirklich friedvoll in ihrer und durch ihre Enthaltsamkeit, oder sie beenden diese Übung irgendwann. Auch bedeutet Enthaltsamkeit nicht Asexualität. Manch eine Enthaltsame führt ein glückliches Sexleben mit sich selbst und hat ein sinnlich-erotisches Verhältnis zur Welt. Sich selbst zu lieben, sagt Lady Clitoressa, ist eines der großen Yogas: Es erfreut und zentriert ohne Komplikationen. Schließlich ist es auch angenehm, zu entdecken, wie erstaunlich erotisch die ganze blühende Welt ist – ohne dass irgendein genitaler Akt dazu erforderlich wäre.

Hier sind einige Tips von der Enthaltsamkeitsbefreiungsfront, wenn du versuchen möchtest, das Zölibat zu praktizieren:

- Beobachte deine sexuelle Energie und erwarte nicht, dass sie plötzlich verschwindet. Such keinen Streit mit dieser alten Freundin und verleugne sie auch nicht. Sie ist in jeder Hinsicht eine zu mächtige Kraft, als dass du ihr widerstehen könntest, also winke ihr einfach lächelnd zu, wenn sie vorüberzieht.
- Und sie zieht vorüber, sie kommt und geht wie die Gezeiten. Fühle, wie interessant es sein kann, mit ihr zu „fließen", vor allem wenn du die Energie kreativ zu kanalisieren vermagst.
- Versuche, sexuelle Stimulation zu vermeiden, was nicht ganz einfach ist in einer Kultur, in der dir jede Plakatwand „Sex!" entgegenschreit.
- Führe Entspannungsübungen durch wie tiefes Atmen, Yoga und Meditation.
- Bringe deine nicht-fixierte Zuneigung allen Lebewesen entgegen – Katzen, Pflanzen, Menschen – solchen, die du wirklich magst, und solchen, die du mögen könntest, wenn du sie nicht als mögliche Sexualpartnerinnen betrachtest.

- Erzähle niemandem außer deinen engsten Vertrauten, dass du im Zölibat lebst; die meisten Menschen reagieren eher ungeduldig darauf. Lass sie raten, wieso du eine solche Ausstrahlung von Freiheit und ruhiger Energie hast.
- Einige Ernährungsempfehlungen: Fleisch, Zwiebeln, Knoblauch und scharfgewürztes Essen allgemein stimulieren sexuelle Energie; das gleiche gilt für Coffein (und Nikotin).
- Beweg dich, treibe Sport, geh allen körperlichen Aktivitäten nach, die dir Spaß machen. Bestimmte Yoga-Positionen und Atemübungen sind dazu geeignet, sexuelle Energie in Alternativen zu kanalisieren.
- Denke daran: Enthaltsamkeit ist wie Jogging; du musst es nicht *jeden* Tag tun.

Die große Ironie in bezug auf das Zölibat besteht darin, dass Lesben, die sich bewusst für eine Phase der Enthaltsamkeit entscheiden, für andere noch begehrenswerter werden können. Und das Verrückte am Zölibat ist, dass du es mit vielen Menschen gleichzeitig treiben kannst. Natürlich können Enthaltsame die Vorstellung von der „verbotenen Frucht" in anderen wecken, doch ihre Attraktivität besteht oft einfach in ihrer Ausstrahlung – dem wunderbaren inneren Strahlen ihres Selbstwertes. Hier ist eine, die nicht bedürftig ist und sich nicht obsessiv und besitzergreifend mit anderen in Beziehung setzt. In einer Zeit, in der Sex – statt Religion – zum Opium (und Amphetamin) des Volkes geworden ist, können sich diejenigen, die diese Sucht erfolgreich bezwungen haben, frei ihrem Leben widmen. Du wirst feststellen, dass Enthaltsame oft super-leistungsfähig sind: Sie sind Unternehmerinnen oder Künstlerinnen, tragen den schwarzen

Gürtel oder haben politische Mandate inne. Sie schaffen etwas Bedeutsames, während diejenigen unter uns, die mit sexuellem Autopiloten fliegen, es kaum schaffen, nach Hause zu gehen, um die Katzen zu füttern. Da Sex so verbreitet ist und Erregung auf so unmittelbare und wundervolle Weise zum Ausdruck bringen kann, neigen wir zu der Annahme, dass Sex für unser Leben entscheidend sei. „Was für unser Leben wirklich entscheidend ist", sagt Lady Clitoressa hingegen, „ist die Erregung selbst."

Willkommen im Schloss der Lust

Es war einmal an einem Elfenfeuer, als der gewürzte Apfelwein kreiste – da erkühnten sich einige Mitglieder aus Lady Clitoressas Kreis, ihre exotischsten Lieblingsphantasien sexueller Vergnügungen mitzuteilen (selbstverständlich sind die meisten lesbischen Vergnügungen „exotisch", da wir nur selten auf die Missionarsstellung zurückgreifen, die unter uns auch als „Der zerquetschte Käfer" bezeichnet wird). In einer Studie fand die lesbische Sextherapeutin JoAnn Loulan heraus, dass selbst lesbischer oraler Sex – ein weiteres Lieblingsthema männlicher Pornographen – keineswegs universell ist. Lesben verfügen über ein umfangreiches Menü, angefangen vom Reiben des Körpers (auch *Tribadie* oder *Frottage* genannt) über orale Vergnügungen bis zu Fingerspielen allüberall. Wir erfreuen uns am ganzen Organ warmer Haut, ein bewegendes Universum zu erkundender Liebeswellen.

Hier eine kleine Auswahl beliebter Entrées der Ladies, bevor diese atemlos die Rezepte im einzelnen verraten. Da treffen wir zunächst Constance und Scarlett; sie sind die zwei führenden Exponentinnen der beiden großen gegensätzlichen Schulen von Lesbiana, über die wir später diskutieren werden: Monogamie und Polyfidelie. Die würdevolle Constance mag als sexuelle Makrobiotikerin gelten, wenn es darum geht, sich für eine einzige Partnerin zu reservieren, aber im Bett ist sie die Königin der Phantasien für ihre Geliebte, eine Scheherazade Wirklichkeit werdender Märchen und Rollenspiele mit Accessoires von Seidenkrawatten bis Satinhöschen. Vielleicht ist Vielfalt letztlich auch ihr Lebenselixier. Scarlett, die fröhliche Herumtreiberin, hat ein geheimes Faible für öffentlichen Sex, doch nicht in Form von aufdringlichem Exhibitionismus – sie spielt gern „Hasch mich" direkt unter der Nase des Patriarchats. Zenia mit den leuchtenden Augen (und den Fingern) einer Yogini liebt den hochkonzentrierten ritualisierten Sex, um bewusst den Ruhepunkt zu erreichen, an dem Fleisch und Geist zusammenströmen und die Hitze des Körpers sich in Licht verwandelt. Concha nutzt das Wasser des Lebens für ihre poetischen Liebesabenteuer, für sinnliche Duschen und duftende Bäder bei Kerzenlicht, für Fußwasch-Massagen, bei denen jeder Zeh ein Organ ist. Und ihr werdet Kemble begegnen, der feurigen Meerjungfrau, die sich jede Frau als ihre „Erste" wünscht und deren innigste Küsse dich dahinschmelzen lassen.

Seid ihr bereit?

„Halt!" sagt Lady Clitoressa. „Erst müssen wir über Safer Sex reden."

Stimmt!

Eine Pause für Safer Sex

Lady Clitoressa, bekannt für ihr achtzigjähriges Stehvermögen, beabsichtigt, nicht eine einzige Lesbe an Aids-Ignoranz zu verlieren. Sie hat recht. Sorgloser Blut- oder Spermakontakt mit einem HIV-infizierten Menschen und es könnte um dich geschehen sein. Glücklicherweise wurde die lesbische Gemeinschaft bislang weitgehend von der Ansteckung verschont, da unsere üblichen Sexpraktiken nur wenige Risiken bergen. Lesbische Sexualität enthält nur sehr selten die Möglichkeit, Blut oder kontaminierte Nadeln auszutauschen, und mit Sperma hat keine der Beteiligten groß zu tun. Religiöse FundamentalistInnen, die in ihrem Wahn behaupten, Aids sei die Strafe eines zornigen Gottes für die Sünden der Menschen, sollten endlich zu der logischen Schlussfolgerung gelangen, dass ihr Gott also lesbische Sexpraktiken als besonders heilig favorisiert. Unter den Zigtausenden bekanntgewordenen Aids-Fällen in den Vereinigten Staaten gibt es nur sehr wenige mit der vagen Möglichkeit, dass eine HIV-Übertragung von einer Frau zur anderen stattgefunden haben könnte. Als weltweite Epidemie ist Aids größtenteils eine heterosexuelle Krankheit. In den USA sind jedoch Drogenabhängige (egal welchen Geschlechts und welcher sexuellen Orientierung), die sich ihren Stoff intravenös spritzen, sowie schwule Männer aufgrund ihres Risikoverhaltens am meisten betroffen. Nicht was du *bist*, sondern was du *tust*, entscheidet darüber, ob du aidsgefährdet bist oder nicht. Selbst der gesegnete Zustand des Lesbischseins garantiert dir keine Unsterblichkeit, falls du dich in Situationen mit hohem Risiko begibst.

Sex war für Frauen jedoch selbstverständlich nie „sicher", überschattet wie er seit jeher ist von Verletzbarkeit und Tod: Schwangerschaftskomplikationen, Kindbett, Abtreibung, Vergewaltigung, Inzest, Geschlechtskrankheiten, nicht zuletzt der ehrfurchtgebietende Tod des Ichs, der Selbstkontrolle. Aids hat das Licht unwiderruflich verdunkelt. Die schwule Gemeinschaft ist bis an ihre spirituellen Wurzeln erschüttert worden, die tiefer gehen werden, um aus dem Dunkel zu lernen. Nie zuvor ist unter schwulen Menschen so viel mitfühlendes, heilendes und solidarisches Verhalten gepflanzt worden. Wenn ein geliebter Mensch stirbt, wenn wir wirklich begreifen, dass die Frau/der Mann in unseren Armen stirbt – was können wir da anderes tun, als unsere Liebe zum Leben noch tiefer zu gründen?

Eine Möglichkeit besteht darin, für dich und die Deine „Smart Sex" zu kreieren. Aids, wie jede andere sexuell übertragbare Krankheit, kann leicht ausgeschaltet werden, wenn ihr euch an einige simple Regeln haltet. Wenn Krebs, ein so schrecklicher Killer, der unter Lesben umgeht, doch nur ebenso in Schach gehalten werden könnte! In den USA sterben ungefähr zehnmal soviel Frauen an Brustkrebs wie Menschen insgesamt an Aids. Wir wissen, dass Aids durch ein Virus ausgelöst wird, das wie alle Vieren völlig unmoralisch ist und keinerlei Unterschiede zwischen den Menschen macht. Es heißt „Human Immunodeficiency Virus", HIV, und es attackiert und zerstört unser Immunsystem, so dass der Körper vollkommen geschwächt wird und einer Vielzahl von Erkrankungen erliegen kann. HIV wird hauptsächlich durch infiziertes Sperma oder infiziertes Blut übertragen, das in den Blutkreislauf der anderen Person gelangen muss, um seine tödliche Kraft zu entfalten. Es ist der eher seltene Kontakt mit Sperma, der Lesben der geringsten Risikogruppe angehören lässt. Lesben, die gelegentlich mit Männern schlafen, müssen infolgedessen Kondom-Königinnen sein. Kein Kondom, kein Koitus, basta. Ungeschützter Penis-Vagina- oder Penis-Anus-Sex kann HIV übertragen. Punkt.

Eine überwältigende Anzahl von intelligenten und lebensfreudigen Schwulen haben Smart-Sex-Praktiken übernommen, zum Beispiel den Gebrauch von Kondomen, so dass von einem beispiellosen selbstbestimmten Gesundheitsprogramm in der homosexuellen Szene gesprochen werden kann. „Es ist ein Aufstand und zugleich eine Art Wiedergeburt. Wir kommen von Hyper-Sex zu Safer Sex ", sagte ein Schwuler. Homosexuelle Männer unterliegen aufgrund der weitverbreiteten analen Sexpraktiken, wobei sowohl Sperma- als auch Blutaustausch stattfinden kann, wie auch der Promiskuität, also der Gepflogenheit, mit vielen wechselnden Partnern Sex zu haben, wie sie in der homosexuellen Männerkultur üblich ist, einem besonders hohen Ansteckungsrisiko. Durch die neuen Smart-Sex-Praktiken wären die HIV-Infektionen beispielsweise in San Francisco normalerweise schon deutlich zurückgegangen, wäre da nicht die häufig sehr lange Inkubationszeit von mehreren Jahren. Smart Sex verhindert inzwischen neue Übertragungsfälle, aber bei vielen Schwulen bricht jetzt erst die Krankheit aus, mit der sie sich schon vor einigen Jahren angesteckt haben, bevor sie oder wir überhaupt wussten, was Aids ist.

Und was ist mit der Möglichkeit einer von einer Frau zur anderen übertragenen HIV-Infektion? Die offiziellen Aids-Statistiken konzentrieren sich auf die Vielfalt von schwulen

Sexpraktiken; Frauen erscheinen in der Kalkulation offenbar ausschließlich als Heterosexuelle, so dass es keine offiziell veröffentlichten Zahlen über Aids unter Lesben gibt. Da wir für uns jedoch beanspruchen, sexuell präsent zu sein, muss die lesbische Gemeinschaft sich eingestehen, dass Blut – die zweite Hauptinfektionsquelle – unser wichtigstes Verbindungsglied zu Aids bleibt. Wenn wir daher nicht sicher sind, dass wir kein Aids haben, so sollten wir auf jeden Fall vermeiden, dass es zu einem Blutaustausch durch Wunden oder kleine Verletzungen kommt, selbst kleinste Risse im Gewebe, etwa in Mund, Vagina oder Anus, sind nicht ungefährlich; außerdem sollten wir vorsichtig bei Kontakt mit Menstruationsblut sein. Es wurde ein Fall von einer Frau-zu-Frau-Übertragung durch Blutaustausch berichtet, wobei dieser durch „traumatische" sexuelle Aktivität und/oder Kontakt mit Menstruationsblut erfolgt sein könnte. („Traumatisch" in der medizinischen Fachsprache bedeutet Hautabschürfungen, Schnitte, Wunden – kurzum alles, was mehr ist als nur ein zarter Kratzer von einem Fingernagel.) Nähere Einzelheiten sind nicht bekannt. Was den Zusammenhang mit Drogen angeht, so ist klar: Vermeide auf jeden Fall, die Nadel oder sonstiges „Zubehör" der Drogenbenutzung mit anderen zu teilen, ohne das Instrumentarium zu sterilisieren. Auch Bluttransfusionen konnten früher „den goldenen Schuss" bedeuten. Seit einigen Jahren werden jedoch alle Blutspenden auf HIV getestet. Auch Samenbanken sind dazu übergegangen, die Spender zu testen. Zukünftige lesbische Mütter sollten zu ihrer eigenen Sicherheit und der ihres Kindes auf jeden Fall darauf bestehen, dass das Sperma auf HIV getestet wird.

Zurück zum Thema Sex. Um herauszufinden, ob deine Geliebte ein Risiko mit dir eingeht, solltest du als erstes deine Geschichte der letzten fünf bis zehn Jahre einmal gedanklich durchgehen. Das ist eine lange Zeit, also wappne dich für eine „bedeutsame Unterhaltung", in der ihr euch über Bluttransfusionen, künstliche Befruchtung, männliche Liebhaber und Kontakt mit Nadel-BenutzerInnen Rechenschaft ablegt. Überlege auch, wie dein allgemeiner Gesundheitszustand in den letzten Jahren war. Wie jede Infektionskrankheit hat Aids besonders leichtes Spiel, wenn dein Immunsystem bereits durch schlechte Ernährung, Drogen und Alkohol, Schlafmangel, andere Infektionen oder (emotionalen) Stress geschwächt ist. Studien zeigen, dass manche Menschen, die bei Vagina-Penis-Sex wiederholt HI-Viren ausgesetzt waren, kein Aids bekamen. Wenn ihr beide diese *Tour de force* durch eure Biographie der letzten Jahre hinter euch habt, seid ihr entweder total erschöpft, oder ihr habt vielleicht jede in der anderen die Lebensgefährtin gefunden.

Wenn eine von euch dennoch beunruhigt, euer Verlangen nacheinander aber jeden Test wert ist, dann solltet ihr euch auf HIV-Antikörper testen lassen. Durch diesen Test kann jedoch nur herausgefunden werden, ob dein Körper vor mehr als sechs Monaten HIV-Antikörper gebildet hat. Wenn du also auf diesen Test hin ein negatives Ergebnis bekommst, solltest du sechs Monate lang Safer Sex praktizieren und den Test anschließend wiederholen, damit du auf dem neuesten Stand bist. Oder praktiziere sechs Monate lang Safer Sex, *bevor* du den Test machst. Vergewissere dich, dass der Test absolut vertraulich und anonym ist, da immer wieder Fälle von Missbrauch vorgekommen sind. Beschaffe dir ausreichend Informationen und scheue dich nicht, dich beraten zu lassen.

Wenn du vermutest, dass du und/oder deine Liebste mit einem Risiko behaftet seid, sollten eure sexuellen Begegnungen auf jeden Fall auf der „safen" Seite sein. Das gilt auch für die Situation, wenn du einer Fremden nur eine Frage über Safer Sex stellen und nicht ihre Biographie der letzten zehn Jahre erfragen magst – und denk daran: Menschen lügen. Außerdem kannst du das Ganze als weitere Spielart sexueller Vergnügungen betrachten. Es kann ja nicht schaden zu wissen, wie du „leichte Latex-Liebe" praktizierst. Du wirst dich wundern, welche neuen Empfindungen „Gummi & Gel" hervorrufen können. Latex ist heißem Sex gegenüber nicht abträglicher als ein Bett – beides kann manches bequemer und amüsanter machen.

Zu den „Gummi-Arten" gehören Latextücher, Fingerlinge, Latexhandschuhe und Kondome. Letztere eignen sich gut für Sexspielzeuge wie Dildos, denen du vor einem neuen Einsatz einfach ein frisches überziehst, statt aufzuspringen und sie abzuwaschen. Fingerlinge und Latexhandschuhe für vielfingrige Angelegenheit (einschließlich Fisten) haben ihren Weg aus der ärztlichen Praxis in rosigere Gefilde gefunden. Benutze sie mit Gleitgel, um jede Penetration zu einem lustvollen Ereignis werden zu lassen. Du kannst sie heute sogar in Schwarz bekommen. Es ist erstaunlich, wie leicht du vergessen kannst, dass du diese ultradünnen Latexhüllen trägst, und wie mühelos sie Wärme und ein Gefühl von Feuchtigkeit übertragen. Latexläppchen sind für sicheres Lecken nötig, auch wenn du vielleicht ein wenig Übung brauchst, um sie an Ort und Stelle (Möse oder Poloch) zu halten. All diese

„Gummis" sind auch deswegen nützlich, weil sie uns vor anderen sexuell übertragbaren Krankheiten schützen wie Herpes, Tripper oder Pilzinfektionen.

Bei jedem Kontakt mit dem Anus deiner Liebsten solltest du auf jeden Fall einen Schutz benutzen, denn im Darm befinden sich Millionen kleinster Blutzellen sehr nahe an der Oberfläche, können also leicht verletzt werden, und es kann zu einem Blutaustausch kommen, wenn an deinem Finger auch nur die kleinste Wunde ist. Fingerlinge, Handschuhe oder Kondome dürfen selbstverständlich nicht mehrfach benutzt werden. Auf diese Weise hast du auch von Hepatitis, Syphilis oder Parasiten nichts zu befürchten – Probleme, unter denen die Abenteuerlustigen schon lange vor dem Aids-Zeitalter gelitten haben.

Sämtliches Safer-Sex-Zubehör ist keineswegs nur in Apotheken und Geschäften für medizinischen Bedarf erhältlich, sondern unterdessen auch in vielen Lesbenberatungsstellen und überall, wo es Sexspielzeug und ähnliches gibt. Auch diskret per Versand.

„Sex war schon immer ein Problem, aber das gleiche gilt für das Wetter", sagt Lady Clitoressa, um das Thema voranzutreiben. „Wenn das gute alte Latex sich als ruhiger Hafen im Sturm erweist, dann lege ich mir doch einen kleinen Vorrat griffbereit ans Bett."

III. Willkommen im Schloss der Lust

Wir können jetzt zur behaglichen Szene um das Feuer zurückkehren, offen für alles, selbst für Safer Sex. Und was könnte „safer" sein als ein angeregtes Gespräch über Sex? Fragt mich jedoch nicht, ob bei bestimmten Enthüllungen bunte Kondome aufstiegen oder wer heimlich wo Hand anlegte oder wer sich anschließend mit wem welchen Vergnügungen auch immer hingab ... Im Folgenden wurden die Namen geändert, um den Schuldlosen Genüge zu tun.

Constance: Vom Zauberstab der Phantasie gekitzelt

Meine Geliebte und ich haben einmal lachend festgestellt, dass wir „oralen Sex" leidenschaftlich lieben, da wir häufig heiße Dramen inszenieren. Wir haben nämlich entdeckt, dass Sex – wie Nahrung oder fast alles andere, in dem viel Power steckt – von erregender Dramatik sein kann, statt sich in einem einfachen, stets wiederholten Ritual zu erschöpfen. Wir haben früher jede für sich phantasiert und tun es immer noch, aber meine Geschichten ausleben zu können oder sie sogar mit meiner Geliebten zusammen in Szene zu setzen ist überaus erregend und intim, und ich nehme mir die Freiheit, wieder wie ein Kind zu spielen. Gemeinsame Rollenspiele, vielleicht mit ein paar improvisierten Requisiten oder Kleidungsstücken, bieten auch mehr Vielfalt als Solo-Phantasien, und unser privates Theater ruft mir stets wieder in Erinnerung, dass viele der Rollen, die Menschen für sich wählen oder einfach übernehmen, nicht minder „gespielt" sind. Zu schade, dass die Rollenspiele draußen in der Welt zu wenig Sinnlichkeit enthalten, um die Aufführungen mit Schönheit und Licht zu erhellen.

„Zufallsbegegnung" ist eines unserer liebsten Spiele, da sie „das erste Mal" mit all seinen Geheimnissen und Möglichkeiten wiederbelebt. Eine leidenschaftliche lesbische Liebeserklärung an eine unbekannte Frau ist immer ein aufregendes Risiko und Abenteuer. Manchmal suchen wir uns irgendwelche Orte, an denen wir uns „begegnen"; manchmal phantasieren wir alles von unserem Bett aus. Nach unserer jeweiligen Stimmung reicht unser Begegnungs- und Flirt-Szenario von idyllischen Situationen (eine Fahrradtour durch Frühlingsblumenwiesen, ein zünftiger Landgasthof) über ein „Szeneereignis" (ein lesbisches Festival oder eine heiße Stripshow) bis zu herausfordernden, gefährlichen oder verbotenen Situationen (Kirchentag, ein zweiwöchiger Knastaufenthalt, der Planet „Versuch alles einmal"). In „Hinter Gittern" zum Beispiel lernt eine heiße, aber schüchterne Jungfrau, wie sie sich die Zeit mit einer geilen, draufgängerischen Lesberado vertreiben kann, deren voyeuristische Kumpaninnen dabei Schmiere stehen. Dabei eine der lesbischen Aufpasserinnen zu spielen ist eine Variation davon. Die Idee zum Knast-Szenario basiert auf der intensiven, doch höllisch kurzen Erfahrung der Inhaftierung, die eine von uns beiden wegen ihrer Aktivitäten für die Friedensbewegung gemacht hat. Wir haben uns auch an einigen „Theater der Gewalt"-Szenarien versucht, aber die stellten sich als gar nicht so erotisch heraus. Ich denke, die einzige SM-Ausrüstung, die sich bei uns bewährt hat, ist eine extravagante Kollektion von Seidenkrawatten, die wir dazu benutzen, uns zu fesseln, und einige sexy Masken, die besonders für Hotelzimmer geeignet sind, in die wir uns manchmal für ein Wochenende zurückziehen.

Wir spielen Hunderte von Variationen meiner Lieblingsphantasie: Ich öffne die Tür meines ach so ordentlichen Büros und sehe mich einer kühnen Frau mit blitzenden Augen gegenüber, die mich frech anlacht. Sie tritt ein, schließt die Tür hinter sich ab und fordert mich auf, der Zentrale Bescheid zu sagen, keine Anrufe mehr durchzustellen. Dann spielt sie mit meiner Visitenkarte, während sie langsam auf mich zukommt und mich küsst und dazu übergeht, meinen ganzen Körper zu liebkosen. Ich spiele immer die Schockierte, eigentlich Unnahbare. Meine Liebste ist entweder die Konzernchefin oder eine neue glühende Liebhaberin oder eine Hure – wir handeln ihre jeweiligen Rollen genauestens aus, ebenso wie mein zumeist brav-schockiertes „Rühr mich nicht an"-Verhalten. In einer anderen Variation kommt sie als jene Hexe in mein Büro, die ich einmal bei einem sinnlich-spirituellen Ritual kennengelernt habe, oder sie ist eine draufgängerische Gewerkschafterin. Meine Liebste hat auch eine Lieblingsphantasie, die wir für sie inszenieren. Wir bezeichnen sie als „Kurs im Wundern", aber die könnte nur sie euch erklären.

Spaß macht es auch, uns gegenseitig im Büro anzurufen und einander von unseren sexuellen Wünschen zu erzählen, ohne ein Blatt vor den Mund zu nehmen. Wir sagen unverblümt, was wir wollen, wenn wir nach Hause kommen, und was die andere tun soll, um sich schon einmal darauf vorzubereiten. Wenn die Angerufene gerade nicht allein im Büro ist, bleibt ihr nichts anderes übrig, als immer wieder so cool wie möglich „ja" und „hmhm" zu murmeln und dabei möglichst gelangweilt auszusehen. Manche Anregungen stammen aus erotischen Büchern, Filmen und Videos, vieles ist aber auch von Alltagssituationen inspiriert. (Die Masseuse, von der du dir wünschst, dass sie dir ins Ohr flüstert: „Wie wäre es mit einer tiefen Vaginalmassage, um dich wirklich zu entspannen?") Wenn uns etwas besonders gut gefallen hat, nehmen wir es für eine Weile in unser Repertoire auf. Lüsterne Vorstellungen so unbefangen auszuleben wie wir Kleider anlegen, kann zu erstaunlich ausgelassenem Sex führen. Wenn du einmal akzeptierst, dass Sex genauso eine mentale wie eine genitale Angelegenheit ist, kannst du alle möglichen „Unwirklichkeiten" zu lustvoller Existenz wachküssen. Sei nicht schüchtern. Hey, das klingt wie eine meiner Lieblingsrollen ...

Scarlett: Die Welt als Liebeslager

Es hat mir immer Spaß gemacht, mich mit meiner Geliebten in aller Öffentlichkeit romantisch-sinnlich zu zeigen, mitten im Getümmel sexuell zu werden. Privatheit und geschlossene Türen haben ihren Platz in romantischen Begegnungen, ganz klar, aber meine Leidenschaft liebt es manchmal, über die Ufer zu treten und in den Strom des Alltagslebens zu münden. Ich schaue auch gern allen möglichen anderen Menschen zu, wenn sie ihrer Leidenschaft nachgehen; sie erinnern mich daran, dass wir in einer blühenden Welt leben.

Da das Erblühen lesbischer Leidenschaft für das Establishment immer noch ein Tabu ist, liebe ich es, eine Frau subtil anzuturnen, während es unserer Umgebung weitestgehend verborgen bleibt.

Erinnert ihr euch an den erregenden Tenor eines Songs der Beatles: „Why Don't We Do It in the Road"? Ich halte es mit einer frühen britischen Künstlerin, der großartigen, geistreichen Schauspielerin Mrs. Patrick Campbell: „Tu, was dir gefällt, aber mach nicht die Pferde scheu." Ich möchte ihren Gedanken ein wenig weiter fassen und jedes Wesen einschließen, das durch schieren Zufall anwesend ist, wenn die sexuelle Energie zweier Frauen zu fließen beginnt, zugegebenermaßen ein sehr kitzliges Unterfangen. Sich in aller Öffentlichkeit gegenseitig zu orgasmischer Sinnlichkeit aufzupeitschen macht andere ungefragt zum Publikum. Das ist aufgezwungener Exhibitionismus. Du müsstest eigentlich eine Tänzerin oder geniale Schauspielerin sein, um das Publikum für ein sexuelles Hardcore-Spiel zu gewinnen. Aber es macht riesigen Spaß und erfordert besondere Kunst, deine Geliebte direkt unter den Augen der ahnungslosen Phallokratie scharf zu machen. Wenn meine Liebste und ich unserem Verlangen gestatten, so unwiderstehlich zu werden, dass es errötend direkte Formen annimmt, finden wir meistens ein privates kleines Versteck, um dem Ganzen die Spitze zu nehmen, oder wir betrachten es als großartiges Vorspiel und machen uns erwartungsvoll auf den Heimweg.

Ich beginne behutsam, besonders wenn die andere Frau ein wenig schüchtern ist; ich lege etwa in einem dunklen Theater meine Hand auf ihren Oberschenkel. Eine Kirchenbank ist auch nett. „Aktives" Händchenhalten im Theater fällt nicht weiter auf, öffnet aber der Phantasie Tür und Tor, besonders wenn die streichelnde Hand allmählich auf unverschämte Erkundungsreise geht. Mein Arm auf ihrer Rückenlehne zeugt von meinen Expansionsgelüsten, ist aber immer noch recht diskret. Es ist großartig, einer Geliebten bei öffentlichen Ereignissen heiße Komplimente zu machen, besonders wenn gewährleistet ist, dass andere Frauen mithören können. Wenn sie sich dabei erwärmt, beginne ich damit, ihr unverhohlen sexuelle Anspielungen zuzuflüstern. Je formeller oder seriöser die Situation, desto schärfer klingen die Kommentare natürlich. Weiträumige Restaurants sind mein Lieblingsort für sexuelle Zwischenspiele. Nur die Kellnerin mag wissen, was vor sich geht – und Kellnerinnen lieben Abwechslung. Schließlich haben wir den Tisch gemietet und den Service dazu, um uns völlig einander und unserem Vergnügen widmen zu können. Höflich, aber genussvoll füttern wir uns gegenseitig von unseren Tellern, um alles zu probieren. Nach einigem zarten Streicheln der Hände und tiefen Blicken ziehe ich einen Schuh aus und liebkose sie sanft mit meinem Fuß unter dem Tisch. Bei dieser Gelegenheit sind lange, weite Röcke zu begrüßen, denn sie fördern den nackten warmen Kontakt. Ich bevorzuge Nischen, um die Aktion geheimzuhalten, aber auch Bänke bieten oftmals ausreichenden Sichtschutz. Ich selbst bin mit den Zehen schon einmal fast bis zum Orgasmus getrieben worden; wir verschwanden dann aber doch auf die Toilette für das *chef d'oeuvre*. Normalerweise kommt niemand auch nur in den wildesten Träumen auf die Idee, dass wir, die wir oberhalb der Tischdecke doch solch untadelige Manieren an den Tag legen, etwas derartiges tun könnten. Alles, was dazugehört, ist ein wenig Verstohlenheit. Frauenkneipen laden natürlich eher dazu ein, offensiv und direkt auf die andere zuzugehen, besonders wenn du möchtest, dass andere Frauen zuschauen.

Ich liebe es auch, mein Auto irgendwo abzustellen und es dort zu treiben. Als Teenager war ich bei Jungs sorgfältig darauf bedacht, nur ja nicht schwanger zu werden oder meinen „Ruf" zu verlieren, und auf diese Weise lernte ich, wie eine wilde Frau auch bei „mündlichem" und „fingerfertigem" Sex kommt. Heutzutage bin ich immer noch scharf darauf, in einem heißen, dunstbeschlagenen Auto rumzufummeln – diesmal in der erregenden Gefahr, entdeckt zu werden – mit einer Frau (keuch!). Was, wenn eine Polizistin uns erwischte? Einer der beglückendsten Orte, an dem ich es je mit einer Frau getrieben habe, war der verwilderte Garten eines verlassenen Klosters in Kalifornien, und die Madonna lächelte dazu. Ich habe immer eine weiche Decke im Auto, weil ich ja nie wissen kann, wo ich den perfekten Platz finden werde, eine Frau zu lieben. Sobald ich einer aufregenden Frau begegne, stelle ich mir vor, wie ihr Körper im Sonnenschein duftet.

Eines meiner liebsten öffentlichen Sexabenteuer besteht darin, mit einer Geliebten sinnliche Nahrungsmittel einzukaufen, die wir zusammen im Bett essen werden. Wir suchen das Delikatessengeschäft mit den reichsten Auslagen auf und wählen die üppigsten Pfirsiche, die reifsten Papayas und die saftigsten Beeren. Wir nehmen sorgfältig Maß an den dildoesken glänzenden Auberginen und Zucchini. Alle anderen scheinen ohne groß auszuwählen nach Obst und Gemüse zu greifen, während wir unser kommendes Vergnügen unter süßen Qualen in unseren Körben verstauen. Dessousgeschäfte laden heiße lesbische Ladys natürlich auch zum Stöbern ein. Du hast keine Ahnung, welches Vergnügen dir entgeht, bevor du nicht einmal achtkantig hinausgeflogen bist, nachdem ihr in der Umkleidekabine die lustigen Witwen gegeben habt. Wahrscheinlich stürzt du dich als nächstes mit ihr in die Telefonzelle, aber nur in eine, deren untere Hälfte nicht einsehbar ist – bitte. Begleite deine Geliebte zur Maniküre und sieh zu, wie ihre zärtlichen Hände salbungsvoll massiert werden, betrachte ihre gespreizten Finger, jeder vor deinen Augen liebkost.

Die Beschränkungen, die unsere Gesellschaft den Ausdrucksformen lesbischer Sexualität auferlegt, steigern meine rebellische Erregung und reizen mich nur um so mehr, damit an die Öffentlichkeit zu gehen. Was wäre das doch für eine wohltuende Welt, in der Frauen Hand in Hand durch die Straßen gehen und einander in einem Café romantisch-erotisch berühren dürften. Jede von uns hat diese Welt in ihren Fingerspitzen, wenn wir es nur wagen, sie zu erschaffen. Auf meine bescheidene Weise – wobei ich sorgfältig auf jedes Anzeichen drohender physischer männlicher Gewalt achte – habe ich beschlossen, meinem sexuellen Selbst da draußen im Universum zu huldigen, das schließlich uns *allen* gehört. Als ich damit begann, stellte ich rasch fest, dass ich die Wachsamkeit zwangsheterosexueller Zensoren überschätzt hatte, ganz sicher aber ihre Macht. Dennoch existieren sie. Einen verbalen Angriff kann ich inzwischen mit einem kleinen Lächeln parieren und dem glühenden, stillen Kompliment für mich selbst: „Ich bin froh, dass ich nicht so bin." Ich verleihe uns jedesmal das Lila Herz, wenn ich mit der Dame meiner Wahl in aller Öffentlichkeit Händchen halte oder sie küsse und feststelle, wie das Hetero-Volk die Augen aufreißt. Es tut ihnen und ihren Kindern gut zu sehen, dass es Liebende gibt, die dies wagen. Gibt es eine machtvollere Art, den Het-Terror aufzulösen? „O mein Gott, Hannelore, ich habe zwei Frauen gesehen, die sich am hellichten Tage küssten – und der Himmel ist nicht eingestürzt!"

Angesichts drohender körperlicher Attacken ist Diskretion für mich jedoch die eindeutig bessere Entscheidung. Meine Liebste und ich verlassen einfach das Feld unkontrollierbarer destruktiver Energie, wenn sich eine unnatürliche Katastrophe zusammenbraut. Ich verabschiede mich einfach von dem Aggressor, und dann sieht er uns nur noch von hinten. Genau dasselbe habe ich gemacht, als mir angedroht wurde, dass ich meinen Job verlieren würde, weil ich in meiner Freizeit beim Flirten mit einer Frau gesehen wurde. Mein Herz ist nicht zu verkaufen, und ich mache aus ihm auch keine Mördergrube. Der Wind trägt das Lied der lesbischen Flaneurin immer weiter ...

Zenia: Spirituelle Sinnlichkeit

Euch allen, Ladies, die ihr wisst, welch spirituelle Hexe ich geworden bin, muss ich erzählen, dass es Zeiten gab, in denen ich die Inkarnation der gottlosen Agnostikerin war. Als ich lesbisch wurde, war ich so schockiert über die tief verwurzelte jüdisch-christliche Angst vor Homosexuellen – und allen Frauen –, die in der Geschichte oftmals Anlass für Verfolgung bot, dass ich zur Atheistin wurde. Doch Liebe, „die alle Glieder lockert", wie Sappho meint, lässt auch allen Zorn schwinden. Jetzt, initiiert im Ertragen des Lichts wie der vibrierenden Dunkelheit frauenliebender Riten, erfüllt mich meine erotische Freiheit mit Stärke und Freude.

Ich lerne, wie Frauen, indem sie einander ihre Herzen, Sinne und Vulvas öffnen, die Macht haben, sich unendliche Bereiche des Heiligen zu erschließen – Bereiche, die nicht nur weit über kirchliche Religiosität hinausgehen, sondern über alle wahrgenommenen Teilungen hinausreichen, wie sie etwa die künstliche Trennung in Geist und Fleisch darstellt. Wenn ich eine Frau liebe, erfahre ich Fleisch als Inkarnation des Geistes, unsere beiden einzigartigen physischen Körper umarmen einander und zugleich die heilige Energie der universellen Liebe. Meine Ladies nennen diesen Austausch „Inter-Sein", im Unterschied zur Praxis des Dualismus. Dass jedes Wesen einen verkörperten Aspekt des Göttlichen Geistes darstellt und ein freudiger Zusammenfluss von Geist und Körper ist, der gefeiert werden will – das wird natürlich allen AnbeterInnen des Dualismus (DuellistInnen?) als höchste und liebstgehasste Form des Ketzertums erscheinen. Lesbische „Inter-Seiende" behaupten, selbst DualistInnen seien göttlich; sie hätten nur vergessen, dass auch das Fleisch ein Geschenk der Göttin ist und dass eine gebärende Frau einfach nur Geist mit Materie umkleidet.

Für mich eröffnete sich die Welt nicht-dualistischer spiritueller Sinnlichkeit mit Diana, einer Frau, mit der ich eine leidenschaftliche, turbulente Beziehung lebte. Ein preiswerter Ausweg aus unseren Konflikten und Streitereien führte uns zur Sauna eines Hindu-Meditationszentrums auf dem Lande. Hier gab es einmal im Monat einen „Frauentag". Als wir ankamen, fanden wir ein scheußliches Motel aus den fünfziger Jahren vor, von dessen rosarot gestrichener Fassade die Farbe abblätterte. Voller Zweifel zahlten wir fünf Dollar Einlass und ließen uns das Versprechen abnehmen, keine Drogen oder Glasflaschen mit hineinzunehmen (was wir eigentlich vorgehabt hatten).

Doch welche Szene bot sich unseren staunenden Augen im Inneren des Motels dar: ein Schatzkästlein sinnenfreudig eingerichteter Meditations- und Massageräume und ein blumenüberwachsener Innenhof mit Pools und Sauna. Neben kosmischen Malereien, Statuen und Erdkunst aus Muscheln, Kristallen und herabhängenden Pflanzen enthielt dieses wunderbare Refugium ein erstaunliches Spektrum an völlig gelassenen nackten Frauen. Manche meditierten oder lasen, andere wurden massiert oder aßen. Manche unterhielten sich leise oder sangen zu indischer Musik, die mal lauter, mal leiser ertönte. Das Sonnenlicht im Garten fing die irisierenden Tropfen des Poolwassers im lockigen Delta der Frauen ein. Ich hob den Blick von einem juwelenfunkelnden Venushügel und sah ein Schild, das so wunderschön gemalt war, dass es laut zu sprechen schien: „Im Garten der Sinne liegt der Pfad zur Spiritualität."

Die gelassene Sinnlichkeit der Frauen, die heilige Kunst und Musik waren überwältigend, und Diana und ich gingen in einen Raum und massierten einander. Anfangs sehnte ich mich danach, meine heißen Gefühle mit Champagner und Gras zu kühlen, doch beides hatten wir im Auto zurückgelassen. Statt dessen begann ich mit meinen Sinnen zu spielen; mal konzentrierte ich mich, dann ließ ich sie wieder schweifen in ruhige, rhythmische Landschaften wiederkehrender

Muster, im Einklang mit den Bewegungen, die Dianas Finger auf mir ausführten. Ich entspannte mich in die Ekstase und begriff endlich, warum das Wort „Ekstase" wörtlich bedeutet: „außer sich zu geraten" – ich war tatsächlich „außer mir", transzendiert. Im Laufe dieses Tages machte ich die Erfahrung einer tiefen Verbundenheit – ich wusste, dass Diana, die anderen Frauen und ich die vielen Gesichter Unserer Mutter des Sinnlichen Geistes verkörpern.

An jenem Abend, wieder in unserem eigenen Bett, fühlten wir uns immer noch im „Om-Schoß" geborgen, dessen Ton in uns widerhallte, und wir berührten unsere Körper gegenseitig wie kostbare Kelche. In weiteren Nächten begannen wir zu lernen, wie wir uns mit der absoluten Aufmerksamkeit eines Gebetes so langsam lieben konnten, dass jedes Eis, das zwischen uns noch vorhanden sein mochte, schmolz, bevor es den Fluss erreichte. Orgasmen erleuchteten die Dunkelheit und wirbelten uns auf etwas zu, das ich nur als ein Inter-Sein empfinden konnte, ein Inter-Sein des Körpers und des Geistes. Die Monate gingen vorüber, und alte Konflikte lösten sich schließlich auf, und – seltsam genug – uns wurde zunehmend klar, dass wir nicht als Geliebte miteinander leben sollten. Heute betrachten wir einander als intime Lebensfreundinnen und nennen einander fröhlich „Dharma-Schätzchen".

Allmählich begann ich, wenn ich zusammen mit gewissen Geliebten besonders aufmerksam und offen war, Momente intensiver Bewusstheit zu erfahren und etwas, das ich als wunderbare psychedelische Flashbacks bezeichnete, die wellenförmig auf Diana und eine Gottheit aller Frauen gerichtet war. Meine Liebste und ich kleideten einander in Sinnlichkeit, und ich sang dann heimlich ein kleines Dankeslied. Wir experimentierten damit, unsere Leidenschaft in einem wiederkehrenden Kreislauf durch unseren Körper zu leiten, manchmal indem wir bewusst atmeten, um ruhiger zu werden und unseren geschwätzigen Verstand zum Schweigen zu bringen, manchmal indem wir die Wunder der physischen Einzelheiten und unsere gegenseitige Ausstrahlung kontemplierten. Dann fühlte ich mich häufig in einen goldenen Mantel der Einheit geschmiegt, Emotionen und Sinnesempfindungen in Harmonie miteinander. Mit diesem Mantel um mich herum begann ich zu reisen, manchmal mit anderen Wesen, manchmal in einen zeitlosen blauschwarzen Raum, erleuchtet von Sternen-Seelen oder von Farben und Mustern; manchmal in einfaches, wortloses Verstehen. Ich fragte mich, ob das „geheime Wissen" esoterischer Traditionen vielleicht gar kein Geheimnis war, sondern etwas wie dies – unendlich viel einfacher und ehrfurchtgebietender, als die Wörtersprache uns jemals vermitteln kann.

Außerhalb des Bettes jedoch blockte ich die Integration dieser kreativen Erfahrungen in mein tägliches Leben oder meine Beziehungen weitgehend ab. Ich war nicht sicher, wie ich es hätte anfangen sollen, und fürchtete in eine Offenheit und eine Annahme des Seienden hineingezogen zu werden, die mir angst machten. Ich fürchtete, dass ich mit solchen Kontrollverschiebungen nicht fertig werden würde, ganz zu schweigen von diesem Abdriften auf „nicht-alltägliche" physische und psychische Energieebenen, das echte Frauen mir ermöglichten, statt künstlich hergestellte Drogen, die bis dahin meine Wahrnehmung zeitweise bestimmt hatten.

Ich wundere mich immer noch, aber ich fürchte mich nicht länger. Mehr und mehr Lesben erkunden die Co-Evolution glühender, erdverbundener Frauenliebe mit einer Form von visionärer spiritueller Praxis. Dies ist nur natürlich, da alle spirituellen Wege in Liebe münden und Lesben dem glühenden Altar der Liebesgöttin mit esoterischem Wissen und voller Hingabe huldigen. Wir können unser Liebesspiel in Rhythmus und zeitlichem Ablauf selbst bestimmen, um den langsamen Moment zu erfahren, der unser Lieben zu einer gemeinsamen Meditation macht. Als Lesbe bewohne ich den Großen Kreis, der die einander umarmenden Yin/Yang-Zeichen eines jeden schwulen und lesbischen Menschen umgibt und alle Verschiedenheit vereint: butch/femme, empfangend/energetisierend, selbst/andere. In der Umarmung meiner Geliebten wird dieser Große Kreis als Kreis des Liebemachens erfahren, während uns jedes Pulsieren unweigerlich auf die Große Vereinigung zuführt.

Lesbische Liebesadeptinnen belegen die heilige Sinnlichkeit mit vielen Namen: Das Erwecken der Göttin, Mutter Kundalini erhebt sich, Shaking with Shakti, Tantrisches Weben, Die elfte Stufe, Das erblühende Yoniversum. Welcher Tradition wir auch angehören, diejenigen von uns, die „S & S" (spirituell und sexuell) lieben, lieben Rituale, anbetungsvolle Hingabe, Lust und göttliche Kontemplation und vergnügen sich mit ihren Geliebten und dem Universum. Da das lesbische S & S-Spiel im Einklang mit der Göttin ist, gibt es keine gottgegebenen allmächtigen Regeln, denen wir folgen müssen, keine ausgefeilten Techniken oder Formen – es sei denn, sie tun uns wohl oder entzücken uns. Es gibt kein Ziel; wir erkunden. Wir tun, was immer sich natürlich und liebevoll anfühlt; wir vertrauen dem Augenblick und vertrauen einander.

Nach einem rituellen Bad errichten wir gewöhnlich gemeinsam eine Art einfachen Altar, um die fruchtbare, erneuernde Sinnlichkeit der Erde zu erwecken, ihre ewigen vier Elemente und ihre wechselnden Jahreszeiten und Seinszustände. Darauf stellen wir eine einzelne Blume oder eine Frucht oder einen Gegenstand aus Holz oder Stein (um die Erde zu symbolisieren), eine Kerze und Weihrauch (Feuer und Luft) und ein Schälchen Flüssigkeit (um das Wasser zu symbolisieren). Als Altar kann uns alles dienen, das uns hilft, innezuhalten, um das Leben zu feiern, unsere höheren Kräfte, das Wunder unserer Berührung und Vereinigung in diesem Moment. Zu den weiteren Altarbestandteilen können Göttinnenstatuen zählen, vaginale Kunst, heilige Dildos, Glocken, Flöten und Fingerzymbals, selbst ein kleines Windspiel draußen vor der Tür.

Wir tragen vielleicht Schmuck oder besondere Kleidung, um die Göttin in uns anzurufen. Manchmal malen wir einander die Brustknospen rot an wie Priesterinnen im Tempel. Wir weihen einige Augenblicke der friedvollen Meditation und segnen einander und unser Vertrauen in die Liebe. Manchmal ist es nur eine kurze Verbeugung an „dich, eine Göttin, deren Glanz wie die Morgensonne scheint". Oder wir führen eine ganze Zeremonie durch mit rituellen Gebeten, Bekräftigungen, Ruf und Antwort, tanzen, singen und summen, oft gewürzt mit süßen Berührungen und Umarmungen. Manchmal beginne ich einen erotischen Austausch, indem ich die hundert Namen der Göttin auf den Körper meiner Geliebten schreibe. Ich habe den purpurnen Honig ihres Menstruationsblutes als Tinte benutzt. Vielleicht öffne ich all ihre Lippen mit dem Saft einer Frucht vom Altar. Wir lieben es auch, uns mit dem ganzen Körper aneinander zu reiben, bis wir in Trance geraten und mit einem Lachen erwachen, das so rein ist wie das der Engel.

Ein Ritual, das wir durchführen, um unsere erotische und spirituelle Energie zu fördern und zu verschmelzen, nennt sich „Rosenkranz der Chakren". Die Chakren sind, wie ihr sicher wisst, die sieben wichtigsten „elektrischen" energie-verwandelnden Zonen des Körpers, die ganze Whirlpools physischer, emotionaler und mystischer Energie enthalten. Lesben sagen, ihre Zahl könne unendlich sein. „Chakra" ist das Sanskrit-Wort für „Rad". Nach der holistischen Doktrin der Chakren hängt unser körperliches und spirituelles Wohl-ergehen davon ab, ob unsere Chakren offene oder blockierte Tore für unsere strömende Lebenskraft darstellen, eine Ener-gie, die wir je nach Tradition *élan vital,* heiliger Geist, *prana, shakti, chi* oder *da* nennen. Das Chakra-Rad bildet die Grund-lage für die indische und chinesische Gesundheitslehre und Spiritualität sowie einen Hauptfokus in kabbalistischen, tan-trischen und taoistischen Philosophien der Gesundheit. Das Öffnen der Energiezentren ist auch die Grundlage der Reich-schen Therapie, auf der die meisten der heutigen Körper-therapien beruhen. In verschiedenen Lehren ist jedes pulsie-rende Chakra mit einer Aura in einer bestimmten Farbe umgeben und entspricht einem bestimmten Zustand psychi-scher Bewusstheit.

Das erste, das „Wurzelchakra", ist rot in seiner Aura und bezieht sich auf die elementaren Überlebensinstinkte und materiellen Bedürfnisse; es befindet sich am unteren Ende der Wirbelsäule. Wenn die Chakren einen elektrischen Kreis darstellen, ist unser Wurzelchakra sozusagen unser „Stromerzeuger". Am Ende der Wirbelsäule ist auch der Sitz der großen Schlangengöttin Kundalini, die dort schläft, bis ihr ungeheures Licht geweckt wird, sie sich erhebt und alle oberen Chakren vitalisiert. Das zweite Chakra, dem die Farbe Orange entspricht, enthält emotionale und sexuelle Intimitätsbedürfnisse sowie Kreativität und hat seinen Sitz in Becken und Bauchraum. In diesem Gebiet sitzt auch das, was die Japaner *hara* nennen, unser Schwerpunkt und unser Zentrum der Bewusstheit, das beim Sitzen in der Meditation gestärkt wird. Das dritte Chakra, gelb, sitzt über dem Nabel um den Solarplexus und ist die weltliche persönliche Macht, der Wille und das Ego. Die meisten Menschen verbringen ihr ganzes Leben damit, ausschließlich die wirbelnden Kräfte dieser ersten drei Chakren zu meistern.

AspirantInnen, die es wagen, die vier höheren Chakren zu erkunden, nachdem sie die ersten drei erforscht und genährt haben, werden von vielen männlichen Yoga-Lehrern und buddhistischen Meistern dafür gescholten – wir könnten zerstört werden, indem wir die furchterregenden Mächte der Primärenergie in Mutter Kundalini zum Leben erwecken. Um unsere körperliche und geistige Gesundheit zu erhalten, warnen uns verschiedene Texte davor, die elaborierten geheimen Techniken eines anerkannten Gurus einfach zu imitieren. Zwar wurden meine Ladies und ich in der Tat von *shakti* geschüttelt, doch war es nie um uns geschehen – jedenfalls nicht für lange. Wir wissen, dass die Hingabe an die göttliche Inkarnation der Liebe eine lebenslange Aufgabe und Verpflichtung bedeutet, die Werte und Lebensstil unwiderruflich verändert. Sexuelle Macht mit offenen Augen und klarem Kopf zu erkunden kann hinreißend schön und intensiv sein; es kann aber auch tiefen Schmerz freisetzen. Sie, die ans Licht kommt, muss das Feuer erdulden. Wir haben herausgefunden, dass eine Möglichkeit, unsere Energie zu erneuern und zu zentrieren, darin besteht, Ehrlichkeit und Liebe zu verdoppeln, vor allem aber auch darin, unsere Ernsthaftigkeit abzulegen. Es heißt, dass Engel fliegen können, weil sie sich selbst so leicht nehmen. Wir lassen uns den Ursprung der Freude entdecken, indem wir unsere regenbogenblättrigen Chakren öffnen und ihre Energie uns wieder und wieder singen lassen: „Frohe Begegnung, frohe Trennung und frohe Wiederbegegnung." Schütze dich mit Hilfe deiner Partnerin, visuellen Symbolen oder Gesängen und Schreien vor einer zu intensiven Konzentration, damit es nicht in Hypnose umschlägt. Und lächle; es ist nicht zu schön, um wahr zu sein.

So geschützt, bewegen wir uns fröhlich und unerschrocken hinauf zum vierten Chakra, dem großen Herzchakra, getaucht in die warme grüne Aura der Lebenskraft selbst. Im grünen Herzchakra sind tiefer Frieden, Mitgefühl, Erneuerung und universelle Liebe lokalisiert. Das Stimm- und Kehlkopfchakra ist das fünfte, und es strahlt im hellen Azurblau des Himmels. Es ist die Quelle unserer Fähigkeit zu kommunizieren, zu „vibrieren", es ist die Vision unseres höheren Selbst. Das sechste Chakra, bekannt als das „Dritte Auge" oder das „Auge des Gurus", ist von dem tiefen Indigo der „blauen Stunde", und es ist Fokus, Hellsichtigkeit und mystische Bewusstheit. Das siebte, das „Kronenchakra" sitzt auf dem Scheitel und enthält das leuchtende, schimmernd weiße Spektrum allen Lichts; es öffnet den machtvollen Strom, der uns zur himmlischen Quelle der Gnade führt. Sein Öffnen wird gelegentlich als tausendblättriger Lotos dargestellt. Im Zentrum seines Strahlenkranzes befindet sich eine kleine blaue Perle, leuchtend und funkelnd. In dieser Perle von der Größe eines Sesamsamens sind die Millionen und Abermillionen Universen des gesamten Kosmos enthalten.

Meine Liebste und ich beginnen den Rosenkranz der Chakren häufig, indem wir uns gegenseitig das untere Ende der Wirbelsäule massieren, uns damit erden und unsere Wurzeln mit Mutter Erde verbinden, um uns bei unserer Reise auf Kurs zu halten. Dann erkunden wir liebevoll den gesamten Baum unseres Körpers, während die Bioenergie Kundalinis erwacht, um in einer Lichtsäule in die Milliarden Verzweigungen unserer Nerven und Äderchen zu fließen. Schließlich konzentrieren wir uns durch kontemplative und physische Meditation auf unser zweites Chakra. Küssen, liebkosen, eindringen, langsam und rasch, tief und verführerisch – so erheben wir das zweite Chakra in die pulsierende „aura clitoridis", wie es in überlieferten Frauenriten heißt. Durch Berührung können wir die fließende sexuelle Energie langsam aufwärts und durch alle Chakren dirigieren und die Räder der Ekstase öffnen. Langsame, meditative Berührungen helfen dabei, jede blockierte kristallisierte Energie aufzulösen und unsere Kräfte auszuweiten, zu heilen und zu beleben. Die Attribute eines jeden Chakras transformieren und „erhöhen" unsere ständig zirkulierende erotische und spirituelle Energie.

Manchmal lassen wir unsere Energie sich aufbauen, indem wir unseren Atem „beobachten", ihn in Einklang bringen oder uns auf Körpergerüche konzentrieren. Wir öffnen unsere Sinne für die Mikroempfindungen in Berührung, visueller

Wahrnehmung und Aura. Manchmal halten wir inne, um mit dem Kerzenlicht zu pulsieren oder dem Lied des Windes zu lauschen. Häufig hören wir dazu die wunderbare Musik von Kay Gardner, *A Rainbow Path*, die komponiert wurde, um durch die Chakren zu fließen und sie zu klären. Manchmal gleiten wir durch Orgasmen, um unsere psychischen Höhen- und Sinkflüge zu „zentrieren", während wir uns spiralförmig durch den Chakra-Garten bewegen. Je feiner wir gestimmt, je offener und entspannt wir sind, je mehr wir die vergangenen und zukünftigen Phantome unseres Geistes beruhigen, desto köstlicher, tiefer und heilender ist unsere Verbindung.

Wir haben noch viele andere sinnlich-spirituelle Praktiken, um den Göttinnen-Garten der Sinne zu erkunden. „Das Herzensband berühren" ist eines, „Tanz zweier Phönixe" und „Mutter, darf ich ... " sind andere. Manche eignen sich auch als Gruppenrituale, andere scheinen mir so intim oder tabuisiert, dass ich sie nur im Rahmen einer vertrauensvollen Beziehung durchführen mag. Andere wiederum wie „Rosenkranz der Chakren" eignen sich perfekt für „das erste Mal", wenn die ganze Welt neue Abenteuer gebiert. Egal wann, egal wo – es genügt, daran zu denken, dass die Große Königin, die Lachende Androgyne, jede Frau ist, die kommt, um mit mir, ihrer Liebenden Königin, Versteck zu spielen.

Concha: Flüssige Liebe

Obwohl ich ein dreifaches Feuerzeichen bin, erlebte ich, als ich – wie ich es nenne – in den „Fluss" lesbischer Sexualität hineingeschwemmt wurde, eine elementare Verwandlung.

Wenn ich mich mit einer Frau der Liebe hingebe, werde ich so flüssig wie der Ozean. Die Feuerringe, die um meinen Kern wirbeln, scheinen in warmen, tiefen Wellen zu schmelzen, die jede Zelle durchdringen. Ist das so, weil meine erste Liebhaberin eine Meerjungfrau war?

Ich begegnete Kemble eines Junimorgens auf einer „verbotenen" Insel vor der Südküste Georgias. Es war eine der „Goldenen Inseln", benannt nach dem glühenden Glanz von Zwielicht und Dämmerung auf dem wogenden Gras des Marschlandes. Ich hatte mir diesen wilden, einsamen Ort zum Rückzug für mich als Schriftstellerin ausgesucht, weil ich mich von einem Lehrauftrag in Savannah erholen wollte, während mein Mann mit einem dreiköpfigen Team die Erlaubnis bekommen hatte, wissenschaftlichen Studien auf der ökologisch geschützten Insel nachzugehen. Kemble und ich begegneten einander unvermittelt eines Morgens kurz vor Sonnenaufgang, als ich am Strand um eine Ecke bog und eine attraktive silberhaarige Seglerin illegal ihr kleines Boot vertäuen sah. „Erzählen Sie's nicht den Jungs", zwinkerte sie und deutete auf den Namen ihres Bootes, *Keine Spur,* „und ich fahre Sie dafür überall auf diesen Meereswiesen herum." Kemble, so stellte sich heraus, war Fremdenführerin, die Touristinnen und Anglern Georgias Inselkette zeigte. Manchmal hielten die TouristInnen die geschmeidige, starke Kemble mit ihrem unter einer Segelmütze verborgenen Haar für einen Mann. Sie lächelte dann immer: „Bin ich die erste Piratin in Ihrem Leben?" Kemble lebte fröhlich, wenn auch illegal auf dem einen oder anderen Touristenboot, die in den Häfen der bewohnten Inseln vor Anker lagen – wenn sie nicht gerade dieses Naturschutzreservat aufsuchte.

So manchen Morgen trafen wir uns auf „unserer" Insel. Gewöhnlich brachte sie eine Thermoskanne mit, und wir teilten uns den feurig-goldenen Tee, den sie im Glas dem Sonnenaufgang über dem Meer entgegenhielt. Kemble gefiel mein Name, Concha, und sie sang ihn zusammen mit den Namen all der anderen Muscheln, die sie am Strand fand. Wenn wir einander begrüßten oder verabschiedeten, kam sie häufig mit ihren Lippen ganz nah an mein Ohr und flüsterte: „La Concha, Concha enthält den Binnensee … " Und dann, mit einem Jauchzen: „Möge die Flut mit dir sein." Ich fand sie charmant und faszinierend. Sie war mit der Inselkette und den riesigen Marschgebieten an der Küste Georgias vertraut wie eine Liebhaberin. Sie zeigte mir das Meeres- und Pflanzenleben mit dem Auge einer hochsensiblen Kamera und der Magie einer Märchenerzählerin. Jeder Felsen barg ein Geheimnis wie eine weiße Geisterkrabbe, jeder Meeresarm eine Nymphe. Sie verriet mir, dass die überall auf der Erde umkämpften Marschgebiete die großen Mütter des Lebens sind, faszinierende Ökosysteme, die organische Isotope, Mikroorganismen, Algen und hochkomplexe Meereswesen erschaffen und die gesamte Ernährungskette auf dem Planeten aufrechterhalten. Ich erinnere mich noch, wie ehrfürchtig sie die klebrig-feuchte schwarze Marscherde, in der es von mikroskopischem Leben nur so wimmelte, zwischen ihren Fingern zerdrückte und ihren Duft tief einatmete. „Das ist sie, die dunkle Mutter, das ist der Urschleim, der ursprüngliche Kessel des Lebens."

Ich bat Kemble, uns zu einem der großen Inselreservate zu begleiten, wo wir das Wochenende des vierten Juli verbringen wollten. Einer der Wissenschaftler aus South Carolina, der Feuerwerksfabrik der Nation, hatte uns alle eingeladen, zu sehen, „wie der Himmel künstliches Feuer regnet", und zwar auf einem Anwesen direkt am Meer, das er auf der Nachbarinsel für das lange Wochenende gemietet hatte. „Lass uns hierbleiben und die Freiheit feiern", entgegnete Kemble. „Es ist mein fünfzigster Geburtstag. Die große Welle des Yin kommt und mit ihr eine Milliarde Leuchtkäfer." Sie lachte und flüsterte: „La Concha." Diesmal berührte sie meine Ohrmuscheln und schloss sie sanft: „Concha, Concha, lausche auf den Ozean in dir, den Gesang der Leuchtkäfer, ihre kleinen goldenen Glöckchen, den Rhythmus deines Herzens." So hielt sie mich mehrere Minuten lang; und als ich dann stammelnd zu einer Antwort ansetzte, legte sie mir den Finger auf die Lippen, lächelte und ging zu ihrem Boot.

Natürlich blieb ich. Ich wartete den ganzen vierten Juli auf sie, wanderte über die Insel und kam mir zunehmend dumm vor. Als es dunkel wurde, ging ich zum Pier hinaus, und als ich zum Strand zurückblickte, sah ich sie – ja, da waren Millionen von Leuchtkäfern. Sie erleuchteten die knorrigen alten Eichen wie die Bäume in einem Märchenwald. Plötzlich begann es in Strömen zu regnen, ihre kleinen Laternen erloschen, und ich wurde auf dem Heimweg nass bis auf die Haut. Als ich das Haus erreichte, war Kemble schon da. Sie saß gelassen im Schaukelstuhl auf unserer Veranda, ein Glas mit Leuchtkäfern neben sich. „Komm rein", sagte sie, „und lass mich dir den Regen ablecken", als sei das der natürlichste Vorschlag der Welt.

Und so geschah es. Langsam zog sie mich aus und kostete dabei meinen ganzen Körper mit ihren Lippen. Ich konnte unser Blut pulsieren hören, Schlag für Schlag. Kemble ließ die Leuchtkäfer frei und legte eine Zimtstange und ein Stück Zedernholz auf eine kleine Schaufel glimmende Holzkohle, so dass unser warmes Zimmer von einem würzigen Duft erfüllt wurde. Sie massierte mich mit Zitrusöl, zunächst meinen Scheitel, dann meine Stirn, meine Hände, Herz, Brüste, Vulva, Schenkel und Füße. Als ich die wunderschönen, ineinander verschlungenen Wesen berührte, die sie auf der Innenseite ihrer Oberschenkel tätowiert hatte, erzählte sie mir von den Gründen der *nagas*, Schlangenwesen, die Schätze in Unterwasserpalästen bewachen und Bücher mystischen Wissens beschützen. Regen folgte auf Regen.

Meine Vulva wurde von Säften durchflutet. Mein Körper fühlte sich flüssig an mit der warmen, strömenden Energie einer reifen, glänzenden Frucht, taubedeckter Blütenblätter, von Träumen und Gedichten. Das Wasser lief mir im Mund zusammen, als Kemble das zarte Fleisch meiner inneren Lippe küsste und ihre Zunge unter meine Zunge schob, um dort am Brunnen zu trinken. Unsere Brustknospen und Bäuche und Hügel küssten sich. Kemble flüsterte mir zu, mit ihren „tiefen und abertiefen" Küssen würde sie meinen „T-Punkt" finden, den Ort, wo der Nektar hinter der Stirn an die Zungenwurzel abgegeben wird. Dieser innere Nektar wäscht und reinigt die Geschmackszellen, so dass gewöhnliche Nahrung wie Ambrosia schmeckt. Er reist zum Bauch, dann zum Solarplexus weiter, wo er sich durch die Nerven ausbreitet und den ganzen Körper fließen lässt wie warmen Bernstein.

Während wir uns küssten, begannen wir gegenseitig unseren Atem zu trinken. „Halt die Augen offen", sagte sie, „mach langsam, geh tief und fließe weit." Als wir unseren Atem aufeinander einstimmten, spürte ich, dass wir in fast telepathischer Verbindung standen, dass eine der anderen Gefühlswellen und Empfindungen erfuhr. Ich merkte, wenngleich ich auch nichts hörte, wie sie sang: „Concha, Concha, hole tief Luft und *tauche.*" Ich tat es. Eintauchen, eintauchen, eintauchen ... durch Gezeitenmeere in purpurne, dann dunkler werdende Grotten. Diese teilten sich langsam in helle riesige Wellen und weite Horizonte, die ineinander verschmolzen, als wir zu einer Kette von Sonnen kamen.

Wir sonnten uns, erkundeten uns, nippten, kosteten und saugten aneinander für mehr als zwei Tage. Ich war trunken von Kemble, den ganzen Sommer über, von ihren Gezeiten, ihren Geschichten, ihrem Körper. „Wir Wasserzeichen sind großartig, wenn es um Gefühle geht", sagte sie, „und wenn es eine Stimmung zu erzeugen gilt, werden wir es versuchen." Sie liebte mich wie ein Gedicht, streichelte mich mit einer Feder bis zum Wahnsinn, züngelte ein goldbraunes Zuckerkristall vom Auge einer Erdbeere in meinen Mund. Sie konnte aber auch so praktisch sein wie eine Rechenmaschine: „Lass uns einatmen im Verhältnis 7:1:7, bis wir ganz ruhig sind", oder: „Kennst du die neun Arten der Ladyfinger-Penetration und die acht vaginalen Tiefen?" Da Savannah nur einige Stunden Fahrt von meiner Tantrika der Goldenen Inseln entfernt lag, schmiedete ich Pläne, wie ich Kemble so oft wie möglich sehen konnte, wenn mein nächster Lehrauftrag beginnen würde.

Dabei hatte ich eines vergessen: Kemble war ein Meereswesen. Sie verließ die Goldenen Inseln und segelte zu den Keys, dann zum Golf von Texas, dann nach San Francisco (deshalb kam ich her), dann nach Alaska (sie liebte mich immer noch), jetzt nach Neuseeland ... Wir sind Wasser und Feuer. Beide beständig, und auch wiederum nicht, je nach den Umständen. Kemble zitierte gern aus *Even Cowgirls Get the Blues:* Da Menschen zu 86 Prozent aus Wasser bestehen, hat uns das Wasser offensichtlich erfunden, um sich von einem Ort zum anderen bewegen zu können.

Sie hinterließ die Gezeit des Yin in mir, einen breiten Fluss, der das große Meer erreicht. „Kehre dem Ozean niemals den Rücken zu", höre ich noch Kembles Stimme triumphierend die offiziellen Strandschilder lesen. Also öffnete ich mein Herz erneut. Ich nahm meine nächste Geliebte mit in die Flitterwochen und besuchte mit ihr jeden Wasserfall in der Columbia-Schlucht. Wann immer ich süße Absichten mit einer Frau habe, bitte ich sie, sobald ich mich traue, mit mir schwimmen zu gehen oder in die Sauna oder in den Whirlpool. Selbst wenn wir nie Geliebte werden oder wenn sie hetero ist, gewinne ich Befriedigung darin, die unglaubliche Membran unseres Fleisches eher als eine biegsame Brücke denn als eine Grenze zu erfahren und mit der Welt in Verbindung zu treten, wenn ich sie berühre.

Wohin ich auch umziehe, immer richte ich mein Badezimmer als einen „Palast des Yin" ein, mit Kunstwerken, Blumen, Kräutern, Duftsäckchen, Kerzen, Federn, Badesalz, Fingerfarben, Ölen, Lotionen und Parfums. Je größer die Badewanne, desto besser (je größer das Badezimmer, desto besser). Verstellbare Duschköpfe sind großartig, weil ihr Strahl deine Lust herauskitzelt. Kleine Liebesschläge erwecken warmes, feuchtes Fleisch. Ich liebe es, in enger Umarmung mit einer Frau unter der Dusche zu stehen, die Welt feucht schimmernd. Unsere Tempel gereinigt, trocknen wir einander ab;

dann stehen wir beieinander und betrachten das kristallene Licht, das sich durch unsere verschränkten Hände ergießt. Meine Liebste und ich baden einander auch in Wasser, das wir mit Rosenblättern, Lavendel oder den Blüten meiner selbstgezogenen Geranien und Verbenen parfümiert haben. Wir lieben es, nachts zu baden, umgeben von Kerzen und Räucherstäbchen, eine Vereinigung von Wasser und Feuer. Wunderkerzen erzeugen wundervolle Funkenduschen in der Wanne (öffne das Fenster). Da es Dutzende von Flaschen braucht, um in Champagner zu baden, habe ich das noch nicht versucht; aber eine Dusche aus einer Flasche ist auch nicht zu verachten.

Hast du jemals einen „Bubble-Dance" veranstaltet, indem du den nackten Körper deiner Liebsten mit flüssigen Perlen übergossen hast? Dieses Seifenblasenzeug bekommst du in allen Geschäften für Deko-Material und Partyzubehör. (Dort findest du überhaupt allerlei, das sich eignet, ein kleines Badezimmer zu schmücken.) Das Geheimnis des Seifenblasens besteht darin, sich Zeit zu lassen. Ich kannte mal eine Frau, die eine Seifenblase um eine Blume herum zaubern konnte. Sie legte eine Magnolie auf einen Essteller und bedeckte den Teller mit Seifenwasser; dann faltete sie aus dem steifen Papier einer Einkaufstüte einen Kegel und stellte ihn in das Seifenwasser über die Magnolie. Anschließend blies sie vorsichtig in den Kegel hinein, während sie ihn langsam anhob. Unter dem Kegel begann sich eine Blase zu formen, während sie blies und den Kegel langsam immer weiter wegzog. Dann nahm sie ihn ganz fort und – voilà, eine Magnolie in einer Regenbogenhülle! Sie zeigte mir auch, wie man eine Blase mit einem seifigen Messer in zwei Hälften teilen kann.

Natürlich heiratete ich diese Frau. Und wir haben die Seifenblasen-Metapher oft genug auch auf unsere Beziehung und die flüchtige Welt angewandt: „ein Stern im Morgengrauen, eine Seifenblase in einem Strom, das Lachen eines Kindes, das Phantasma eines Traumes", aber unser Sinn für Wunder bleibt – trotz einiger Eisblöcke und Dampfexplosionen.

Eines der wunderbarsten, exotischsten Dinge, die sich mit einer Liebsten tun lassen, ist, langsam und sorgfältig ihre Füße in einer Schüssel mit warmem Seifenwasser oder parfümiertem Glyzerinwasser zu waschen. Glyzerinwasser ist glitschig und sexy, und du musst es nicht abspülen. Die Füße einer Frau zu baden und mit Öl zu salben ist ein zarter, liebevoller Akt, der das Herz schmelzen lässt. Die Füße enthalten (wie die Hände) eine Vielzahl hochsensibler Nervenenden – 72 000, nach der Reflexologie, der Theorie, dass die Stimulation bestimmter Fußreflexzonen eine Auswirkung auf die entsprechenden Organe und Drüsen hat. Doch die Füße, gewöhnlich in Schuhe eingezwängt oder sogar von engen Stöckeln gefoltert, bekommen nur selten sensorische Stimulation, ganz zu schweigen von Gratifikation. Dabei sind sie es doch, die unsere Verbindung zur Erde herstellen, sie sind unser Fundament. Sicherlich kann doch jede ein wenig Fußverwöhnung vertragen?

In der erstaunlichen Religion des „Boko-maru", beschrieben in dem Roman *Katzenwiege* von Kurt Vonnegut, ist die Berührung der Füße in einem besonderen Fußritual der bokononistische Akt der Erotik, die Verschmelzung des Bewusstseins. „Bokononisten halten es für unmöglich, Sohle an Sohle mit einer anderen Person zu sein, ohne die Person zu lieben, vorausgesetzt, die Füße beider Personen sind sauber und gut gepflegt." Ich habe Frauen aus New York sagen hören, sie könnten unmöglich in der Stadt leben, wenn sie dort nicht ihre regelmäßige Fußmassage und Pediküre erhielten, und bei diesen Worten bekamen sie glänzende Augen. Unterschätze nie die Möglichkeiten einer Frau mit goldenen Sandalen oder manikürten Zehennägeln – oder einer, die dich einlädt: „Zieh doch die Schuhe aus ..."

Ihr während der Massage die Hand aufzulegen, entlastet nicht nur von Spannungen und stimuliert Nervenpunkte, sondern zwischen dir und deiner Liebsten kommt es zu einer Übertragung von Intimität und Energie. Massage ist Liebemachen in Zeitlupe. Selbst eine Fußmassage, die doch so bescheiden daherkommt, ist für viele Menschen zu überwältigend, als dass sie einfach so damit fertig würden. Es ist ein dramatischer Akt, Empathie, Fürsorge und großen Respekt für das gesamte physische Wesen der anderen zu zeigen – und im Gegenzug all dies zu akzeptieren. Die Massagetechnik, die du anwendest, ist nicht so wichtig wie die Liebe, die Konzentration und die Phantasie, die du mitbringst, aber hier sind ein paar Tips, die ich von erfahrenen Reflexologinnen bekommen habe.

Als allererstes ist eure Einstellung von Bedeutung: Wie ist es, eine Fußmassage zu geben bzw. zu bekommen? Redet über den „Akt" und bekräftigt eure „Boko-maru"-Verbindung. Bereite dich vor, indem du deine Hände aneinander reibst, um die Energie zwischen ihnen zu spüren. Reflexologinnen empfehlen gewöhnlich, dass deine Partnerin sich auf den Rücken legt und du ihr ein Kissen unter die Knie schiebst, damit ihre Beine entspannt sind. Vergewissere dich, dass sie es warm und bequem hat. Redet nur das Nötigste, um die

„Sohlen-Verbindung" nicht zu stören. Halte dauernden Kontakt mit ihren Füßen; selbst wenn du mit einer Hand nach dem Öl greifst, lass die Verbindung nicht abbrechen. Abgesehen von Streicheln und Kneten mit der ganzen Hand, fühlt sich am fleischigen Fußballen Daumendruck in kleinen Kreisen gut an. Der Solarplexus-Reflex ist direkt unterhalb des inneren Fußballens in einer kleinen Höhlung, in die der Daumen perfekt hineinpasst. Wenn die Reflexologie recht hat, kann die Stimulation hier den ganzen Atemstrom durch das Zwerchfell und durch viele Nervenverbindungen öffnen. Ziehe und drücke leicht an den Zehen, die in der Reflexologie der Kopfzone und den Hauptnerven entsprechen. Atme, entspanne dich und halte inne, wenn du einen empfindsamen Punkt triffst (das wirst du) oder wenn deine Liebste von einem Reiz überwältigt wird (was nicht ungewöhnlich ist); murmele: „Wie wär's, wenn du loslässt?", während du noch sanfter weitermachst. Lass sie an etwas Beruhigendem riechen wie etwa Balsam oder Thymianöl auf einem Wattebausch. Wenn deine Hand schwer oder müde wird, schüttele sie aus; versuche, die meiste Energie durch dich hindurchfließen zu lassen, statt in dich hinein oder von dir weg.

Küsse ihre Zehen, wenn du zum Ende kommst, sauge an ihnen – wenn sie diese Ekstase ertragen kann. Das Fleisch zwischen den Zehen ist besonders weich und empfindsam. Erkunde die klassische Boko-maru-Position: Sohle an Sohle, das ist sogar in Georgia legal. Dann kannst du wieder von vorn anfangen, vielleicht diesmal mit ihren Händen, die du badest, einölst und massierst. Kemble sagte, im Mondzyklus, der eine Frau ihr Leben lang begleitet, ist jeder ihrer Körperteile (sie variieren von Frau zu Frau) einer bestimmten

Mondphase zugeordnet, während der sie geehrt und geweckt werden sollten. Ich zum Beispiel mag bei Vollmond den „Erleuchtungskuss" auf meinen Lidern und der Stirn. Vor meiner Mensis liebe ich es besonders, wenn meine Ohrläppchen gerieben und geküsst werden. Das Reiben der Ohrläppchen ist äußerst entspannend und lässt mich selig einschlafen, nachdem hier Zungen- und Fingerspiele stattgefunden haben.

Unsere Sexualität ist so fließend und multivibrierend, dass eine der sinnlich-quälendsten Erfahrungen darin besteht, sich zu fragen, ob wir tatsächlich Liebe „gemacht" haben? Das ist mir zum ersten Mal passiert, als ich mit Kemble Hand in Hand im Meer stand und unsere moosfeuchten Mösen von den schaukelnden Wellen gestreichelt wurden. In mir erzitterte ein immer tiefer werdender Strudel ... Ich wusste, dass ich nicht allein in die Welt gekommen war, doch aus ihr heraus kam ich wie eine Welle. Kemble zog mich an sich, als ob ich laut gesprochen hätte. Wir erlebten unsere Orgasmen, als sich die kleinen Bläschen der juwelenglitzernden Gischt der Sonne öffneten ... oder nicht?

IV. Brennende Eifersucht

Ironischerweise ist der Preis, den wir für sexuelle Lust bezahlen, die Angst, sie wieder zu verlieren. Eifersucht ist das bitterste aller Gefühle, weil sie mit dem süßesten verbunden ist. Bis wir einmal Buddha-Land erreicht haben, ist es vielleicht unmöglich, sexuelle Eifersucht durch sexuelle Großzügigkeit zu ersetzen. Eifersucht scheint der menschlichen Spezies angeboren zu sein, den psychologisch unsichersten und daher kontrollierendsten aller Lebewesen. Wenn nicht angeboren, dann wird Eifersucht zumindest durch unser erbarmungsloses ökonomisches System genährt. Bestimmte polynesische und vorpatriarchale Gesellschaften zum Beispiel scheinen recht frei zu sein von sexueller Eifersucht, während der Kapitalismus die Gier buchstäblich legalisiert. Wir werden zum Privatbesitz ermutigt – nicht nur von materiellen Objekten, sondern auch von menschlichen Wesen, insbesondere Frauen. Man vermittelt uns, dass wir permanent am Rande des Mangels leben und daher dauernd miteinander wetteifern müssen, um zu bekommen, was wir brauchen. Diese Auffassung ist so verbreitet, dass leicht erhältliche oder gebrauchte Waren, einschließlich Frauen, „herabgesetzt" werden.

Da unser soziales Modell Dominanz und Unterwerfung verherrlicht, statt Partnerschaft, ist zu seiner Aufrechterhaltung permanente Kontrolle erforderlich, und deren Hauptmerkmal ist Eifersucht. In Werken wie *Co-Abhängigkeit* von Anne Wilson Schaef wird enthüllt, wie soziale Kräfte uns dazu bringen, von einer Person oder einem Prozess ebenso abhängig zu werden wie von Drogen oder Alkohol. Aber verliere nicht den Mut. In dem Maße, wie lesbische Kulturen sich vom Patriarchat/Kapitalismus/Sucht-Modell entfernen, verstehen viele Lesben, dass Eifersucht nur ein weiteres Restmerkmal dieses alten Lebens darstellt. Das bedeutet nicht, dass wir Eifersucht einfach abstreifen können, aber wir müssen sie nicht unbedingt unsere Beziehungen untergraben lassen.

Ob du es glaubst oder nicht, manche Arten von Eifersucht sind nützlich. Sie können eine Beziehung tatsächlich neu definieren und stärken – wenn wir ihren Panik- und Kontrollkontext verändern. Andere Formen der Eifersucht, wie der paranoide, ausschließlich phantasierte Terror, sind eine wilde Mischung aus Liebe, Hass, Panik und Verzweiflung, bei der Zweifel grausamer sind als die schlimmste Wahrheit. „Retro-Eifersucht" hinsichtlich der früheren Beziehungen der Geliebten ist ein weiteres Beispiel eines aus den Fugen geratenen Egos. Physisch gewaltsame Eifersucht, größtenteils ein männliches Phänomen, überschreitet den Rahmen dieses Haushaltsratgebers. (Bei Gewalt gibt es nur eine empfehlenswerte Richtung – weg! Ausziehen!) Lasst uns die gewöhnliche Eifersucht wie eine gewöhnliche Erkältung in lesbischen Beziehungen betrachten. Als soziale Krankheit mag sie so nützlich sein wie eine mittelschwere Grippe – eine Zeit, innezuhalten und sich des Wertes der Gesundheit wieder bewusst zu werden.

Gefühle von Eifersucht können in mindestens drei verschiedenen Situationen auftauchen, die manchmal, in Zeiten besonderer Herausforderungen, auch kombiniert auftreten.

In Szenario Nummer eins hast du es einfach versäumt, einige wesentliche Bedürfnisse deiner Liebsten zu erfüllen. Du erfährst, dass sie glaubt, eine Frau gefunden zu haben, die sich besser um sie kümmert. Um sie zurückzubekommen, wirst du wahrscheinlich die eine oder andere Verhaltensweise ändern müssen. Dies ist keinesfalls einfach, aber der springende Punkt ist, dass die Situation zwischen dir und deiner Liebsten so unbefriedigend geworden ist, dass eine andere Frau um Hilfe angegangen wurde. „Die andere Frau" ist ein personifiziertes Frühwarnsystem. Sie kann nur in den seltensten Fällen eine solide Beziehung zerstören, aber sie wird als Katalysator für eine Veränderung gebraucht. Sie selbst kennt ihre Rolle als „Schachfigur", da sie ihre eigenen Bedürfnisse und Hoffnungen damit verbindet. Dein erster Schritt sollte darin bestehen, herauszufinden, was genau nicht in Ordnung ist! Beispiel: Du bist zu beschäftigt, um die charmante, aufmerksame Liebhaberin zu geben, und die andere Frau sprüht nur so vor romantischer Aufmerksamkeit. Du gestattest es dir, schlecht gelaunt, nörgelig und zickig zu sein; die andere Frau lobpreist all die guten Eigenschaften deiner Liebsten und ignoriert den Rest, da dieser ihre Zeit und Sorge nicht wert ist. Dies ist der Zeitpunkt, deine Reaktionsfähigkeit zu erforschen, auf die eine lebendige Beziehung angewiesen ist.

In Szenario Nummer zwei hat die Affäre deiner Liebsten sehr wenig, wenn überhaupt, mit deinen Handlungen zu tun. Sie muss offenbar etwas finden, das ihr fehlt: Selbstwertgefühl, Aufregung, Erfolg, Applaus, Macht, Selbstbewusstsein. Hier kannst du ihr nur eine große Spielwiese zur Verfügung stellen – und dich um dich selbst kümmern. „Wenn du etwas sehr liebst, lass es frei. Wenn es nicht zurückkehrt, sollte es nicht dein sein. Wenn es zurückkehrt, liebe es für immer." Die meisten Frauen beabsichtigen keineswegs, eine Versuchsballon-Affäre ihre Hauptbeziehung zerstören zu lassen. Die Sterne stehen gut für dich, wenn du deine Karten richtig zu spielen verstehst und nicht in Panik gerätst. Vor allem bleibe bei der Priorität: Hege und pflege und liebe dich selbst an erster Stelle und auf jede erdenkliche Weise. FreundInnen, besondere Genüsse, Urlaub. Sei yin mit ihr und ganz yang für dich selbst.

In Szenario Nummer drei, der „nützlichen" Eifersucht, wird dein eigenes Bedürfnis nach Sicherheit nicht erfüllt, weil die Grundannahmen der Beziehung unklar sind oder sich verändern. Du leidest unter der schrecklichen Ungewissheit, ob deine Liebste kommt oder geht. Vielleicht hast du niemals gewagt, die Aussicht, es könne „eine andere Frau" geben, überhaupt anzusprechen, also ist sie noch erschreckender. Vielleicht hat deine Liebste gerade ihr Studium oder ein größeres Projekt beendet und hat jetzt Zeit für mehr Menschen, oder vielleicht begegnet sie aufgrund neuer Aktivitäten oder Umstände (zum Beispiel einem neuen Job) nun vielen Frauen in ihrem Leben. Also wird es Zeit für dich, „das Territorium abzustecken", was eine Art Tribut an einen besonderen Menschen ist und gewöhnlich von allen, die damit zu tun haben, als Erleichterung empfunden wird. Wenn deine Liebste einer Dreiecksbeziehung das Wort reden möchte, dann zieht für jede der Beteiligten Grenzen. Überlege mit deiner Geliebten zusammen, ob ihr euch auf ein paar „gemeinsame Eckpunkte" oder eine „Beziehungsübereinkunft" verständigen könnt und haltet diese ruhig schriftlich fest. In einer Beziehung, in der „alles geht", geht nichts gut. Eine solche Übereinkunft läuft vielleicht einfach nur darauf hinaus, festzuhalten, was sich jede von euch von der Beziehung erhofft. In eurer Diskussion wie euren schriftlichen Ausführungen solltet ihr auf jeden Fall anerkennen, was ihr aneinander liebt – außer exklusiven Sex. Denkt daran, dass erotische Energie alle Erfahrungen vertiefen und durchdringen kann, ob exklusiv oder nicht. Konzentriert euch auf das Geschenk und die Qualität der Zeit, die ihr zusammen habt, und darauf, was ihr damit tun wollt, nicht auf die Zeit oder den Sex, der „weggenommen wird". Feiert diese positive „geteilte Zeit" und Intimität, sooft es geht. Also was soll's, wenn deine Liebste 20 Prozent der Zeit „außerhalb schläft" (wahrscheinlich sind es weniger als zwei Prozent)? Was wird dir denn wirklich genommen oder entzogen? Sie hat schließlich nicht eine endliche Anzahl an Küssen und Liebkosungen zur Verfügung, die bald zur Neige gehen wird. Akzeptiere, dass es verfliegende Nächte, andere sexuell unterhaltsame Frauen, selbst langjährige nahe oder ferne Geliebte geben kann, aber lass nicht zu, dass ihr beide verliert, was ihr liebt, nur weil du beschlossen hast, die Vollzeit-Besitzerin zu spielen. Das macht dich nur misstrauisch, übellaunig und unattraktiv – Eigenschaften, die geeignet sind, die Frau, die zu verlieren du fürchtest, tatsächlich in die Flucht zu schlagen.

Omnigamie

Dies führt uns zu einer der größten Debatten innerhalb der *Thealogica Lesbiana*: ob wir unseren Glauben in friedvoller Nonnenhaftigkeit zu zweit leben oder versuchen wollen, ihn in einer turbulenten „Vielweiberei" lebendig zu halten. Die Monogamie/Non-Monogamie-Debatte tobt vermutlich seit dem Goldenen Zeitalter der Großen Göttin und wird vermutlich bis zur letzten großen Sintflut andauern, also können wir unmöglich hoffen, sie hier zu lösen. Frauen neigen, anders als Männer, nicht dazu, Sex unpersönlich oder beiläufig zu nehmen – das ist gewiss. Lasst uns einfach beide Ansichten darstellen, wie sie in Lady Clitoressas Kreis vertreten sind.

Jede der Frauen – die eine Monogamistin und die andere Pluralistin – ist zu verschiedenen Zeiten in Mode. Vor einigen Jahren war unsere Beraterin in der Kunst der Treue, Constance, sozusagen „out" und wurde geneckt als „Mösen-Polizistin", als „sexuelle Fundamentalistin" oder „sexuelle Makrobiotikerin". Doch unsere Ehebefürworterin hielt an ihrer Überzeugung fest und lebte glücklich und zufrieden. Constance und ihre Liebste hielten sich an die Übereinkunft – eine Art „Frauen-Ehrenkodex" –, nur miteinander sexuell intim zu sein, vielleicht nicht für immer, aber zumindest so lange, bis eine von ihnen den Wunsch äußert, „den Kreis zu öffnen" – nicht ihn zu brechen. Jede hat die andere darauf anzusprechen, *bevor* sie ihren Wunsch in die Tat umsetzt, und dann wird die Angelegenheit offen diskutiert. (Eine solche Diskussion hat die Beziehung bereits einmal geklärt und gestärkt.) Promiskuität wird letztlich kein Grund sein, Schluss zu machen; mit der Zeit könnte die Beziehung stabil genug sein, damit umzugehen.

In dieser Liebesbeziehung herrschen tiefer Frieden und emotionale Sicherheit. Die beiden treuen Damen sind wahrhaft „frei" – zumindest von Ablenkungen durch Außenstehende –, eine starke Beziehung zueinander zu knüpfen. Sie haben

Zeit, sich auf individuelle Freundschaften, ihren Beruf und sonstige Aktivitäten zu konzentrieren, statt auf Gefühlsachterbahnen. Constance zitiert Ms Benimm: „Monogamie wurde erfunden, um Menschen eine Zeit der Ruhe zu gönnen. Wir sollten die Spezies der Erwachsenen feiern, die so weit entwickelt ist, Vergnügen aus dem Wissen zu ziehen, dass sie sich auf die Liebe der anderen verlassen kann, statt die billige Aufregung der Unsicherheit zu suchen." Constance und ihre Liebste lächeln einander in die Augen: „Vertrauen ist das mächtigste Aphrodisiakum."

Aber lassen wir auch die zügellose Scarlett zu Wort kommen, eine Vagabundin, deren einziger sexueller Schwur lautet: „Mein Herz ist den Suchenden reserviert. Ich kann niemandem treu sein, außer mir selbst." Scarlett bekommt in engen Beziehungen eher Erstickungs- als Sicherheitsgefühle. Sie blüht geradezu auf, wenn sie eine breite Palette sexueller Beziehungen lebt, in denen sie sich ausdrücken und das Leben erfahren kann. Scarlett ist, wie die meisten Pluralistinnen, Fatalistin und hat erkannt, wie vergänglich monogame Beziehungen sind, so dass die meisten Lesben eher in „serieller Monogamie" lieben und keineswegs in „Auf immer und ewig"-Beziehungen. Eine Untersuchung von JoAnn Loulan in *Lesbian Passion* ergab, dass unsere durchschnittliche Beziehungsdauer etwa drei Jahre beträgt. Wie hat die in San Francisco ansässige Kabarettistin Marga Gomez einmal gewitzelt: „Meine Liebste und ich haben uns einer Gruppe von ‚Lesben in monogamen Beziehungen' angeschlossen. Es war großartig – bis sie dort eine andere fand." Scarlett glaubt, dass es keine Rolle spielt, ob du Monogamie oder Pluralismus bevorzugst, denn am Ende wirst du doch tun, was du tun willst. Und wenn du es nicht tust, tut es deine Liebste.

Scarlett setzt multiple sexuelle Abenteuer nicht mit moralischer Verderbtheit gleich, sondern mit sinnlichem Positivismus und sexueller Entdeckungsfreude. Geliebten gegenüber ist sie ebenso ehrlich und verantwortungsbewusst wie jede monogame Frau. Sie vertritt die Auffassung: „Wenn unser Aufenthalt unter den Sternen von so kurzer Dauer ist, warum sich nicht ein wenig umsehen? Gibt es nur einen Stern, *meinen* Stern, auf dessen Licht ich mich verlassen kann und muss?"

Es geht, so Scarlett, vielmehr um Verantwortlichkeit, Aufrichtigkeit und vor allem Timing. Probleme entstehen höchstens durch mangelnde Sorgfalt und Offenheit sowie unzureichende Sensibilität für die Bedürfnisse aller Beteiligten. Promiskuität verlangt nach ein paar Regeln im Hinblick auf Safer Sex, räumliche und zeitliche Arrangements, „bedeutsame Tage" und das Recht auf ein Veto. Auf mehr als einer Hochzeit zu tanzen erfordert einen guten Balanceakt, sonst gibt es ein fürchterliches Chaos, das niemandem gerecht wird und allen Schmerz bereitet. Das Leben einer Lebefrau bringt eine Unzahl von Verunsicherungen mit sich und stets neue Diskussionen, die zu einem Hexengebräu aus Ehrlichkeit, gemischt mit Diskretion, heruntergeköchelt werden müssen.

Die Pluralistin muss zu den eloquentesten Frauen auf Erden gehören, um den Schmerz einer Geliebten über ihre „Untreue" besänftigen zu können. Reagiert sie wütend und defensiv, dann erweist sie sich nicht als große Liebhaberin, sondern schlicht als klein und gemein. Wenn du darauf beharrst, die Rolle derjenigen zu spielen, die stets diejenige liebt, mit der sie zusammen ist, dann konzentriere dich auf sie. Überzeuge die verletzte Frau, die du liebst, davon, wie sehr du sie liebst. Gib ihr mehr als das, was du gerade der anderen gegeben hast, sonst ist dein Herz zu arm, um sich Tändeleien zu erlauben.

Die überzeugte Pluralistin lebt mit ihrer Hauptbeziehung gewöhnlich nicht zusammen, um Eifersucht und Schmerz durch beiläufige Liebschaften gering zu halten. Total offene Ehen scheinen getrennte Lebensräume zu erfordern, Territorien der Privatheit. Dies ist ein Grund, warum die freien Frauen in feministischen Utopien wie *Wanderground* von Sally Gearhart und *Die Frau am Abgrund der Zeit* von Marge Piercy sich multipler Beziehungen erfreuen können. Auch Lady Clitoressa hält Non-Monogamie weniger für ein moralisches als vielmehr ein Wohnungsproblem. Sie fügt hinzu, dass Non-Monogamie gewöhnlich in direkter Beziehung zu der diskreten Zeit steht, über die eine Frau verfügt. Es ergibt Sinn, dass sich eine Frau mit Vollzeitjob, künstlerischen Ambitionen und drei kleinen Kindern eher für Monogamie entscheidet. Scarlett wiederum meint, dass – ironischerweise – die erfolgreichsten Lebefrauen wohl die meisten Nächte allein im Bett verbringen, weil sie nicht mit ihrer Hauptgeliebten zusammenleben. „So manche Lady verabschiedet sich schnell, wenn du keinen Treueschwur ablegst.“ Doch sie bevorzugt es so. „Soll ich die Vielfalt meiner sexuellen Praxis begrenzen oder einschränken, nur weil ich vielleicht Angst habe, allein zu sein? Was du nur tust, weil du Angst hast, bringt dir noch mehr Angst ein. Ich werde es nicht zulassen, dass Furcht meinen Erfahrungshorizont und meine natürlichen Liebesmuster beschneidet.“

Constance und Scarlett sind – zugegebenermaßen – Idealfälle: Lesben, die aus freiem Willen ihren Neigungen nachgehen. Doch wir alle kennen auch aneinandergekettete Monogamistinnen: neutralisiert wie Baumstümpfe, ängstliche, isolierte Paare, die versuchen, vor existentiellen Wahrheiten wie Einsamkeit und Veränderung die Türen zu verschließen. Wir kennen auch Pluralistinnen, die nichts weiter können als küssen und davonlaufen, die süchtig sind nach ihren Phantasien und der ständigen Bestätigung durch „Eroberungen", die zu schwach und unehrlich sind für jedwede Verantwortung und Verpflichtung. Jeder Lebensstil, jede Überzeugung wird auch von Nieten und Missbraucherinnen vertreten, sollte aber nicht anhand von diesen beurteilt werden. Warum eine Frau in bestimmten Phasen ihres Lebens Pluralistin oder Monogamistin ist und welche Rolle „richtig" ist, steht hier nicht zur Debatte. Die wirkliche Frage ist doch die nach den *Auswirkungen* beiderlei Verhaltens auf eine intime Beziehung. Wachsen die Beteiligten gemeinsam, oder begrenzen sie ihr Potential? Seltsamerweise scheinen Pluralistinnen und Monogamistinnen voneinander angezogen zu werden, oder in den sich ändernden Gezeiten eines Paares spielt mal die eine diese Rolle, die andere jene und umgekehrt, selten aber zur gleichen Zeit beide dieselbe. Die Bereitschaft, in einer Beziehung beide Philosophien als durchaus wertvoll zu akzeptieren, kann zu jenem seltenen, sensiblen Zustand führen, den Lady Clitoressa als „Omnigamie" bezeichnet.

Ehrenwerter Pluralismus

Sagen wir einmal, du möchtest gern als die eine Hälfte des sagenumwobenen Erweiterten Paares in Offener Ehe im Großen Theater der Omnigamie auftreten, oder nehmen wir an, es ist einfach so: Du stolperst alle drei Jahre in eine kurze Begegnung mit einer anderen. Wie kann Pluralismus mehr Liebe als Dramen in die Welt bringen? Pluralismus schafft oft mehr Ärger und Stress, als er wert ist, denn das schweifende Auge vergisst zwei Herzensdinge: Würde und Mitempfinden. So stellt Lady Clitoressa die Frage: „Kann Lustgenuss nicht freundlich sein?" Freundlichkeit kann leider so lästig sein wie gute Manieren; sie verlangt nach Umsicht und Überlegungen, wie wohl die Bedürfnisse der anderen aussehen könnten, und nach Geduld für die eigenen. Ehrlicher und befriedigender Lustgenuss stimmt uns wahrscheinlich freundlich. Doch wenn du eine Affäre als Rache gegen deine Geliebte einsetzt oder um jemanden zu manipulieren, weil dein Leben sich leer anfühlt oder weil du bestraft werden möchtest oder aus irgendeinem anderen dieser müßigen, traurigen Gründe, aus denen Menschen Sex haben, dann ist sicherlich mehr verloren als gewonnen.

Wenn es bereits Probleme in deiner Beziehung gibt, dann wirst du gewöhnlich auch lügen, um den Schlamassel, den du zusätzlich anrichtest, indem du anderweitigen Sex hast, zu überdecken. Wir lügen, um den Konsequenzen auszuweichen. Diese Konsequenzen können in der Tat bitter sein, wenn du Zeit und Mühe scheust, deiner „alten" Liebe deine Zuneigung zu versichern und ihr Mitgefühl entgegenzubringen. Sex *an sich* ist eine ehrliche, ehrenwerte Form der Kommunikation und ein gutes Vehikel gegenseitiger Wunscherfüllung. Als solcher ist er kostbar und mächtig, aber er ist niemals „frei". Lady Clitoressa betont nachdrücklich, dass „freie Liebe" im Sinne von „keine Konsequenzen, keine Verantwortung, keine Regeln" eine ebensolche Lüge ist wie das Gerede von der sicheren, friedlichen Nutzung der Atomkraft. Ein weiterer Grund, warum wir lügen, ist der, dass wir Angst haben, unsere Liebste könnte herausfinden, wer wir tatsächlich sind. Als Lügnerinnen aber schämen wir uns noch mehr und verachten uns selbst. Lügen, Halbwahrheiten und Verdrehungen führen dazu, dass alle Beteiligten sich lausig fühlen. Alle. Es dauert seine Zeit, um Vertrauen aufzubauen, aber zehnmal so lange dauert es, verlorenes Vertrauen zurückzugewinnen.

Die Damen um Lady Clitoressa, samt und sonders ehrbare Frauen, diskutieren häufig über einen praktikablen Ehrenkodex Pluralismus in seinen subtilen Feinheiten und Widersprüchlichkeiten. Wie können wir „unbeschwerte Untreue" sein und dabei die – buddhistisch gesagt – „rechte Rede" beibehalten? Die Ladies erachten vollständige Ehrlichkeit für ein ebenso idealistisches Konzept wie totale Gewaltlosigkeit; beides ist kaum immer möglich oder auch nur angebracht. Schließlich ist die Fähigkeit zum Mitgefühl ein ebenso wichtiger Teil der persönlichen Integrität wie Ehrlichkeit. Mitgefühl verlangt von dir, in Betracht zu ziehen, wer außer dir noch den Preis für deine totale Ehrlichkeit zahlen muss. Für die meisten Menschen sind die Grenzen der Ehrlichkeit beim Thema Untreue wahrscheinlich äußerst schnell erreicht – schneller als bei jedem anderen Thema. Studien über heterosexuelle Paare, die sich mit deren Ehrlichkeit in der Beziehung befassen, haben ergeben, dass nur zehn Prozent mit rückhaltloser Ehrlichkeit in Fällen von Untreue umzugehen wissen. Lesben mögen vielleicht etwas härter im Nehmen sein, aber wie viele wohl?

Die Ladies sagen: „Zuviel Ehrlichkeit kann manchmal zuviel des Guten sein." Gute Kommunikation oder „ein sauberer Prozess" bedeutet nicht immer, allen alles über jede und jedes zu erzählen. Spar dir den Atem. Sieh der Tatsache ins Auge, dass sexuelle Begegnungen oft triviale Frivolität in Reinkultur sind. Nun hat Frivolität ihre eigene Berechtigung, aber wir sollten sie nicht mit zuviel Bedeutung befrachten. Die größte Ehrlichkeit besteht vielleicht darin, dir selbst einzugestehen, dass sowohl du wie auch deine Liebste gelegentlich Dummheiten begehen. Frivolität kann das Salz des Lebens sein. Würze dein Leben damit oder lass es bleiben, aber gib ihm nicht zuviel Gewicht.

Viele Frauen ziehen es sogar vor, die Untreue ihrer Partnerin zwar zur Kenntnis zu nehmen, aber dann wegzusehen. Sie wissen, dass da etwas läuft, haben aber nicht die Absicht, sich zur Anklägerin oder gar zur Richterin aufzuschwingen. Wie es im *I Ging* heißt: „Die überlegene Frau lässt viele Dinge vorbeiziehen, ohne sich von ihnen betrügen zu lassen." Dabei handelt es sich gewöhnlich um starke, selbstsichere Frauen, die der Ansicht sind, auch dies werde vorübergehen, und sich erfolgreich gegen alle Anwandlungen von Eifersucht wappnen. In der Zwischenzeit jedoch bekommen sie, was sie mindestens brauchen oder sogar noch sehr viel mehr. Andere Frauen wiederum sagen klipp und klar, dass die Promiskuität ihrer Partnerin sie verletzt, dass sie das Gute zwischen ihnen zerstören kann und dass sie besondere Aufmerksamkeit brauchen, wenn etwas Derartiges passiert. Die Schwester Leichtfuß, die nicht über die Finesse verfügt, ihre Affäre so diskret wie möglich zu handhaben, ist in diesem Fall einfach grausam. Du kannst es mit Sicherheit verhindern, in flagranti ertappt zu werden oder auch nur leicht zerzaust zu Hause anzukommen, es sei denn, du suchst besondere Aufmerksamkeit oder willst an die kurze Leine gelegt werden – oder benimmst dich einfach nur tölpelhaft. Du solltest jedoch niemals davon ausgehen, dass deine Liebste nicht weiß oder vermutet, dass du eine andere hast. Frauen sind schließlich die Radar-Königinnen. Deine Liebste verlangt sich wahrscheinlich äußerstes Taktgefühl ab. Revanchiere dich, oder du verfügst nicht über das Format für dieses nervenaufreibende Spiel.

Eine Regel des Ehrenkodex, der du in diesem delikaten Bereich genügen musst, ist, so ehrlich und zartfühlend wie möglich Rede und Antwort zu stehen, wenn du direkt auf deine Untreue angesprochen wirst. Du hast das Recht auf deine Privatsphäre, du hast sogar die Verpflichtung, die Details für dich zu behalten, aber gib die Affäre zu. Deine Liebste hat nach der Wahrheit gefragt. Eine Lüge wird euch beide verrückt machen. Jetzt ist der kritische Zeitpunkt gekommen, absolut ehrlich mit deiner Hauptbeziehung über deine Liebe zu ihr zu sprechen, sie ihr zu zeigen und zu versuchen, etwas auszuhandeln, mit dem ihr beide leben könnt. Das hat sie verdient. Sei bereit, diese neue Geliebte gehen zu lassen. Es werden andere kommen.

Wenn du nie auf deine Affäre angesprochen wirst – warum um alles in der Welt solltest du deine Liebste dann mit irgendwelchen Enthüllungen behelligen, insbesondere wenn es um noch nicht einmal richtig begonnene oder bereits beendete Affären geht? Auch hier stellt sich die Frage: Wer bezahlt wirklich den Preis für deine „Ehrlichkeit"? Wenn du „wahrhaftig sprichst", sind deine Worte von Mitgefühl motiviert. Andererseits: Wenn du darauf bestehst, den Part der besitzergreifenden, Intimitätsgrenzen verletzenden und kontrollierenden Liebhaberin zu spielen, riskierst du, dich selbst den Qualen der Verdammnis auszusetzen – verdient hättest du es zumindest. So ist es zum Beispiel aus entflammter Eifersucht zwar erklärlich, aber rein selbstquälerisch, in der Absicht, etwas Verdächtiges zu entdecken, das Tagebuch oder die Briefe der anderen zu lesen. Damit gehen aller Seelenfrieden und alles Selbstwertgefühl dahin. Dies bringt uns zu Lady Clitoressas

Fünf Fragen, die du deiner Liebsten niemals stellen solltest:

1. Als ich fort war, hast du es da mit einer anderen getrieben?
2. Hast du dir jemals vorgestellt, mit ... zu schlafen?
3. Bist du scharf auf irgendeine Frau außer mir?
4. Mit wie vielen Frauen hast du geschlafen?
5. Hast du mich jemals belogen?

Die „fünf niemals zu stellenden Fragen" ließen sich auch bezeichnen als „Bewahren des Noblen Schweigens". Nobles Schweigen verschafft Gelassenheit jenseits aller Worte.

Der Eifersuchts-Erste-Hilfe-Kasten

Selbst kluge und taktvolle Omnigamistinnen packen zur Sicherheit einen „Eifersuchts-Erste-Hilfe-Kasten", wenn die Lustzentren aufhören, Mondinnenstrahlen abzufeuern, und die dunklen Gefühle an die Oberfläche drängen. Beachte: Ein Notfall-Erste-Hilfe-Kasten wird Eifersucht nie „heilen", aber er kann die Infektion eindämmen und sogar dem Tod der Beziehung vorbeugen.

Sei erstens und vor allen Dingen nicht paranoid. Geh immer davon aus, dass deine Liebste treu ist, bis sie dir das Gegenteil beweist. Führe bitte keinen Indizienprozess. Vertrauen kann Ehrlichkeit erzeugen, da Prophezeiungen sich oft selbst erfüllen. Zeige ihr deine Wertschätzung für ihre Treue, indem du sie oft daran erinnerst, wie geehrt du dich fühlst, die einzige zu sein, die ihre Liebeslaube teilt, wo du doch weißt, dass Scharen von Frauen danach lechzen, ihr die Tür zu öffnen.

Wenn deine Liebste offensichtlich doch eine andere hat, dann geh mit Eifersucht so um, wie du es mit jedem schwierigen Gefühl tun würdest: Gib offen zu, dass es da ist und dass es weh tut. Wenn du das Gefühl einfrierst und Großzügigkeit heuchelst, wirst du später eine emotionale Kernschmelze erleben, die nicht mehr einzudämmen ist. Beschuldige oder verurteile dich nicht selbst dafür, ängstlich, verletzt oder wütend zu sein. Betrachte Eifersucht als eine Wunde, als wäre dir ein Messer ins Herz gestoßen worden. Du hättest es nur verhindern können, wenn du gar kein Herz besäßest. Du bist getroffen. So ist es nun mal. Soziale Wesen bekommen soziale Krankheiten.

Konzentriere dich als nächstes ganz auf die Eifersucht selbst, wiederum ohne dich zu verurteilen. Dies verlangt viel Energie und Lebenskraft, also atme tief durch. Beobachte die Eifersucht. Erspüre ihre Qualitäten: Gefriert dir das Blut in den Adern oder kocht es rot glühend oder schmettert dich das Gefühl nieder oder erlebst du all dies gleichzeitig? Gib ihm schließlich einen Namen: „Eifersüchtig." „Eifersüchtig." Atme deine Kraft ein und Akzeptanz aus. Seltsam genug: Indem du ein Gefühl benennst, spürst du, wie deine Aufmerksamkeit sich für Momente davon abzieht und entfernt. Die Eifersucht durchströmt dich, aber DU bist nicht die Eifersucht. Die Eifersucht hat dich gepackt. Diese Unterscheidung ist sowohl grundlegend als auch befreiend. Dein gelassener „stiller Wesenskern", wie die lesbische Poetin Elsa Gidlow ihn nennt, lässt Gefühle, etwa Eifersucht, an sich vorüberziehen wie die Untertitel eines Films, ist aber nicht von ihnen gelähmt. Elsa half ihr stiller Kern, tiefste Armut und den Verlust der Liebe zu überleben. Sie sagt, in der „unsichtbaren Achse von *no motion* (Nicht-Bewegung) im Zentrum von *motion* (Bewegung) und *emotion* liegen die unverwundbaren (Selbst-)Heilungskräfte". Wenn du noch tiefer atmest und dein stiller Kern mit dem Ewigen Kern eins wird, dann, meine Liebe, bist du auf dem Gospel-Train und bereit, dich wieder mit dem Leben anzufreunden.

Doch vielleicht meint es das Schicksal besser mit dir. Hier bist du, umwirbst den Kosmos mit deiner besten Liebhaberin – dir selbst, dem Wesen, das zu verlieren du niemals fürchten musst. Du stellst fest, dass niemand jemals „deinen Platz einnehmen", ja nicht einmal mit deinem einmaligen, kostbaren Selbst in Konkurrenz treten kann. Du bist eben einzigartig, eine wunderbare Mischung aus Eigenschaften und Fähigkeiten. Deine Bedeutung ist unzweifelhaft, deine Existenz bedarf keiner Rechtfertigung. Du bist unersetzlich, sonst wärst du nicht auf den blauen Planeten eingeladen worden, auf dem du dich ohne jeden Zweifel befindest. Mach eine sorgfältige Bestandsaufnahme der einzigartigen Gaben und Erfahrungen, über die du verfügst, um sie zu teilen und weiterzuentwickeln. Vielleicht ist Eifersucht Ausdruck deiner Suche nach Selbstbestätigung und Selbst-Wertschätzung. Wir alle haben Wünsche und Ziele jenseits der momentanen Launen unserer Liebsten. Wir alle verfügen über die Macht, großzügig zu sein und mit anderen zu teilen. Der Himmel ist weit. Genieße deinen Paradiesgarten besonderer Absichten und Kräfte. Deine Liebste kann sich nicht über sie hinwegsetzen, wenn du es nicht tust.

Hier bist du also, erwacht und erfrischt, gewässert und genährt. Sei geduldig mit dir; du gewinnst deine Kräfte nur sehr langsam wieder, nachdem du dich wegen der Liebelei einer anderen verausgabt hast. Zu diesem Zeitpunkt mag die Affäre deiner Geliebten bereits längst vorüber sein, eine flüchtige Laune, die dich nicht näher berührt hat, weil du viel zu beschäftigt damit warst, über deinen „Kern" nachzudenken. Lass die Toten die Toten begraben. Vergib und vergiss es.

Doch was ist, wenn wir uns hier in einer fortgesetzten Seifenoper befinden? Halt! Genug! Die Zeit ist reif für den Auftritt der (Zymbeln erklingen) Kriegerischen Frau. Du bist bereit, dein Herz zu öffnen und jede Mitspielerin in diesem kleinen Drama mit deinem „Hier stehe ich, ich kann nicht anders" zu konfrontieren. Mach es dir zur Gewohnheit, die andere Frau sofort darüber zu informieren, wenn du dich wieder gesammelt hast und im Besitz deiner geistigen und seelischen Kräfte bist. Sie kann schließlich nicht deine Gedanken lesen und hat möglicherweise eine Menge Unsinn von deiner seitenspringenden Liebsten gehört. Du hast nichts zu verlieren, wenn du sie kurz konfrontierst, aber alles zu gewinnen. Klarheit wirkt Wunder, wenn es darum geht, Angst zu reduzieren, Zweifel zu zerstreuen und die Fakten auf den Tisch zu legen. Du setzt alle Beteiligten in Kenntnis, dass du nicht gewillt bist, dich beiseite schieben zu lassen, dass du jemand bist, mit der gerechnet werden muss, dass deine Rechte und Gefühle zählen.

Ruf die Frau einfach an und frag sie, was um Himmels willen sie mit deiner „Partnerin" im Sinn hat. Sag ihr, dass du nicht verstehst, was da abläuft, und wiederhole, dass du wissen möchtest, wie es um ihre Absichten bestellt ist. An dieser Stelle hältst du inne und hörst ihr sorgfältig zu. Reagiere nicht überhastet, werde nicht gemein, sei nicht ungerecht. Dies ist ein rein informativer Anruf. Ruf dir in Erinnerung, dass deine Liebste verdammt attraktiv ist. Wenn du ihrem Charme erliegen konntest, warum dann nicht auch eine andere? Es empfiehlt sich, nicht groß auf die Rechtfertigungen der anderen Frau einzugehen, außer ruhig zu wiederholen: „Ich verstehe" oder Variationen dieser Bemerkung. Vielleicht bekommst du viele Informationen, vielleicht aber auch gar keine. Das spielt keine Rolle. Wenn du dich verleiten lässt, auf die Bemerkungen der anderen Frau einzugehen, lässt du dich auf ihr Spiel ein, und das ist eindeutig nicht deines. Dein Ziel ist ja schließlich, sie in Verlegenheit zu bringen und dazu zu bewegen, eine gewisse Verantwortung für ihre Handlungen zu übernehmen. Sie ist *nicht* dafür verantwortlich, dass du ausflippst. Das ist dein Ding. Du allein bist für deine Eifersucht und ihre Bewältigung zuständig.

Und jetzt kommen wir zum wichtigsten Punkt. Sag ihr, dass du ihre Ehrlichkeit zu schätzen weißt und auch mit ihr ehrlich sein willst. Sag ihr die Wahrheit, mit der sie dann leben muss: dass du deine Partnerin sehr liebst und schrecklich verletzt und verwirrt durch ihrer beider Verhalten bist. Du weißt noch nicht, was du tun wirst, aber du wolltest doch zumindest einmal ihre Seite hören. Ende des Gesprächs. Keine Hysterie. Kein Gesichtsverlust. Keine verbalen Attacken oder fliegenden Gegenstände. In einer potentiell schmerzhaften Situation hast du dich als eine klärende, nicht als eine zerstörerische Kraft gezeigt. Das verdient Respekt.

Ein solch offenes Gespräch wird die meisten Frauen abschrecken oder zumindest ihr kleines Idyll mit der bitteren Wirklichkeit konfrontieren. Eine große Geste wäre es – wenn du das Geld dazu hast –, der Eindringenden eine Fahrkarte zu schicken – möglichst weit weg und ohne Rückfahrt, versteht sich. Du kannst auch ein Pseudo-Ticket schicken oder eine entsprechende Karte. Das ist nicht bösartig, nur ein erfrischendes Muskelspiel. Du kannst sehr wohl deine Interessen verteidigen und zugleich ein wenig Spaß haben. Dann bist du zumindest nicht immerzu deinen Gefühlen ausgeliefert, während alle anderen die Situation beherrschen.

Natürlich mag es sich bei der anderen auch um eine Frau handeln, die aufblüht, wenn sie Ärger und Aufregung verursachen kann. Eine solche Frau ist die Luft und Energie nicht wert, mehr als einmal mit ihr zu sprechen. Ignoriere sie von Stund an, oder du wirst in einer Hölle aus wiederholten Treffen, Beschuldigungen und grausamen Experimenten in emotionalem Kannibalismus schmoren.

Und jetzt begib dich zu deiner Liebsten. Informiere sie darüber, dass du mit der anderen Frau gesprochen hast; erzähle keine Einzelheiten, aber erwähne die Tatsache, dass ihr beide ehrlich zueinander wart. Erzähl auch deiner Liebsten die Wahrheit deines Herzens: Du liebst sie und fürchtest, sie zu verlieren. Du hast die reiche Geschichte einer echten Beziehung auf deiner Seite. Erinnere sie an jedes wunderbare Erlebnis, das ihr miteinander geteilt habt. Natürlich hältst du dabei ihre Hand, ohne jedoch besitzergreifend zu wirken. Lass ihr keinen Zweifel, dass du sie liebst und sie weiterhin willst. Zeig keine Bedürftigkeit, keinen falschen Stolz. Gewinne sie mit deiner Liebe zurück; zerstöre die Dinge nicht mit Wut und Schuldzuweisungen. (Manch streunende Frau fängt nur etwas mit einer anderen an, um diesen Moment zu erleben: derart wertgeschätzt zu werden.) Dir wird es dann besser gehen, und du machst in diesem ganzen Schlamassel eine wunderbare Figur. Du zeigst all die guten Eigenschaften, die deine Rivalin wahrscheinlich nicht besitzt. Halte dir dein langfristiges Ziel vor Augen, wenn du merkst, dass du in Wort und Tat irrational und gewalttätig zu werden drohst. Du bist schließlich nicht die Verrückte, der deine Partnerin einfach nur noch entkommen möchte. Sei die Frau, zu der eine andere, wenn sie aufwacht, zurückkommen will, ob als Geliebte oder als Herzensfreundin. Bist du besonders großzügig und beherzt, gelingt es dir vielleicht sogar, die Situation mit Humor anzureichern. Wenn du bereit bist zu lachen, besonders über deine eigenen Fehler, beweist du außergewöhnliche Courage.

Und dann lass die Sache ruhen. Lass deine Liebste in Ruhe, auch für längere Zeit, wenn nötig. Du hast getan, was du konntest. Sei geduldig. Das Leben selbst ist deine Liebste. Erinnere dich an *Lady Clitoressas Drittes Gesetz der Bewegung: Frauen kommen und gehen; meistens kommen sie.* Wenn du dein Bestes getan, dabei deine Würde bewahrt, eine Entdeckung gemacht und einen Glauben verloren hast, dann hast du gewonnen, und Lady Clitoressa verspricht dir, dass dir auf diese Weise der glühende Wunsch, den wir alle kennen, erfüllt werden wird: „Rufe sie bei meinem Namen."

V. Nach dem ersten Frühstück:

Die lesbische Liebesbeziehung

Während der erotische Flirt ein wunderbarer Katalysator für eine Liebesbeziehung sein kann, sollte er doch nicht verwechselt werden mit der Großen Vereinigung. Das eine ist die Blüte, das andere die zur Reife gebrachte Frucht; das eine Romantik, das andere Wirklichkeit. Wie in der blühenden Welt, so ist auch hier jedes Stadium für sich schön.

Das Patriarchat stellt eine Liebesbeziehung nur selten als eine Saga aus Arbeit, Ausbalancieren von Macht und Prozesshaftigkeit dar. Statt dessen wirft es kolossale Summen Geldes dafür zum Fenster hinaus, uns auf die ununterbrochene Jagd nach dem „Flirt" zu schicken. Im Gegensatz dazu stecken Lesben viel Zeit und Energie in den „Aufbau der Beziehung" – sie wollen sich nicht nur *verlieben*, sondern *lieben*. Dies ist eine aufregende, dich gelegentlich zur Raserei bringende Investition, da gegenseitige Faszination nicht zwangsläufig zu beidseitiger Kreativität und wechselseitigem Engagement führt. Doch Frauen sind schließlich die unbestrittenen Beziehungsherstellerinnen der Menschheit. Vielleicht sind wir biologisch so gepolt, dass wir stärkere Bindungsbedürfnisse haben als Männer, um unsere Kinder zu hegen und den Planeten zu pflegen. Um wieder einmal neurochemische Studien zu zitieren: Wir wissen, dass stabile Beziehungen die Produktion der beruhigenden Glückshormone des Körpers erhöhen – Opiate wie die sogenannten Endorphine.

Vielleicht sind solche „Chemielaboratorien" oder ihre Übertragungs- und Empfangsorte bei Frauen besser entwickelt; schließlich können zwei Frauen miteinander auch phänomenale „Kontakthöhen" erreichen, besonders wenn sie zusammenleben. Frauen fragen: Warum sollten wir zulassen, dass erotische Liebesenergie ihre mächtige Kraft in schierer Lust verschwendet oder in vereintem Egoismus oder in Vernachlässigung, wenn wir doch etwas damit *aufbauen* können? Und wir versuchen es; o Göttin, und wie wir es versuchen.

Wenn dies so ist, warum sind dann so viele lesbische Beziehungen so kurzlebig? Eine umfangreiche Studie über die Paarbeziehungen weißer Mittelschichtsmenschen, *American Couples* von Pepper Schwartz und Philip Blumstein, ergab, dass lesbische Paare sich häufiger trennen als verheiratete wie unverheiratet zusammenlebende Heteros und auch als schwule Männer. Natürlich ist der Hauptgrund dafür, dass – anders als bei den Heterosexuellen – viele Lesben sich als Außenseiterinnen der Gesellschaft erleben, und das ist keine sonderlich stabilisierende Situation. Unsere Gesellschaft mit ihren sozialen, ökonomischen und politischen Kräften, die offen wie auch verdeckt so rigoros die Heterosexualität fördern, bietet lesbischen Paaren kaum Beziehungsmodelle und wenig Unterstützung, geschweige denn ihren Segen. Zum Overkill führt es dann oft, wenn Lesben der Verlust ihres Arbeitsplatzes droht, ihrer Kinder, ihrer körperlichen Sicherheit, ihres Status und ihrer Bindung zu ihrer Herkunftsfamilie. Als wären wir radioaktiv verseucht. Als der Herzog von Windsor seinen Thronanspruch „für die Frau, die ich liebe" aufgab, war die Reaktion noch harmlos, verglichen mit dem Druck, den alle Königreiche der Welt immer noch auf uns ausüben, wenn wir das heterosexuelle Privileg „für die Frau, die ich liebe" aufgeben. Muss die Zwangsheterosexualität mit solcher Gewalt herrschen, weil sie so unnatürlich ist?

Druck von außen kann sich verheerend auf eine Beziehung auswirken, doch wir Lesben selbst sind, wie alle unterdrückten Minderheiten, gegeneinander besonders hart. Es gehört schon eine ungewöhnliche Portion Unabhängigkeit und Herzensbildung dazu, nicht zumindest einen kleinen Schuss Selbsthass aus unserer puritanischen Vergangenheit und all den gegenwärtigen gesellschaftlichen Nadelstichen in den Adern zu haben. Lesben müssen von der Vorstellung entgiftet werden, dass wir keine erfüllenden Beziehungen „verdienen" und uns mit Geringem zufriedengeben müssen. Die Lesben- und Schwulenbewegung und der Feminismus haben riesige Schritte in die Richtung unternommen, eine derartige Programmierung aufzubrechen. Lesben allerdings schwenken dann leicht in das extreme Gegenteil um: Wir legen uns die Latte unserer Erwartungen herzbrecherisch hoch. Wir erliegen der Fiktion, es werde automatisch ein idealer, unwandelbarer Lebenszustand eintreten, weil die natürliche Leidenschaft, Fürsorglichkeit und Einfühlung der Frauen im Lichte gegenseitiger erotischer Anziehung miteinander verschmelzen werden. Bestimmten Themen gehen wir lieber aus dem Weg, statt uns mit ihnen auseinanderzusetzen: Machtkämpfen untereinander, Eifersucht, Verschmelzung/Autonomie, Unterschiede in Lebenserfahrung, individuellen Vorlieben, sozialen oder persönlichen Eigenschaften. Auch wenn wir Verstand genug haben, uns erotisch aufeinander zu beziehen, folgt daraus nicht zwangsläufig, dass wir sofort jedes der weniger intelligenten Spiele sein lassen, die wir im Hetero-

Land gelernt haben und die das Leben scheinbar leichter, tatsächlich aber nur verrückter machen, wie zum Beispiel Süchte aller Art, Habgier oder Intoleranz. Und schließlich legen feministische Politik und Philosophie inzwischen Wert auf eine Eigenschaft, die unter Lesben bereits starke Verbreitung gefunden hat – die Liebe zur Unabhängigkeit. Viele lesbische Feministinnen schätzen ihre Unabhängigkeit höher als eine Beziehung, wenn sie wählen müssen.

Ein weiterer Grund für das Zerbrechen lesbischer Beziehungen ist „die andere Frau". Lesben nehmen „außereheliche" Affären keineswegs leicht – sie begegnen ihnen weder mit dem Pragmatismus heterosexueller Frauen noch mit der Unbekümmertheit schwuler Männer. Für die meisten Lesben ist Sex nichts Beiläufiges, sondern eine emotional aufgeladene Erfahrung. Deshalb läuten Affären häufig einen grundsätzlichen Wandel in der Beziehung ein. Lesben reagieren höchst emotional auf jede Art von Liebschaft, während Männer sich am nächsten Morgen häufig nicht einmal mehr an den Namen oder auch nur das Gesicht der- oder desjenigen erinnern können, mit der oder dem sie die letzte Nacht verbracht haben.

Manche lesbischen Therapeutinnen vertreten die Theorie, dass die „lesbische Fluktuation" oder „serielle Monogamie" möglicherweise ganz gesund ist und keineswegs stigmatisiert werden sollte. Die wichtigste Frage lautet vielleicht nicht: „Warum zerbrechen lesbische Beziehungen?", sondern: „Wie schaffen es so viele Lesben, so leidenschaftlich zusammenzubleiben – und das so häufig?" Wenn viele von uns ihr Leben und ihre Leidenschaft jedes Jahrzehnt mit einer anderen Frau teilen, wer ist dann wohl ärmer dran? Jede große

Liebe ist ein neues Geschenk und eine neue Lehrerin. Und wenn wir viele unserer Ex-Geliebten als Herzensfreundinnen behalten, gibt das einen ganz schönen Clan! Und es stimmt ja: „Eine Armee von Ex-Geliebten ist unschlagbar."

Lesben sind trotz des Het-Terrors Pionierinnen darin, verstandesempfindsame, herzensvernünftige Beziehungen aufzubauen. Ähnlich wie UtopistInnen, die damit experimentierten, sexuelle Moralvorstellungen zu überdenken, und wie all die feministischen sexuellen Pionierinnen vor uns (Sappho, Victoria Woodhull, Emma Goldman, Margaret Sanger etc.) unternehmen Lesben Liebesreisen frei von allen traditionellen Grenzziehungen und erkunden neue Wege, größeres Glück und größere Ehrlichkeit miteinander zu erleben. Wir haben schon Erstaunliches erreicht, zumal wir das meiste, was wir brauchen, unterwegs selbst erfinden müssen und geschichtlich betrachtet erst seit kurzer Zeit Gelegenheit haben, uns über unsere Vorstellungen auszutauschen und sie auszubauen. Das Thema Beziehung, allerdings weder das einfache Lustmodell noch das „Macht über"-Modell, ja nicht einmal das höfisch-höfliche „So sollte es sein", sondern die tiefgründende, vielschichtige, radikal schöne Liebe, die sich durch gegenseitige Akzeptanz und wechselseitige Kreativität auszeichnet, wird in Lady Clitoressas Kreis viel diskutiert, wenn auch nie klar definiert. Wer könnte denn auch die Freude beim Flug definieren? Hier sind ein paar Idealvorstellungen und Definitionen von Liebesbeziehungen, die unter den Ladies kursieren. In einem einzigen Aspekt jedoch stimmen alle Damen überein: Eine Liebesbeziehung wird *geschaffen* – sie fällt nicht vom Himmel. Eine der nachstehend zitierten Äußerungen der Ladies über ihre Beziehungen stammt von einer Gruß-karte aus einem Kaufhaus – dies nur, um zu signalisieren, dass die folgenden Anmerkungen in keiner Weise amtlich gemeint sind.

Eine Beziehung ist ...

Eine Beziehung ist nichts Festes, sondern stellt eine Form von Energie dar – stets im Fluss, wandelt sie sich in Zyklen von Annäherung und Rückzug.

Eine Liebesbeziehung können wir nicht „haben". Liebe ist kein drängendes „Gib mir", ja nicht einmal ein „fairer Deal". Sie vereinnahmt nicht, sie befreit. Liebe heißt loslassen.

Eine Liebende in einer Beziehung genügt sich selbst – sie ist „autark, aber nicht allein". Sie begegnet ihrer Geliebten, statt auf sie zu reagieren.

In einer Beziehung gibt es Freiheit und Gerechtigkeit für beide – nicht nur für mich.

Eine Beziehung heißt, sich geborgen fühlen, aufgeschlossen sein, respektvoll und liebevoll-verbindlich. Es ist ein schlich-tes Sich-füreinander-Öffnen, in dem Abwehrmanöver und Unehrlichkeit keinen Platz haben. Eine Beziehung ist eine große Erleichterung.

Eine Liebesbeziehung muss das Lachen jeden Tag neu erfin-den, weil sie nicht Glück für immer und alle Zeiten verspricht.

Eine Beziehung sagt: „Liebe alle, weil du mich liebst."

Eine Beziehung ist die zarte Hoffnung, zwei oszillierende Kräfte in Einklang zu bringen – zu verschmelzen und den-noch für sich zu sein.

Eine Beziehung ist soziales Yoga, ein Pfad des Erwachens – zu dir selbst.

Eine Liebesbeziehung ist körperliche Erregung, körperlicher Trost, körperliches Beisammensein und körperliche Arbeit. Sie kann bedeuten, sich um die Geliebte zu kümmern, ihr – wenn nötig – als Augen, Beine und Arme zu dienen.

Eine Liebesbeziehung gründet nicht auf Verständnis und Annahme, sondern auf der Fähigkeit wahrzunehmen. Die Fähigkeit wahrzunehmen erfordert Verständnis und Annahme.

Das lesbische Beziehungsspektrum

Expertinnen, die über lesbische Beziehungen geschrieben haben – wie D. Merilee Clunis und G. Dorsey Green sowie Betty Berzon –, ordnen diese auf einer Intimitätsskala von eins bis unendlich ein, beginnend mit der flüchtigen Sexpartnerin (kein geringer Segen) über die Lieblingsgeliebte bis zur voll ausgereiften Geliebten/Schwester/Mutter/Tochter/ spirituellen Partnerin. Und doch erweist sich jede Einteilung rasch als hinfällig, weil viele Paare mindestens zehn dieser Beziehungskategorien schon vor dem Frühstück erfüllt haben. Lady Clitoressas letzter Versuch, den lesbischen Beziehungszyklus zu charakterisieren, führt sechs Hauptkategorien auf, die häufig miteinander verbunden sind. „Es ist nicht gerade einfach, sich in welcher auch immer gewandt zu bewegen", bemerkt sie mit einem leichten Schulterzucken. „Also solltet ihr früh im Leben damit beginnen."

Werbung

Beziehung als romantisch-sinnlicher Zauber – *le grand peut-être,* das große Vielleicht gemeinsamer Visionen. In einem Chemielaboratorium, das jeder Wissenschaft spottet, werden die Gefühle der Beteiligten großteils von innen her gespeist und haben wenig zu tun mit den wahren Eigenschaften der „Geliebten". Werbung ist gewöhnlich der erste Akt der Beziehungssaga; Hoffnung ist die Königin und das Drama ihr Hof.

Liaison

Sie kommt vor in hemi-, demi-, semi- oder komplett monogamer Form. Auf die sexuelle Liebe gibt es immer noch eine Neunzig-Tage-Garantie der Idealisierung, wobei die Leidenschaft hoffentlich durch ein gewisses Maß an Mitempfinden bereichert wird. Die beiden Beteiligten entwickeln vielleicht ein gemeinsames inneres Leben, aber die Liaison hat immer noch die Unbeschwertheit und Ungewissheit des Frühlings. Die Zeit wird hauptsächlich auf den blühenden Wiesen der Romantik verbracht, statt auf den steinigen Feldern der Wirklichkeit. Ein „Universum für zwei", aus dem Freundinnen schändlich ausgeschlossen werden. Wird die Liaison aufgelöst, bleiben wenige Wurzeln, aber vielleicht eine Narbe oder zwei zurück.

Das getrennt lebende Paar

Obwohl „Paar" interessanterweise ein Begriff ist, der den Singular nach sich zieht, ist das getrennt lebende Liebespaar pluralistischer als die Partnerschaft, in der beide zusammenleben. Die Beziehung eines getrennt lebenden Paares hat viele Qualitäten einer „Partnerschaft", wie sie unten beschrieben wird, aber Entscheidungen sind nicht so wechselseitig voneinander abhängig oder „schicksalsorientiert" wie bei gemeinsam Lebenden. Neben „der Beziehung" wird auch eine Menge Energie in die Erfüllung weltlicher Gaben gesteckt, in Arbeit oder Selbstverwirklichung. In diesem Stadium gibt es vielleicht ein paar Beziehungsquerelen, aber zumindest keine heimlichen Drehbücher. Jede Frau braucht gewöhnlich viel Zeit für sich, während sie sich gleichzeitig tief mit der Partnerin verbunden fühlt. Beide Frauen wachsen und gedeihen; sie schätzen ihre Unterschiede und lassen einander Zeit und Raum. Bei zwei Liebesnestern müssen sie nicht so viele triviale persönliche Eigenheiten oder Vorlieben aufeinander abstimmen. Sie haben Distanz zu den FreundInnen und Eltern der jeweils anderen – und den ehemaligen Geliebten. Vielleicht haben sie sogar kurze diskrete Abenteuer mit anderen Frauen, kehren jedoch fröhlich in das Paarleben zurück, wo sie den wichtigsten Teil ihrer selbst ausleben können.

Zusammenlebende Liebespartnerinnen

Sie haben sich einander versprochen und Verbindlichkeit und Liebe geschworen, vielleicht sogar in einer rituellen Zeremonie. Wenn Frauen zusammenleben, verhalten sie sich gewöhnlich monogam, um den Frieden zu bewahren. Sie scheinen davon überzeugt zu sein, das Schicksal habe sie zusammengeführt; sie schmieden gemeinsam wichtige Zukunftspläne und streben gemeinsame Ziele an. Die Frauen leugnen nicht – wenn auch Lösungen noch fern sind –, dass sie unterschiedliche Erfahrungen mit Konflikten und dem Leben an sich haben. In höheren Regionen gewinnen sie eine großartige, vielgestaltige Kraft, die auf Vertrauen und Verlässlichkeit beruht. In tieferen Regionen tendieren die Partnerinnen dazu, das „Ich" im „Wir" zu verlieren. Sie entwickeln oft genügend Gemeinsamkeiten, welche die durchschnittliche lesbische Beziehungsdauer von drei Jahren überdauern, wenngleich eine Partnerschaft natürlich nicht durch die Zeit als solche, sondern nur durch die Qualität der gemeinsam verbrachten Zeit definiert werden kann. Häufig benehmen sich die Partnerinnen wie ganz gewöhnliche, verantwortliche Erwachsene, räumen sich gegenseitig Vollmachten ein und setzen sich wechselseitig als Haupterbinnen in ihrem Testament ein. Vielleicht verhalten sie sich auch wie außergewöhnliche, aufeinander bezogene Erwachsene und gehen gemeinsam einen spirituellen Weg.

Die „Après deux"-Familie

Hier handelt es sich um eine Partnerschaft einander liebender Frauen, die nicht länger – oder nur gelegentlich – miteinander schlafen und sich von einem Paar zu einer „Familie" entwickelt haben (ein bei Heterosexuellen sehr seltenes Phänomen, selbst wenn Kinder beteiligt sind). Solche Lesben sind nicht nur „frühere" Geliebte, weil tiefe Liebe zwischen diesen Herzensfreundinnen herrscht. Sie sind vielleicht immer noch romantisch, flirten miteinander, erleben auch Sinnlichkeit zusammen, aber die Betonung liegt hier auf „schwesterlich". Ein großes Maß an gegenseitigem Akzeptieren und kleinem zartem Abstand voneinander führt zu heiterer Gelassenheit; gemeinsame Erinnerungen und eine gemeinsame Geschichte führen zu großer Zärtlichkeit. Eine häufig anfangs schwierige Beziehung, da alte Wunden erst heilen müssen, doch *après-deux* ist eine der von Lesbiana am höchsten entwickelten und geschätzten Beziehungsformen. Könnte es sein, dass Paarbeziehungen eigentlich dies zum Ziel haben: den *Après-deux*-Kult der *grandes amitiés,* der großen Freundschaften? Wiederum soll Natalie Barney den Standard definieren: „Ich bin sehr faul, wenn es um Freundschaft geht. Wenn ich sie verschenke, nehme ich sie nie wieder zurück." Natalie ließ sogar einen großen Freundschaftsaltar errichten, ihren berühmten *Temple à l'Amitié.* Dieser kleine, in griechischem Stil erbaute Tempel in ihrem Garten war der sichtbare Ausdruck dessen, was sie in ihren wöchentlichen Salons pflegte: Freundschaft und Kreativität.

Eine entfernte Cousine des *après deux* ist *alumnae,* die bittersüße Verbindung zweier Frauen, die beide einmal mit derselben Frau zusammen waren. Deine Beziehung zu der Frau, die zur Zeit mit deiner früheren Geliebten zusammen ist? Male sie in mitempfindendem Rosa.

Compañeras oder Passionierte Freundinnen

Compañeras leben zusammen oder getrennt und sind einander von ganzem Herzen zugetane Langzeitfreundinnen. Intimität, Gefühl und Zuneigung kennzeichnen ihre gemeinsamen Unterfangen, ob es sich um großartige Konversation bei gemeinsamen Abendessen handelt („kann besser sein als Sex"), oder darum, ein Geschäft aufzubauen, Kinder großzuziehen, Linedance zu lernen, einen politischen Kampf zu führen oder ein gemütliches Heim zu schaffen. Sie leben eine Verbundenheit, die auf ein Maximum an Freude, Zufriedenheit und Wohlergehen ausgerichtet ist. Ihre Leidenschaft ist eher emotional als sexuell gefärbt, kann aber immer noch rosenromantisch sein oder von einem gemeinsamen spirituellen Feuer genährt wie in einer Frauensangha oder einem Frauenkloster. Du kannst glücklich ohne Geliebte leben, aber nicht wirklich überleben ohne eine *compañera*. Lady Clitoressa betont: „Nicht die Nichtverheirateten sind allein, sondern die Nichtliebenden."

Lasst uns hier eine Pause einlegen, um die Single-Lesbe zu ehren – schließlich etwa die Hälfte von uns, und viele fühlen sich außerordentlich glücklich, vollständig und erfüllt, vielen Dank. Warum also immerzu das große Bemühen, ja die nachgerade verzweifelte Besessenheit, sich zu Paaren zusammenzuschließen? Wie ganz anders könnten wir doch all unsere kreative Energie einsetzen, die wir auf „der Jagd" verbrauchen – oder in Paarberatungen?! Mach dir nichts vor: Du tauschst nur die Probleme des Alleinseins gegen eine völlig neue Problemfamilie ein, wenn du in einer Partnerschaft lebst. Vielleicht ist à deux ja nur eine Phase, eine hetero-orientierte Liebesform in der relativ jungen Geschichte von Lesbiana? Wann werden wir das Arche-Noah-Syndrom überwunden haben?

Lies das Buch *Frauenfreundschaft von* Janice Raymond. Frauenfreundschaft enthält das Beste aus beiden Welten – ohne die Einsamkeit eines Singles oder die Verrücktheit eines Paares. Warum bewerten viele Lesben dann Freundschaften weiterhin als sekundär im Vergleich zu Liebesbeziehungen? Lady Clitoressa hat einmal bemerkt: „Freundschaft erfrischt und belebt, Sex dagegen kann die ermüdendste Sache der Welt sein." In Freundschaften zumindest sind wir frei von dem Irrglauben, Sex müsse das Werk der Liebe verrichten und Liebe das Werk von Sex.

Trotz des grundlegenden menschlichen Bedürfnisses, das eigene Liebesleben als „erfüllt" zu betrachten, wissen die wirklich erfolgreichen Praktikerinnen aller oben genannten Beziehungsformen tief in ihrem Herzen, dass ihr gegenwärtiger Beziehungstyp nicht von Dauer sein wird. Sie wissen, dass jede Beziehung auf die Jetztzeit beschränkt ist. Es gibt keine Garantie. Das ist kein Zynismus, sondern die Erkenntnis, dass alles Lebendige wächst und sich wandelt. Grenzen bilden sich neu, Brücken tauchen auf, und letztlich strebt alles zum Licht. Deine wundervolle Geliebte und Herzensfreundin trägt bereits den Tod in sich, also lass keine Geste der Liebe ungetan, kein Wort der Liebe ungesagt. Diese Erkenntnis birgt keine Trauer in sich. Sie befördert unsere Fähigkeit, im Jetzt zu verweilen und jeden Moment der Liebe als ein Wunder inmitten von Selbstsucht und Verzweiflung zu begreifen.

Stadien des Beziehungszyklus

„Es ist nur ein Stadium – ob im Leben oder in einer Beziehung", sagen lesbische Beziehungsexpertinnen. Im bunten Theater der Beziehungen kann diese Betrachtungsweise Gleichmut und Gelassenheit fördern. Dennoch kann sie die Hilflosigkeit nicht vollständig beseitigen, die wir empfinden, wenn eine Beziehung ins Trudeln gerät. Es mag jedoch förderlich sein, wenn wir die verschiedenen Prozesse, die eine Beziehung durchlaufen kann, in vorhersagbare „Evolutionsstadien" oder „Passagen" einteilen. Dies kann dir dabei helfen, den Weitblick zu behalten und dich von der deprimierenden Annahme zu befreien, dass das, was du jetzt siehst – Rosen oder Dornen – alles ist, was ist, sein kann oder sein wird. Zuzulassen zu beobachten, wie sich die Dinge entwickeln, nimmt eine Menge Druck aus „der Beziehung".

Eine gute Beziehung ist schließlich ein lebendiger, sich stets wandelnder Zusammenfluss zweier Leben, die ein gemeinsames Schicksal neu erschaffen. Es ist wie die Mündung zweier Flüsse, beide formen einander und den gemeinsamen Beziehungsgrund, den sie berühren. Unendlich viele Gezeiten sind möglich, doch hier sind die fünf allgemeinen Beziehungsstadien, auf die sich die Damen in Lady Clitoressas

Kreis in etwa einigen konnten und die sie selbst durchlebt haben. Beachte, dass die Stadien nicht in säuberlich voneinander getrennten Schritten nacheinander eintreten. Du magst vielleicht den Samen für das nächste Stadium legen, aber es niemals erreichen. Du wirst, da das Bewusstsein so elastisch ist, vielleicht zwei verschiedene Stadien fast parallel durchleben. Vielleicht wirst du auch in einen bereits einmal erlebten Zustand zurückfallen, wenn deine Sterne es so diktieren, bestimmte Knöpfe gedrückt werden oder gerade Vollmond ist. Ein Stadium mag sich fortwährend wiederholen, sei es nun besonders kritisch oder erleuchtet. Verlier nicht den Mut: Veteraninnen, die zwei oder drei Langzeitbeziehungen hinter sich haben, sind der Überzeugung, dass jede weitere Beziehung leichter zu harmonisieren ist. Und damit kommen wir zu *Lady Clitoressas Erstem Gesetz der Beziehung: Wir lernen zu lieben, indem wir erkennen, wie lieblos wir sind*. Logische Schlussfolgerung: Halte Ausschau nach einer Lesbe mit graumelierten Schläfen, die schon die eine oder andere lange Beziehung hinter sich hat. Manche von uns können sogar Referenzen vorweisen ...

Stadium 1: Erstes Erröten

Dies ist der leidenschaftliche Zustand des „Könnte sein". Du hast eine Frau gefunden, der du vielleicht dein Herz öffnen könntest. Die Ungeheuerlichkeit dieser Entdeckung erzeugt derart heftige Stimmungsschwankungen zwischen himmelhochjauchzend und zu Tode betrübt, dass das Erste Erröten das berühmteste und mythologischste aller Beziehungsstadien ist. In Lady Clitoressas Kreis wird endlos darüber diskutiert, aber da wir bereits das ganze erste Kapitel dem Land der Phantasie gewidmet haben, soll es hier genügen zu erwähnen, dass die Zeichen im Stadium des Ersten Errötens definitiv auf Aufschwung stehen. Daneben gibt es eine gehörige Portion Unklarheit und Ungewissheit, aber das wollen wir an dieser Stelle beiseite lassen. Auch Konflikten schenken wir keine Beachtung. Ähnlichkeiten zwischen den Geliebten werden betont, und das Gefühl, zueinander zu passen, wird zu Lasten realer Unterschiede genährt. „Wie füreinander bestimmt." Diese rosarote Brille wird von zwei Wochen bis zu zwei Jahren getragen. Pflücke die Rosenknospen, solange es geht. Tauche tiefer und tiefer in den Garten ein, denn eines Tages – o Dunkle Göttin – wirst du feststellen, dass du in einem dornenreichen Dickicht steckst. Willkommen im ...

Stadium 2: Machtkampf

Wenn das Erste Erröten das „Könnte sein" darstellt, dann ist der Machtkampf das „Sollte sein". Stadium 2 kann einige Wochen dauern oder auch zweifach lebenslänglich Zank bedeuten. Auf dem Weg durch den Paradiesgarten ist etwas mit dem perfekten Paar geschehen. Wir kommen nicht umhin, das Land der Romantik zu verlassen und die Grenze in die Realität zu überqueren. In diesem rauhen Grenzgebiet bricht schließlich bei jeder der beiden Geliebten der Individualismus aus, nackt und ungeschminkt. Beide stellen auf einmal fest, dass ihre strahlend schöne Geliebte mit Unvollkommenheiten geschlagen ist und auch noch einen (o Schreck) freien Willen hat. Schluss mit all den schönen Projektionen! Die Fehler reichen von nervtötenden Schrullen bis zu voll entwickelten tragischen Grundfehlern übermenschlichen Ausmaßes. Du kannst dich mit ihr nicht einmal mehr darüber einigen, um welche Zeit ihr ins Bett geht. Wie Lady Clitoressa sagt: „Das Gegenteil der Liebe ist nicht Hass, sondern Ichbezogenheit." Jetzt, wo ihr euch beide gegenseitig eure kostbare „Liebe" vermacht habt, entscheidet ihr in einem der großen unwillkommenen Machtspiele der menschlichen Natur, dass jede von euch das göttliche Recht besitzt, der anderen kompetenteste Kritikerin und Veränderungsagentin zu werden. Während du keine Mühe scheust, sie umzumodeln, ist sie viel zu beschäftigt damit, dich umzumodeln, um sich der Persönlichkeitsumwandlung zu unterziehen, die du im Sinn hast. Jede von euch bildet innerlich ihre eigenen Bodyguards aus, um sich zu schützen und die Beziehung unter Kontrolle zu haben. Die „Liebenden" behandeln einander jetzt schlechter, als sie eine fremde Frau behandeln würden. Während unsere Mission früher darin bestand, die andere zu bestätigen, geht es jetzt darum, sie zu be- und verurteilen.

Neben den Versuchen, die Persönlichkeit der jeweils anderen umzumodeln, ist „Machtkampf" auch die Phase, in der Konflikte über „bestimmte Themen" ausbrechen. Die unterschiedlichen Meinungen prallen aufeinander, wir haben immer weniger den Eindruck, die Kontrolle über die Situation zu haben, und fühlen uns aus irgendeinem Grund weniger wertgeschätzt. Jetzt will die eine vielleicht mehr Distanz; die andere dagegen sucht mehr Nähe. Es gibt Konflikte über Themen wie Geld, Arbeit, Freizeit, Kinder oder darüber, wie offen lesbisch ihr lebt. Verschiedene Ansichten hinsichtlich der Häufigkeit oder der Qualität von Sex kristallisieren sich heraus oder hinsichtlich Themen wie Treue, ethnisch-kulturelle oder Klassenunterschiede oder Politik. Die Hölle bricht los. Freundinnen ringen verzweifelt die Hände. Die Katzen kommen nicht mehr nach Hause. Paarberaterinnen verdienen sich eine goldene Nase. Die lockende Oase der „anderen Frau" schimmert am Horizont auf. Du stehst an einem Scheideweg. Du kannst jetzt deiner linken, anspruchsvollen Hirnhälfte gehorchen – und die Beziehung beenden. Damit bist du frei, ungehindert deiner ewigen Suche nach Vollkommenheit nachzugehen. Auf diese Weise springen wir von Beziehung zu Beziehung wie von Stimmung zu Stimmung; und der Machtkampf ist in der Tat das Stadium, in dem die meisten Beziehungen enden.

Oder du entscheidest dich dieses Mal dafür, der Stimme deines Herzens zu folgen. Du rufst dir in Erinnerung, dass die Liebe ein Prozess ist; ein Prozess, deine Wahrheiten und Wirklichkeiten zu verfeinern, ein Prozess, der nicht verlangt, dass *allen* deinen Wünschen Genüge getan wird. Die Erkenntnis, dass Liebe keine Rose ohne Dornen ist, mag dich schier zerreißen, aber letztlich schüttelst du den Schmerz mit großzügigem Lächeln ab. Du beschließt, nicht das Feld zu räumen und hast dich qualifiziert als Kandidatin für das Abenteuer von

Stadium 3: Akzeptieren

Warum ist es so schwer, uns vom „Könnte sein" und „Sollte sein" zu lösen und statt dessen zu akzeptieren, was ist? Die

Ladies nennen diese Akzeptanz manchmal die „Al-Anon-Phase". Al-Anon ist ein Suchtentwöhnungsprogramm in zwölf Schritten, und auch wenn es ursprünglich für FreundInnen und Familien von AlkoholikerInnen aufgestellt wurde und das Problem Alkohol im Zentrum steht, kannst du es gut auf dich und deine Situation übertragen. In Al-Anon versuchst du, deine ungeheure Selbst-Sucht zu besänftigen, so dass sie nicht länger die Zähne fletscht und versucht, andere Menschen und Ereignisse zu kontrollieren. Du beginnst, die existentielle Tatsache zu akzeptieren, dass die Welt da draußen nicht deiner Kontrolle unterworfen ist. (Hey, welche Erleichterung!) Du begreifst allmählich, wie müßig es ist, zu versuchen, eine andere Person zu verändern. *Müßig!* Das Gute daran ist, dass du den herausfordernden, sinnvollen Job behalten kannst, dein eigenes Verhalten und deine eigenen Einstellungen zu verändern, und dass du dabei sogar noch Spaß haben kannst. Ein fruchtbarer Job. Apropos fruchtbar – es heißt, Gärtnern bedeute nicht, alles von Grund auf zu verändern und zur Vollkommenheit zu bringen, sondern es einladender und schöner zu machen. Das gleiche gilt für den Garten der Liebe.

Da du das Wetter nicht ändern kannst, da du häufig nicht einmal die Segel setzen kannst, warum nicht entspannen und dich ein wenig treiben lassen und den vorbeiziehenden Attraktionen wie zum Beispiel schönen Frauen zuwinken? Erleichtere dich um eine Last und verabschiede dich von dem Gedanken, dass du für das Verhalten deiner Liebsten „verantwortlich" bist. Du hast bessere Dinge zu tun – zum Beispiel dich an all ihren guten Seiten zu erfreuen. Trat sie nicht deshalb in dein Leben?

Wenn du erst einmal die Fehler deiner Liebsten akzeptierst, von ganzem Herzen akzeptierst, wirst du überrascht feststellen, wie wunderbar sie sein kann. Vielleicht ist sie all das, worin du dich verliebt hast: großzügig, künstlerisch, lustig, sensibel, elegant. Sicher, vielleicht ist sie auch eine unverbesserliche Hypochonderin, aber das geht *dich* eigentlich überhaupt nichts an. Nimm dir, was du brauchst, und vergiss den Rest. Ignoriere, was ohnehin keiner besonderen Beachtung wert ist. Sie ist ein „einmaliges Sonderangebot", vom Umtausch ausgeschlossen. Akzeptiere die Realität, zum Beispiel, dass deine Liebste ausgesprochen lustig ist, aber zuviel trinkt; künstlerisch begabt ist, aber auch arbeitsbesessen; hochintelligent, aber ein Snob. Nicht einmal dein großartiger Wille kann sie „kurieren", niemals. Konzentriere dich statt dessen auf die Dinge, die du verändern kannst – sagen wir mal deine eigene Arbeitsbesessenheit, deine Anfälle von Jähzorn oder deine Tendenz, unangenehme Dinge zu verdrängen. Dann vergib dir und vergib ihr und begreife, dass ihr beide euer Bestes tut. Lass dein kritisches Urteil beiseite und zeige dich gnädig. Bewahre die Perle des Akzeptierens in deinem Herzen. Stell dir vor, wie es sein würde, wenn du dir nicht selbst das Leben vergällst, indem du auf den Unzulänglichkeiten einer anderen herumhackst. Die Perle deines Herzens würde leuchten wie ein Sonnenaufgang.

Wenn du erst einmal ernsthaft die Entscheidung getroffen hast, die bittere Seite der Liebe genauso zu akzeptieren wie ihre Süße, ihre Enttäuschungen wie ihre Freuden, ihre Verwicklungen wie ihre Stärken, beginnt deine lebenslange Zeit der praktischen Umsetzung, ein Pfad der Aktion. Akzeptanz hat nichts mit „Resignation" zu tun, bei der eine Frau sich passiv ins Märtyrerdasein zurückzieht oder eine Opferhaltung einnimmt und mit der chronischen Infektion von Groll und Langeweile leben muss. Akzeptanz ist in Wirklichkeit aufregend; es ist eher wie ein Erwachen und dann ein aktives Umarmen dessen, was tatsächlich ist, und ein Fallenlassen aller Gedanken an das, was sein sollte. Lady Clitoressa meint, das Ziel einer Beziehung sei nicht unbedingt Liebe, sondern Erwachen. Doch wie viele von uns wollen eine Frau, die die Wahrheit ebenso liebt wie uns selbst? Wie viele von uns akzeptieren, dass Liebe soviel Unliebenswertes mit einschließt?

Stadium 4: Innige Verbundenheit

Innige Verbundenheit ist eher ein Prozess als ein Stadium, beginnt aber gewöhnlich, nachdem die Frauen eine zwei- bis dreijährige Lehrzeit im Bereich der Kunst der Paarbindung absolviert haben. Dieser Prozess beginnt, wenn beide Frauen dazu übergehen, *mit* ihren Unterschieden zu arbeiten, statt gegen sie. Die Ladies nennen es: „Das Verfeinern des Feuers."

Wenn unsere großen individualistischen Egos sich ergeben und die gegenseitigen Unterschiede akzeptieren, wird ein synergetisches „Wir"-System geschaffen, das Gegensätze, Widersprüche und Konflikte tolerieren kann. Dazu gehört nicht nur Akzeptieren, sondern gewöhnlich auch tiefes Vergeben, und beides braucht Zeit. Vergeben kann bedeuten, dass wir den Zorn – auf unsere Liebste, auf uns selbst, auf unsere Familie ... – umarmen, bis er sich auflösen kann. Das bringt uns zu *Lady Clitoressas Zweitem Gesetz der Beziehungen:*

Die schwerste Arbeit, die wir in Beziehungen leisten müssen, ist, das Leiden loszulassen. Trotz inniger Verbundenheit wendet sich das Herz immer noch zeitweilig ab, hat aber die Fähigkeit, sich wieder und wieder zu öffnen – sogar irgendwie stets einen Spalt offen zu halten. Du entdeckst, dass es Teile deines Herzens gibt, die leicht zu öffnen sind, und solche, die dabei Schmerzen bereiten. Jede Frau übernimmt die volle Verantwortung dafür, ihre eigenen inneren Konflikte zu lösen; sie erwartet nicht, dass ihr „kleines Mädchen mit dem gebrochenen Herzen" von der anderen gehegt wird, kann sich aber darauf verlassen, dass sie von ihrer Liebsten ermutigt wird, dies selbst zu tun. Erwarte keine sofortigen dramatischen Veränderungen, sondern allmählichen Fortschritt. Es ist ein langsamer, sachter und Geduld erfordernder Prozess.

Das Stadium der innigen Verbundenheit ist charakterisiert durch die wachsende Fähigkeit zu kommunizieren. Wunschdenken, Gedankenlesen und absurde einseitige Annahmen und Vermutungen werden allmählich ersetzt durch einen echten Austausch von Hoffnungen, Ansichten und tiefsten Gefühlen. Wir gehen das Risiko ein zu sagen, wer wir wirklich sind, und um das zu bitten, was wir wirklich wollen. So entsteht eine neue Fähigkeit, über Konflikte zu diskutieren und sie ohne die Furcht, der Himmel könne uns auf den Kopf fallen, zu lösen. Verhandlungen werden zu einer Form des kultivierten Miteinander-Umgehens, indem wir lernen, zu geben und zu nehmen, Kompromisse zu schließen, statt Gewinn- und Verlustrechnungen aufzustellen, und manchmal einfach zu schweigen und zuzuhören. Zwei glücklich miteinander verbundene Damen befolgen die 75-Prozent-Regel: „Wir versuchen nicht, die Dinge gleichmäßig 50 zu 50 aufzuteilen. Jede von uns versucht statt dessen, mindestens 75 Prozent der Zeit einzubringen, 75 Prozent der Arbeit zu tun und 75 Prozent der Energie und der Kosten aufzubringen. Auf diese Weise bleiben gewöhnlich ungefähr 50 Prozent übrig, und das macht uns glücklich."

Ehrliche Kommunikation ist möglich, wenn die Beziehung auf tiefgründendem gegenseitigen Vertrauen basiert. Vertrauen heißt nicht: „Ich vertraue darauf, dass du nichts tust, was mir missfällt", oder „Ich vertraue darauf, dass du alles für mich in Ordnung bringst", sondern: „Ich vertraue darauf, dass du deiner eigenen Überzeugung folgst", und „Ich vertraue darauf, dass du mit mir zusammen dein Bestes gibst." Mit diesem Vertrauen geht oft einher, Geld und Gut in einen Topf zu werfen. Das Paar entscheidet sich dann vielleicht, ein Haus zu kaufen. Oder Kinder zu haben. Idealerweise vermindern sich dabei Eifersucht und Besitzdenken, aber achte darauf, dass ihr darüber miteinander in Kontakt bleibt. Eine kristallklare Übereinkunft zum Thema Monogamie/Pluralismus sollte zu diesem Zeitpunkt getroffen sein. Verbundenheit ist ironischerweise das erste Stadium, in dem eine „offene Beziehung" auch nur entfernt möglich ist, da diese auf ganzen Vertrauensgebirgen gründen muss. Vielleicht ist das Paar jetzt mutiger, in der Öffentlichkeit zu der Beziehung zu stehen oder ein Coming-out der Familie oder Bekannten, KollegInnen und FreundInnen gegenüber zu verwirklichen. Vielleicht möchten die beiden ihre Verbundenheit auch mit einem Vereinigungsritual feiern.

Das Wundervolle an der Verbundenheit ist, dass sie viele Energieknoten löst und „uns" befreit, so dass wir vergnügt du und ich sein und die Gaben einer jeden von uns innerhalb einer stabilen Struktur zur Blüte bringen können. Sie verleiht uns auch die Freiheit, etwas über uns zu lernen, statt uns ständig zu schützen. Wir können uns sicher sein, dass es nicht „zu Ende" ist, wie schwierig es zwischen uns auch zeitweilig sein mag. Wir fühlen uns eher in der Lage, uns aus dem Clinch zu lösen, einen Schritt zurückzutreten und unsere wirklichen Motive und Absichten zu untersuchen. Wir betrachten die verschiedenen Waffengattungen und Rüstungen, derer wir uns bedienen, um uns zu verteidigen oder die andere anzugreifen: Kontrolle (ich kriege sie, bevor sie mich kriegt); Anpassung (ausgelöst durch vergangene Ängste und Schuldgefühle, nicht als wirkliche Übereinstimmung); Gleichgültigkeit und Widerstand (eingefrorene Gefühle, sexuelle Passivität, Süchte). Wir halten inne und fragen uns: „Warum kann ein Thema solche inneren Konflikte aktualisieren? Wie können wir Licht in die Sache bringen?"

„Angesichts der Tatsache, wie gefährlich alles ist, ist nichts wirklich erschreckend." (Gertrude Stein) Die Gefahr besteht darin, die Partnerin und die Beziehung nach einigen Jahren der Verbundenheit als selbstverständlich zu betrachten. Wir vergessen, unsere harte Arbeit und unser glückliches Schicksal zu preisen und zu feiern. Um die Erstarrung deiner Beziehung zu vermeiden, kannst du noch einen Schritt weiter gehen und deine Liebe umwandeln in:

Stadium 5: Co-Creation

Co-Creation ist der Ausdruck für einen hochentwickelten Beziehungszustand, ein Begriff, der von der Therapeutin

Susan Campbell stammt und den sie in ihrem ausgezeichneten Buch *The Couple's Journey: Intimacy as a Path of Wholeness* prägte. Viele Lesben wurden von diesem Buch beeinflusst, auch wenn es einen heterosexuellen Einschlag hat und die Autorin nicht explizit auf lesbische Paare eingeht. Glücklicherweise sind die meisten Beziehungsfähigkeiten übertragbar. So ermutigt Campbell zu kreativem spirituellem Wachstum, eine Dynamik, die allen voll entwickelten lesbischen Beziehungen eigen ist. Co-Creation ist die „überschießende" Liebe. Eine Welt für zwei genügt nicht länger, die Liebesenergie zu erhalten oder aufzufüllen, und die Liebe des Paares fließt als ein Geschenk in die ganze Welt hinaus. Im Co-Creation-Stadium gibt es so viel Vertrauen und Harmonie in der Beziehung, dass die Frauen frei genug sind, etwas gemeinsam jenseits der Beziehung zu schaffen, während sie durch diese genährt und gestützt werden. So engagieren sich Frauen beispielsweise politisch, indem sie ein Frauenhaus oder ein Hospiz unterstützen, oder sie halten Workshops ab und vermitteln ihre Fähigkeiten weiter. Vielleicht entscheiden sie sich auch dafür, Kinder großzuziehen oder Bücher zu schreiben oder als Performancekünstlerin aufzutreten.

Co-Creation kann wunderschöne Sträuße von Nähe und Zufriedenheit in eine Beziehung bringen. Und Wiederauferstehung: Ein gemeinsames Projekt löst gewöhnlich einen weiteren Zyklus aus Erstem Erröten, Machtkampf, Akzeptanz und Inniger Verbundenheit aus. Mit jeder neuen Schleife der Spirale gelangt neue Vitalität, neues Wachstum in die Beziehung. Wenn ihr euch gemeinsam auf einen neuen Weg begebt, wirst du feststellen, dass du nicht *eine* Frau geheira-

tet hast, sondern ein ganzes Spektrum an Persönlichkeiten –
und sie wird dasselbe merken. „Indem wir uns selbst wech-
selseitig miteinander verbinden, verbinden wir uns mit dem
Unbekannten." Daraus abgeleitet ist *Lady Clitoressas Drittes
Gesetz der Beziehungen: Du bist jeden Tag gefordert, eine neue
Frau lieben zu lernen.*

Susan Campbell und weitere BeziehungsforscherInnen haben herausgefunden, dass erfolgreiche, glückliche Langzeit-
beziehungen – gleichgültig, welche Farbe auf dem sexuellen
Kaleidoskop gewählt wird – eines gemeinsam haben: die spirituelle Suche. Beide Partnerinnen glauben ab irgendeinem
Niveau, dass ihre Beziehung ein gemeinsamer Pfad des
Erwachens ist, eine spirituelle Reise des Wachstums, der
Selbsterkenntnis und Kreativität. Jede Frau erkennt, dass
ihre Partnerin ein besonderer Guru ist, eine Lehrerin, die ihr
ihre Muster und Konflikte ebenso zurückspiegeln kann wie
ihre göttlichen Strahlen. Sie begreift, dass die Machtkämpfe
in der Beziehung Reflexionen ihrer eigenen begrenzten Identität und ihrer selbstbegrenzenden Einstellungen sind, sofern
sie es nur wagt, tiefer einzusteigen und genauer hinzusehen.
Lady Clitoressa sagt, wann immer wir über „die Beziehung"
reden, reden wir über uns selbst in einer anderen Form.

Sie bittet uns, die Fähigkeiten aufzulisten, die wir entwickeln müssen, um eine erfüllende Beziehung zu schaffen,
und stellt fest, dass es allesamt Fähigkeiten sind, die auch
spirituelles Wachstum fördern: tägliches Üben bzw. Praktizieren; der Glaube an ein Schicksal oder Zuversicht auf der
„Reise"; Mitgefühl; Geduld; die Fähigkeit, Schwierigkeiten zu
meistern; Humor; die Fähigkeit zu vergeben; Wahrheitssuche.
Lesbische Partnerinnen, die eine gemeinsame spirituelle

Praxis teilen, ob es sich um katholische Befreiungstheologie oder Sufismus oder die Anbetung der Göttin handelt, benutzen ihre spirituellen Techniken, um offen füreinander zu bleiben sowie Raum und Distanz zu schaffen, wenn die Dinge schwierig werden und scharfe Ecken und Kanten bekommen. Co-Creation ist eine unterstützende, hilfreiche Dynamik. Ihr Ziel ist es, jede Partnerin darin zu befördern, das beste menschliche Wesen zu werden, das sie nur sein kann.

Vielleicht muss sich Liebe nicht auf eine besondere Person richten; vielleicht ist sie einfach ein Charaktermerkmal, Herzensbildung. Eine Beziehung ist vielleicht einfach nur ein Pfad zur Erleuchtung – ein Pfad, der nicht für alle da ist –, aber einer, der wie Elternschaft das Spirituelle zu einer nicht „abgehobenen" Praxis im Hier und Jetzt macht. Das Co-Creation-Stadium universeller Liebe ist eine nie endende Reise, während der das Leben den Pfad des Gewöhnlichen verlässt.

Margaret C. Anderson, die beeindruckende lesbische Philosophin, war eine großartige „Co" in jeder ihrer drei Langzeitbeziehungen. Hier spricht sie von ihrer zweiten großen Liebe, der berühmten Sängerin Georgette Leblanc. Ihre gemeinsame spirituelle Praxis war begründet in den Lehren von Gurdjieff:

„Ich spürte es sofort – als würde mir eine Prophezeiung offenbart: ‚Da ist etwas Vollkommenes in ihrer Seele.' Fünfundzwanzig Jahre lang sah ich nichts, was Georgette Leblanc tat, nichts, was sie sagte, das nicht dieser Vollkommenheit entsprang. Es ist eine Eigenschaft, so glaube ich, die im kreativen Geist entsteht. Indem ich mein Vertrauen in diese Eigenschaft setzte, spürte ich: Was immer auch sein würde, das Beste an mir (oder sogar das Schlimmste) konnte von Georgette niemals missverstanden werden. Und so war es auch. *Sie gab mir immer das Gefühl, es sei etwas Vollkommenes in mir.* Ich konnte dafür nie dankbar genug sein. Da sie daran glaubte, musste es so sein. Solange sie lebte, hatte ich das Gefühl, stets zu lächeln."

Liebes- und Partnerschaftsvereinbarungen

Wenn die glamourösen, welterfahrenen lesbischen Damen im Europa der zwanziger und dreißiger Jahre wie etwa Margaret C. Anderson, Lady Troubridge oder Janet Flanner uns Kopien ihrer „Vereinbarungen" überlassen hätten, wären wir glamourösen welterfahrenen Lesben von heute wohl nicht so zögerlich, wenn es darum geht, persönliche Vereinbarungen schriftlich festzuhalten. Solche schriftlichen Aufzeichnungen der persönlichen wechselseitigen Verpflichtungen können den guten Willen und die Freundschaft, ja das Wohlbefinden in einer Beziehung erhalten, und das ist schließlich nicht zu unterschätzen. Ohne jedwede Art von „Liebes- und Partnerschaftsübereinkunft" plätschert eine Beziehung oft einfach dahin und wird vom Schicksal in diese oder jene Richtung dirigiert. Dies kann dazu führen, dass eher Krisenmanagement betrieben wird, anstatt Schritte zu unternehmen, die den wirklichen Bedürfnissen des Paares entsprechen. Wenn ihr nicht versteht, was jede von euch wirklich braucht, dann werdet ihr Zufallsentscheidungen treffen und riskieren, euch gegenseitig zu verletzen. Ohne explizite Vereinbarungen kann es überdies auch eine ganze Menge „geheimer Vereinbarungen" geben. („Ich erwarte von dir, dass du deine Wochenendpläne mit mir abstimmst, und ich werde dasselbe tun. ") Solche unausgesprochenen Absprachen werden zu Problemen, wenn sie gebrochen werden, und keine weiß so recht, warum sie sich schlecht fühlt.

Mit schriftlichen Vereinbarungen meinen wir nicht die juristischen Dokumente, die von klugen lesbischen Rechtsanwältinnen verfasst werden, um eure Beziehungen, eure Gesundheit und euer Eigentum dem marodierenden Patriarchat zu entziehen – davon handelt der nächste Abschnitt dieses Kapitels. Hier soll ein Tusch erklingen für die hausgemachten schriftlichen Vereinbarungen, die dazu da sind, größere Klarheit in eure einzigartige Partnerschaft zu bringen und sie davor zu schützen, dass sich mal die eine, mal die andere auf eine bequeme Gedächtnislücke oder stillschweigende Annahmen beruft. Es handelt sich hier um Gentlewomen's Agreements, die nicht vor Gericht einklagbar sind, nur im Namen der Liebe. Vereinbarungen basieren im wesentlichen auf Ehrlichkeit und gutem Willen; ohne diese sind sie – gleichgültig, wie ausführlich oder wohlbedacht sie verfasst werden – Makulatur und werden nie funktionieren. Unrealistische Ziele aufzustellen oder nicht offengelegte Vorbehalte bringen die Beziehung später in große Probleme und machen alle Beteiligten letztlich wütend. Verfasst die beste, ehrlichste Vereinbarung, die euch nur möglich ist, aber besteht nicht auf einem „Alles oder nichts"-Dokument. Vereinbarungen können im Laufe der Zeit weiter verfeinert werden und mit euch wachsen.

Anders als rechtswirksame Dokumente können solche Liebes- und Partnerschaftsvereinbarungen schlicht oder romantisch oder geistreich oder poetisch gehalten werden, vielleicht sogar in Regenbogenglitzerfarben. Sie sollten allerdings folgende Kriterien erfüllen: Sie müssen klar sein wie eine Glocke, spezifisch wie ein Haiku und dem Wachstum beider dienen. Solche Vereinbarungen sind wahrscheinlich am wichtigsten, wenn ihr zusammen wohnt, können aber auch schon Kummer vermeiden, wenn sie in einem frühen Stadium der Beziehung entwickelt werden. Sie können die Liebe nicht mindern; sie sind im Grunde ein konkreter Ausdruck dafür. Wie ein abgelegter Eid können sie euch in schweren Zeiten helfen, euer Durchhaltevermögen zu stärken. Doch der beste Grund dafür, Liebes- und Partnerschaftsvereinbarungen aufzustellen, liegt in dem Akt selbst, nämlich sich gemeinsam hinzusetzen und sich auf die konkreten Schritte zu konzentrieren, wie eine glückliche Beziehung geschaffen werden kann, die gegenseitigen Respekt und wechselseitiges Verständnis fördert.

Hier sind die wichtigsten Punkte, die in solchen Vereinbarungen enthalten sein sollten:

1. die Zuordnung von Einkommen und Besitz
2. die Eigentumsverhältnisse bei größeren gemeinsamen Anschaffungen
3. die Aufteilung der Hausarbeit und der Kosten für die Lebenshaltung
4. Absprachen über sexuelle Treue
5. Absprachen über die Lebensgestaltung: Zeit und Freiraum; Urlaub; FreundInnen und Familie; gemeinsame Projekte; Karrierepläne
6. Kinder

7. Regelungen bei Streitigkeiten
8. Mögliche Trennung. Wenn ihr das Thema bereits als „Jung-
   vermählte" behandelt, wird es sich später vielleicht nicht
   zu einer Katastrophe ausweiten. Derartige Überlegungen
   mögen euch vielleicht nicht behagen, doch die Diskussion
   kreist bei Trennungen hauptsächlich um materielle Themen,
   die ihr jetzt noch einigermaßen ruhig entscheiden könnt,
   da ihr vom Auge des Sturmes weit entfernt seid.

Jede von euch sollte sich genügend Zeit nehmen, ihre Bezie-
hungsziele zu klären und zu überlegen, an welchen Punkten
sie Kompromisse eingehen kann und wo keinesfalls. Es empfiehlt sich, einfache, liebevoll formulierte Vereinbarungen zu
treffen; lasst sie nicht wie ein Strafregister klingen. Sie sind
euer Glückspfand, gekleidet in einige nützliche Regeln. Wür-
det ihr ohne Regeln Tennis spielen? Revidiert eure Vereinbarung entsprechend den Situationen, in die ihr geratet
und die nach Klärung verlangen; meißelt nicht alles sofort in
Stein. Und vergesst nicht, die Unterzeichnung eurer Übereinkunft in regelmäßigen Abständen zu feiern. Sie ist die große Bestätigung, dass ihr genug Liebe füreinander empfindet,
um wirklich euer Bestes zu versuchen.

ZUM BEISPIEL: DIE LIEBES- UND PARTNERSCHAFTSVEREINBARUNG
VON TENNESSEE UND WELLESLEY

Da wir so wenig Zeit haben, bevor wir in die Ewigkeit hin-
ausfliegen, und weil wir möglicherweise wieder hier vorbei-
kommen und alles erneut erleben müssen, was wir diesmal

nicht gelernt haben, verpflichten wir uns hiermit zu wechsel-
seitiger Evolution im Hier und Jetzt unserer Liebe. Wir unterstützen einander darin, die besten Menschen zu werden,
die wir nur sein können. Da wir ausdrücklich wünschen, voller
Lachen und Liebe zusammenzusein, stimmen wir in folgen-
dem überein:

1. Freundlich und zuvorkommend zu sein, oder wenn wir das
   nicht können, den Mund zu halten oder allein in unserem
   Zimmer vor uns hin zu brüten, bis wir freundlich und zuvorkommend sein können.
2. Unser Leben getrennt voneinander so redlich und fried-
   lich zu führen, dass wir unsere Fähigkeiten stärken, füreinander da zu sein, wenn wir zusammen sind.
3. Arbeitssüchtige bleiben draußen vor der Tür; das gleiche
   gilt für Dope-AnhängerInnen und Halbwelt-Damen.
4. Sich auf keine Liebschaft einzulassen, für die die andere
   nicht bereit ist, außerdem weder zu oft noch auf Kosten der
   gemeinsamen Zeit. Uns als Hauptliebespaar gehört die
   wichtigste Zeit: Wochenenden, Feiertage, Geburtstage,
   Urlaub.
5. Tennessee wird von allen Affären erfahren, die Wellesley
   nebenher hat. Wellesley hingegen erwartet von Tennessee,
   ihre Affären absolut diskret zu behandeln und nur von
   ihnen zu erzählen, wenn sie danach gefragt wird.
6. Wir wenden unsere „Richtlinien für faires Streiten" an,
   wenn Konflikte auftreten, oder wir gehen so lange um den
   Block, bis wir sie anwenden können. Wir entzünden eine
   Kerze auf dem Altar unserer Verbundenheit, um die harten Zeiten so kreativ und gewaltlos, wie wir nur können,

durchzustehen. Wenn eine Trennung droht, suchen wir eine Paarberaterin auf, bevor wir schwerwiegende Entscheidungen treffen.

7. Wir fahren mindestens einmal im Monat zu einem romantischen Wochenende aufs Land.
8. Wir haben mindestens einmal in der Woche ein abendliches „Rendezvous" miteinander.
9. Wir respektieren die Arbeitszeit der anderen und die Zeit, die sie für sich selbst braucht.

Des weiteren stimmen wir darin überein, folgendes *nicht* zu tun:

1. Etwas für selbstverständlich zu halten; statt dessen wollen wir lernen, uns über unsere Wünsche, Bedürfnisse und Sehnsüchte klar miteinander zu verständigen.
2. Schmutziges Geschirr herumstehen zu lassen.
3. Eine Spur aus persönlichen Gegenständen in gemeinsamen Räumen zu hinterlassen.
4. Uns in Angelegenheiten der anderen einzumischen, die uns selbst nicht direkt betreffen.
5. „Nebenfrauen" mit nach Hause zu bringen oder von zu Hause aus mit ihnen zu telefonieren.
6. Nörgeln, da wir uns zusammengetan haben, um miteinander zu tanzen.

Weiterhin vereinbaren wir:

1. Jede zahlt am ersten Tag eines jeden Monats 500 Dollar in die Haushaltskasse ein. Ohne Ausnahme. Ausnahmen kosten zehn Dollar pro Tag. Ohne Ausnahme.
2. Keine von uns lebt auf Kosten der anderen.

181

3. Tennessee kauft meistens ein, macht sauber und pflegt den Garten, weil sie so hohe Ansprüche und einen grünen Daumen hat. Wellesley kocht meistens, weil sie das als Feinschmeckerin so gut kann. Wellesley führt die Haushaltskasse und bezahlt die gemeinsamen Rechnungen, weil sie Zahlen liebt und diese sie.

4. Wir erkennen an, dass jede Partnerin bestimmte Gegenstände in die Beziehung eingebracht hat und auch behält.

5. Wir schreiben alle Anschaffungen und Geschenke über 50 Dollar auf.

6. Falls wir uns trennen sollten, behält Tennessee unsere Wohnung und die Katzen. Wellesley hat das Vorkaufsrecht, wenn gemeinsam angeschaffte Güter verkauft werden sollen; werden sie anderweitig verkauft, behält sie den Erlös. Dies gilt nicht für unsere Kunstwerke und Sexspielzeuge. Diese vermachen wir dem feministischen Altersheim in Milledgeville, Georgia, in Erinnerung an unsere einst so großartige Liebesbeziehung.

7. Wir müssen nicht die ganze Zeit ausschließlich Spaß miteinander haben, aber jede von uns wird versuchen, so viel Leiden wie möglich loszulassen.

Feierlich, hoffnungsvoll und in Sinnesfreude unterzeichnet
am 15. Oktober 1989
von

Jordan Wellesley und *Tennessee Strond*
in Liebe   in Liebe

Wo ein Wille ist ...

Wo kein letzter Wille ist (und keine eingetragene Lebens-
partnerschaft) und du stirbst, kann deine Herkunftsfamilie in
dein Heim eindringen und es ausräumen. Zum Teufel mit
deiner Liebsten, mit der du seit fünfzig Jahren zusammengelebt hast. Solange du aber nicht stirbst – schließlich bist du
ja die unsterbliche Lesbe –, hast du in dieser Hinsicht keine
Probleme, stimmt's? Falsch. Wenn du unheilbar krank wirst,
kann deine Familie dich an Maschinen anschließen lassen
und zwangsernähren oder in ein Pflegeheim stecken, das
tausend Kilometer von deiner Liebsten und deinen FreundInnen entfernt ist. Wenn du dann das Glück haben solltest zu
sterben, kann es dir passieren, dass du auf einem christlichen
Friedhof landest, statt dass deine Asche in einer feierlichen
Zeremonie von deinen Zen-buddhistischen FreundInnen
beerdigt wird. Denk daran, wer immer das Buch der Liebe
schrieb, schrieb auch das Buch des Todes. Wenn du deine
Beziehung ernst nimmst, lass deine Liebste nicht in tiefem
Kummer *und* Schlamassel zurück. Jede unverheiratete Lesbe mit Kindern, die noch kein Testament gemacht oder eine
sonstige rechtswirksame Verfügung verfasst hat, wird hiermit aufgefordert, dieses Buch sofort zuzuschlagen, einen
Babysitter für die Kinder zu suchen und eine Rechtsanwältin
damit zu beauftragen, die Papiere fertig zu machen. Sollte
die Mutter nämlich nicht mehr in der Lage sein, sich um ihre
Kinder zu kümmern – sei es durch Tod oder eine schwere
Krankheit –, kann der Staat entscheiden, wer sich um den
Nachwuchs kümmern soll – was diesen vielleicht todunglück-
lich macht. Viele von uns sind fröhliche Anarchistinnen und

verabscheuen die Vorstellung, dass sich der Staat oder auch unsere Herkunftsfamilie, von der wir uns vielleicht entfremdet haben, sich in unsere intimen Angelegenheiten einmischt. Warum sollten wir staatlichen Institutionen oder anderen Menschen im Tode eine Macht geben, die wir ihnen zu Lebzeiten nie zugestanden hätten?

Allein in Lady Clitoressas Kreis sind zwei schreckliche Ereignisse vorgefallen, weil die betreffenden Lesben Anne Sextons Rat nicht befolgt haben, „ihren Tod wie Zimmererfrauen aufzubauen". Als eine Lesbe an Krebs erkrankte und im Sterben lag, tauchte ihre Familie auf, mit der sie eigentlich keinen Kontakt mehr hatte, und verbannte ihre Liebste aus dem Hospiz. Sie besorgten sich die entsprechende Vollmacht, und durch die Unterschrift des Vaters wurde die Gütergemeinschaft der beiden Liebenden, in der diese seit elf Jahren lebten, hinfällig. Als die krebskranke Frau starb, erhoben die Eltern Anspruch auf die Hälfte des Hauses, zu dessen Erwerb sie keinen Pfennig beigetragen hatten und in das sie nicht einmal auch nur zum Abendessen eingeladen worden waren. Sie verlangten, dass die Partnerin ihrer Tochter das Haus verkaufte und ihnen die Hälfte des Erlöses auszahlte. Sie wären damit niemals durchgekommen, wenn ihre Tochter ein Testament gemacht oder eine anderweitige rechtswirksame Verfügung getroffen hätte.

Im zweiten Fall starb eine unserer Freundinnen, und wir alle wussten, dass ihr beträchtlicher Nachlass an eine Künstlerinnenvereinigung gehen sollte. Obwohl sie sogar ein Buch veröffentlicht hatte, in dem sie ihre Vorstellungen beschrieb, hatte sie keine rechtswirksame Verfügung verfasst. Nach ihrem Tod tauchten zwei findige Rechtsanwälte auf ihrem

Anwesen auf, veräußerten dieses und jenes, nicht ohne beträchtliches Honorar zu verlangen, und legten den Erlös in Ferieneinrichtungen unter ihrem eigenen Namen an. (Selbstverständlich wollten sie einige Künstlerinnen auf Partys dorthin einladen.) Die Freundinnen der lesbischen Frau investierten sehr viel Geld und Zeit darin, ihrerseits Rechtsanwältinnen damit zu beauftragen, zu verhindern, dass der Nachlass weiter geplündert wurde, doch jetzt, drei Jahre später, wird die Sache immer noch vor Gericht ausgefochten. Es ist unklar, ob vom Nachlass unserer Freundin überhaupt noch etwas übrigbleiben wird, nachdem die Schlacht geschlagen ist. Mittlerweile streiten sich die RechtsanwältInnen und der Staat, während die Künstlerinnen am Hungertuch nagen.

Viele Lesben wissen, dass auch die berühmte lesbische Lebensgemeinschaft von Gertrude Stein und Alice B. Toklas der Homophobie und Gier der Steinschen Verwandten nicht entging. Da diese sonst so klugen Frauen ihre Hinterlassenschaft nicht geregelt hatten, wurde Gertrude Steins künstlerischer Nachlass, ja sogar die Wohnung Alice weggenommen, was nicht nur ihre Trauer mehrte, sondern sie auch in eine desolate finanzielle Lage stieß.

Der berüchtigtste US-amerikanische Fall unserer Zeit, in dem es um die Grausamkeit von Verwandten gegenüber lesbischen Partnerinnen geht, ist der Fall Sharon Kowalski/ Karen Thompson. Bei ihnen muss es sich auch um die größte Liebesgeschichte des Jahrhunderts handeln. Die entsetzliche Tragödie und der Heldinnenmut dieser beiden Liebenden sollten jede Lesbe dazu veranlassen, sofort rechtswirksame Verfügungen für den Fall von Krankheit und Tod zu treffen. Sharon Kowalski wurde 1983 von einem betrunkenen Autofahrer überfahren, woraufhin sie gelähmt und mit einem Hirnschaden in ein Pflegeheim kam. Seither kämpft ihre Partnerin Karen Thompson vor Gericht mit Sharons Eltern um das Besuchsrecht und um das Recht, sich um Sharon zu kümmern. Sharons Eltern schrieben ihre Tochter einfach als „hirntot" ab und verzichteten darauf, die Versicherung in Anspruch zu nehmen, die ihr Rehabilitationsmaßnahmen ermöglicht hätte. Karen hat Tausende von Dollar an Spenden gesammelt, um vor Gericht weiterzukämpfen, und ist kreuz und quer durch die USA gereist, um uns davor zu warnen, was passieren kann, wenn wir die Möglichkeit einer Behinderung nicht in unsere Pläne einbeziehen. Ihre bewundernswert mutige Lebensgeschichte hat sie aufgezeichnet *(Why Can't Sharon Kowalski Come Home?)*. Es empfiehlt sich, diese Geschichte zu lesen und anschließend sofort eine Rechtsanwältin aufzusuchen, um ein Testament beziehungsweise eine Patientin-Verfügung aufzustellen.

Ich selbst nahm mir schließlich einen Feiertag, um mir die folgende Frage zu beantworten: Bin ich bereit zu sterben? Sich einmal auszumalen, wie es sein würde, „wenn ich nicht mehr unter euch weile", ist eine bemerkenswerte und lohnende Erfahrung. Du wirst sehen: Niemals ist dir das Leben süßer erschienen. Ich machte eine Aufstellung all dessen, was ich zu hinterlassen hatte, und begab mich an die Aufzeichnung eines Testaments, setzte ein Gremium ein, das meinen Nachlass verwalten würde, und stellte meine Patientin-Verfügung auf. Nachdem ich die Dinge so aufgezeichnet hatte, wie ich sie wollte, beauftragte ich eine kluge lesbische Rechtsanwältin, alles noch einmal durchzusehen und in juristisch verbindliche Worte zu kleiden. Welche Kosten auf diese Weise auch immer entstehen mögen, am besten betrachtest du ein Testament und eine Verfügung im Krankheitsfalle als Versicherungspolicen, die sich heute in Form von Seelenfrieden auszahlen und später in Liebesdividenden. Überlege auch einmal, ob du nicht eine Lebensversicherung abschließt und deine Liebste darin als Begünstigte einsetzt. Damit erkaufst du ihr die Zeit, ihre finanziellen Verhältnisse in Ruhe zu ordnen, wenn ihr vorher gemeinsam gewirtschaftet hattet.

Wenn ich davon spreche, dass ich einen letzten Willen „aufgezeichnet" habe, dann ist das durchaus wörtlich gemeint. Mein letzter Wille ist mit Bildern versehen und in vielen Farben gemalt. Er enthält sogar ein paar großartige Zeilen, wenn ich selbst das mal sagen darf. Es ist ausgesprochen befriedigend, den eigenen Nachruf zu verfassen und das eigene Begräbnis zu planen. Ich überlegte sogar, ob ich nicht einen schlicht-eleganten Kiefernsarg kaufen sollte, um mich bereits zu Lebzeiten daran zu erfreuen (und vielleicht alte Liebesbriefe darin aufzubewahren?) und ihn als *memento mori* zu betrachten (keine Zeit zu verlieren!). Eine Freundin von mir kaufte sich einen solchen Sarg nur seines Designs wegen; er passt einfach großartig zu ihren Möbeln. Ich hingegen beschloss statt dessen, mich verbrennen zu lassen, nachdem ich vorher meine Organe gespendet haben würde. Auch dabei gilt es, größte Sorgfalt walten zu lassen. Eine Beerdigung kann eine teure Lebensangelegenheit sein. Denk auch daran, eine Kopie deines Testaments an deine nächsten Verwandten zu schicken, selbst wenn du sie nicht besonders magst. Rechtsanwältinnen versichern immer wieder, die meisten Testamentsanfechtungen seien darauf zurückzuführen, dass der Inhalt des jeweiligen letzten Willens die Familienangehörigen völlig überrascht habe.

Eine weitere hübsche Idee ist es, ein Fest zu organisieren, zu dem du alle diejenigen einlädst, die du in deinem Testament begünstigt hast, sowie deine Nachlassverwalterinnen und diejenigen, die auf die Einhaltung deiner Patientin-Verfügung achten sollen, und eine Art vorgezogene Totengala zu veranstalten. Frag deine Gäste, was sie gern als Erinnerungsstück von dir hätten – du wirst überrascht sein. Vielleicht gibst du bereits jetzt einige deiner Besitztümer an Freundinnen, denen sehr viel mehr an ihnen liegt als dir selbst. Die Menschen werden dir so liebevolle Dinge sagen, wie du es dir nie hättest träumen lassen; sie werden dir versichern, wie sehr sie dich vermissen werden, und dich bitten, sorgsam auf dich achtzugeben. Du wirst dich in Licht gebadet fühlen und bereit sein, zu den Müttern zurückzukehren.

Was erinnert wird, lebt

Vergiss vor allem nicht, deine persönlichen Papiere, Briefe und sonstigen Erinnerungsstücke zu sammeln. Solche Unterlagen gehören als Meilensteine lesbischer Zivilisation in ein Archiv. Erinnere dich an die Wertschätzung und den Stolz, die du empfunden hast, als du die lesbische Leidenschaft in Emily Dickinsons Briefen und Gedichten entdeckt hast; das lesbische Sehnen der Anne Frank (das in ihrem veröffentlichten Tagebuch zensiert wurde); die erhellende, zärtliche Korrespondenz zwischen Eleanor Roosevelt und ihrer leidenschaftlichen Geliebten Lorena Hickok (3360 Briefe!). Oder mach's multimedia wie Madonna, die hoffentlich das Band ihrer Sendung aufgehoben hat, in der sie während einer Fernsehshow ihr Coming-out verkündete.

Nein, natürlich brauchst du keine Berühmtheit zu sein! „Lesbische Alltagspapiere", Aufzeichnungen, Audio- und Videokassetten sind nicht minder wertvoll für unsere Kultur. Wir sind das Salz der Erde. Es gibt so vieles, das wir von unseren tapferen Ahninnen gelernt haben könnten. Jetzt sollen unsere Aufzeichnungen eine Mutter sein, die unsere Töchter anleiten kann. Lasst uns niemals mehr zulassen, dass unsere Geschichte ausgelöscht oder von Homophoben umgeschrieben wird. Nie mehr Sappho in Fragmenten. Noch tragischer als die Zensur ist, dass ein Großteil der lesbischen Geschichte verlorengegangen ist, weil keine daran gedacht hat, dass sie vielleicht wichtig genug sein könnte, um bewahrt zu werden – das gilt im Grunde für die ganze weibliche Geschichte. Die unglaublich vielfältigen Aktivitäten lesbischer Frauen im Deutschland der Weimarer Republik zum Beispiel sind nur sehr fragmentarisch überliefert. Der Grund, warum wir soviel über die exquisiten lesbischen Salons im Paris der Vorkriegszeit wissen, besteht darin, dass Fotos, Schriftwechsel sowie Zeitungen und Zeitschriften erhalten geblieben sind – und archiviert! Was wäre, wenn sie auch Heimvideos gedreht hätten?

Sammle deine wichtigen Unterlagen in Kisten und schütze sie vor den Feinden der Geschichte: Feuchtigkeit und Sonnenlicht. Zeitungsartikel solltest du fotokopieren, da sie sich aufgrund der Papierbeschaffenheit sonst nach und nach auflösen. Du solltest alles mit einem Datum versehen und bezeichnen, besonders Fotos, wobei du notierst, wer wer ist und wer mit wem zusammen ist, um den Klatsch und Tratsch anzuregen. Was ist Geschichte anderes als Klatsch mit einer langen Halbwertzeit? Sorg dafür, dass deine Nachlassverwalterin weiß, dass du Wert darauf legst, deine Unterlagen und Papiere der Nachwelt zu erhalten, genauso wie du es in deinem letzten Willen festgelegt hast. Sprich mit einer lesbischen Archivarin oder Bibliothekarin, unseren großartigen gelehrten Hexen. Sie können dir vielleicht dabei behilflich sein, deine Papiere in einem geneigten Archiv unterzubringen. (Und wenn du ein paar Mark übrig hast, spende sie – jetzt *und* später – für die Einrichtung und/oder den Erhalt eines regionalen, nationalen oder internationalen lesbischen Archivs.) Mich bewog der Gedanke an ein Archiv dazu, meine Tagebücher durchzusehen, einige schlecht verfasste Lebensgeschichten zu überarbeiten und mich anschließend an die Verwirklichung einiger Pläne zu begeben, die ich schon sehr lange hegte ...

Lasst uns mit der Dichterin Stevie Smith lächeln: „Das Leben mag trügerisch sein, aber auf den Tod kannst du dich verlassen." Sicher, du kannst den Tod nicht überlisten, aber wenn du vorausplanst und ihm seinen Respekt erweist, kannst du Spaß daran haben. Ist Tod nicht einfach nur ein anderer Lebensstil?

VI. Fairer Kampf:

Wie sich friedlich streiten lässt

Wut: Ob es sich um das „hochdezibele", nervenzerrüttende Drama handelt oder die stumme Raserei mit zusammengepressten Lippen – aufgestauter Groll fordert seinen Preis. Dieser aufgestaute Groll ist ein weiteres machtvolles Merkmal, das wir vom Patriarchat übernommen haben. Als Lesben versuchen wir, ein weniger umweltverschmutzendes Verfahren zu entwickeln, mit unserem Zorn umzugehen. Die Ladies sagen: Es ist sinnvoll, um einen fairen Kampf zu kämpfen, schließlich ist Liebe nicht „Kriegführen mit anderen Mitteln", sondern Liebe ist das andere Mittel, durch das sich Frieden ausdrückt.

Lesben, die eine erfolgreiche Beziehung leben, hören niemals auf zu kämpfen. Warum sollten sie auch? Sie sind zwei Menschen, nicht zwei geklonte Wesen; natürlich haben sie widersprüchliche Bedürfnisse, Ansichten und Erwartungen, die sie miteinander aushandeln müssen. In erfolgreichen Beziehungen sind die Partnerinnen jedoch elegante, keineswegs hilflose Kämpferinnen. Elegante Kämpfe beruhen auf Autonomie, Flexibilität und Mitgefühl, nicht auf zerrütteten Egos, Verzweiflung und Unsicherheit. Faires Kämpfen will außerdem geübt sein, denn das „Kämpfen ohne Schwert" ist nur durch fleißige Fechtübungen erlernbar. Die Frage ist, wie wir mit den Konflikten umgehen, die wir in uns tragen. Wirst du deine Partnerin in die Enge treiben, wo sie, ihrer Würde beraubt, für „technisch k.o." erklärt wird und du zur „Gewinnerin" (für eine gewisse Zeit)? Oder betrachtest du Konflikte als einen Hexenkessel schweigend köchelnden Grolls, der zu einem dich vergiftenden Gebräu wird?

Wie wär's mit einem klügeren Weg? Konflikte können sich als hilfreich erweisen, wenn es darum geht, einen lebbaren, vergnüglichen Pfad zu entwickeln, den ihr gemeinsam beschreiten könnt; sie können auch Gelegenheit bieten, sich unrealistischer und einengender Annahmen zu entledigen, und statt dessen ein Gefäß zu füllen, in dem sich Wahrheit herauskristallisiert. Lesben können auf eine Tradition der gewaltlosen Konfliktlösung und aktiven Friedensstiftung zurückblicken. Wir wissen intuitiv, dass der männliche Weg, Gewalt mit Gewalt zu beantworten, nur zu Hoffnungslosigkeit und letztlich zum Tode führt. Viele amerikanische Anti-Kriegs-Organisationen wurden von lesbischen Frauen gegründet. Wenn wir ein mörderisches System gewaltlos und mit Würde bekämpfen können, dann können wir sicherlich auch mit unseren Liebsten einen sauberen Kampf ausfechten. Wut mag eine natürliche Reaktion sein – die Art und Weise, sie zum Ausdruck zu bringen, wird jedoch gelernt.

Vielleicht ist es ratsam, die Wut als solche einmal zu betrachten. Wut kann – anders als schwierige Gefühle wie Verzweiflung und Trauer – unmittelbar Energie spenden. Manchmal kann nichts anderes als Wut positive Veränderungen in Gang setzen, um Lügen und Missbrauch mit Mut und Entschlossenheit zu begegnen. Wut ist eine ebenso neutrale Kraft wie das Feuer, das dein Haus wärmen oder es abbrennen kann. Wir alle brauchen das Feuer der Wut, um zu begreifen, dass etwas – vielleicht wir selbst – wieder ins Lot gebracht werden muss. Die Herausforderung besteht darin zu lernen, mit der Wut zu tanzen, nicht von ihr verzehrt zu werden. In ihrem Buch *Wohin mit meiner Wut?* beschreibt Harriet Goldhor Lerner ausgezeichnet, wie du dich von deiner Wut „erholen" kannst. Wir können Einfluss darauf nehmen, wie Wut sich in uns auswirkt, und lernen, sie effektiv auszudrücken.

Etliche der Langzeit-Paare in Lady Clitoressas Kreis sind elegante Fechterinnen. Mir fiel auf, dass sie selten in Gegenwart anderer streiten. („Das wäre kein Streit, sondern ein Auftritt.") Wenn sie es doch tun, geschieht es sauber und ist so schnell vorüber wie ein Sommergewitter, gefolgt von klarem blauem Himmel. Ich fragte mich, ob sie so etwas wie einen Nichtangriffspakt hätten. „O nein", sagte Harmony, eine der taktvollsten Streiterinnen, der ich je begegnet bin. „Wir kriegen uns regelmäßig in die Haare. Wir sind so verschieden." Dann erklärte mir Harmony ihren *modus operandi*.

„Wie du weißt, ist meine Partnerin ein E.K.F., das erwachsene Kind einer Feministin. Sie ist impulsiv, redegewandt und blüht bei Kontroversen und Streitereien geradezu auf. Sie ist schlagfertig, logisch wie eine Schachspielerin und eine Expertin in Sachen Ironie. Als Rechtsanwältin übt sie sich jeden Tag im Streiten. Dabei legt sie die Fakten ohne Umschweife großzügig in ihrem Sinne aus. Ich dagegen bin eine Mimose. Ich kann das alles überhaupt nicht. Ich hasse es, mich zu streiten. Mein Kopf wird ganz leer, meine Handflächen werden feucht, und ich sehne mich dann tausend Meilen fort an einen ruhigen See. Wie viele Frauen habe ich gelernt, zaghaft und vage zu sein, meine Rolle darin zu sehen, für andere dazusein und selbst keine Bedürfnisse zu haben. Als wir unsere ersten Konflikte hatten, gab ich gleich auf, lenkte ein, schluchzte und schmollte und fraß meinen Kummer in mich hinein. Ich tat alles, um sämtliche Konflikte für immer zu beenden. Bei dem Versuch, meine Wut zu unterdrücken, wurde mein Selbstwertgefühl immer kleiner. Das meiner Liebsten dagegen war kaum angekratzt. Schließlich stellte ich fest, dass diese Vorgehensweise idiotisch war. Ich konnte Konflikte nicht unterdrücken, die sich ganz natürlich immer wieder ergaben. Und weiter dämmerte mir, dass ich im Kampf gegen meine schöne Samurai nicht gewinnen konnte – ihn aber auch nicht *verlieren* musste. Es erforderte einzig, präsent zu bleiben und zu lernen, so sauber zu kämpfen, wie ich nur konnte. Es geht nicht darum, zu gewinnen, sondern sorgfältig zu zielen. Ich stellte fest, dass sie eigentlich gar kein so mächtiges Schwert besaß; ich gab es ihr erst in die Hand durch meine irrationale Furcht vor Wut und Macht. Als ich mich erst einmal von der Idee verabschiedet hatte, dass ich ,gewinnen' musste, begann ich, lockerer zu werden. Ich griff einige Techniken auf, die mir halfen, mich nicht in eine Opferrolle zu begeben und die Ruhe und meinen Respekt vor mir selbst zu bewahren, und gewöhnlich bekomme ich heute, was ich brauche.

Vor allen Dingen ist mir aufgefallen, dass es einige Sachen gibt, die zu wichtig sind, als dass sich über sie streiten ließe. Nummer eins ist Religion. Gleichgültig, ob du eine glühende Gläubige oder glühende Atheistin bist – zügele dich. Jede hat das Recht auf ihr persönliches spirituelles Leben! Nummer zwei betrifft das Thema Kinder. Hier gibt es keinen Kompromiss – ein halbes Kind? Und schließlich der alte Zankapfel Monogamie/Pluralismus – ein Energiefresser von den Ausmaßen eines schwarzen Lochs. Besser ist das Motto: Lieben und lieben lassen.

Über alle anderen Themen lässt sich streiten, besonders über die ‚kleinen Dinge des Alltags‘, bevor sie sich zu großen Problemen aufblähen und schwären wie eitrige Wunden. Macht das Streiten lustvoll. Duelliert euch in der Sonne. Friss deinen Ärger nie in dich hinein. Das macht dich nur verrückt, und du vergisst all die wunderbaren Eigenschaften deiner Partnerin, zum Beispiel, wie süß sie war, als dein Hund ihr gesamtes Plädoyer aufgefressen hatte. Keine meiner Beziehungen ist unter schweren Schlägen auseinandergebrochen; sie wurden nach und nach von angesammeltem Groll zerfressen. Es heißt, tausend Mückenstiche sind tödlich, oder mit den Worten von Edna St. Vincent Millay: *‚Nicht dass die Liebe schwand, nahm mir das Glück – doch dass sie fortging Stück für Stück.‘* Wenn du deinen Ärger nicht herauslässt und dich seiner entledigst, wirst du passiv-aggressiv, ‚vergisst‘ Dinge, kommst zu spät, stehst unter Strom oder strahlst gähnende Langeweile aus (eine Art ‚energielose‘ Feindseligkeit), oder du ziehst dich sexuell zurück. Unsere innere Intelligenz will Wut immer zum Ausdruck bringen. Aber auch eine tiefere Intelligenz braucht Formen, in denen wir den Ärger ausdrücken können, um zu bekommen, was wir brauchen. Wenn Wut in Gossensprache und lausiger Grammatik ausgedrückt wird, verändert sich nichts, außer dass die Feindseligkeiten eskalieren.

Als eine geschickte Technik hat es sich für mich erwiesen, niemals auf rhetorische Äußerungen zu reagieren, auf die sich die großen Streithennen der Geschichte, zu denen meine Liebste gehört, so gut verstehen. Rhetorische Äußerungen sind dramatische, wenn auch inhaltsleere Ausrufe wie ‚Du weißt genau, wie man ein Ei zerschlägt, nicht wahr?!‘, als ich einmal ein rohes Ei auf ihren Schuh fallen ließ. Jeder

Sarkasmus, jede Übertreibung und die meisten Analogien sind einfach rhetorisch gemeint. ‚Du klingst ja schon genau wie ...‘ – ‚Deine Idee ist etwa so intelligent wie der Versuch, Pfennige in einer Steckdose zu sparen.‘ Wenn du deine Zeit damit vergeudest, auf Rhetorik zu antworten, wirst du nie zum eigentlichen Thema vordringen. Rhetorik ist dazu da, dich zu piesacken – lass es nicht zu. Lächle einfach dein entwaffnendstes Lächeln, schließlich kennst du das wahre Geheimnis der Rhetorik. Sie wird dann glauben, dass du ihren Versuch, witzig zu sein, zu schätzen weißt. Kommt dann auf das eigentliche Thema zu sprechen oder beschließt, dass es zu trivial ist, um ernsthaft diskutiert zu werden.

Nicht nur solltest du durchschauen, was Rhetorik wirklich ist, du sollest auch versuchen, den Unterschied zwischen Meinung, Tatsache und Wahrheit im Kopf zu behalten, wenn du ihr zuhörst oder etwas erwiderst. Wir neigen zu dem Glauben, alles, was wir selbst denken, entspräche der reinen Wahrheit; dabei ist es bestenfalls eine Facette davon. Die meisten sogenannten Wahrheiten sind in Wirklichkeit emotional gefärbte Meinungen und etwa so wahrhaftig wie eine Lüge.“

Ich bat die Ladies noch um ein paar kluge Anmerkungen zu diesem Thema, und sie kamen mir mit einigen Anmerkungen für die Unklugen: „Sätze, die dir niemals entschlüpfen sollten“, wie sie unten aufgelistet werden. Am besten erstellst du deine eigene Liste und hältst dich gewissenhaft daran. Wir alle kennen unwiderrufliche Sätze, die wir unserer Liebsten gegenüber niemals äußern dürfen, weil sie zutiefst verletzen. „Du hast bisher noch keine einzige deiner bescheuerten Skulpturen verkauft, und das wird dir auch in Zukunft nicht gelingen.“ Diese Art von Äußerung ist wie eine

Atomwaffe – undenkbar, sie zu benutzen. Viele Sätze, die mit „Kein Wunder" beginnen, sind solche unwiderruflichen, entsetzlichen Waffen. „Kein Wunder, dass alle dich verlassen haben." – „Kein Wunder, dass deine ganze Familie über dich lacht." Hier ist eine beispielhafte Liste von Mega-Bomben, die in die verbale Abrüstung gehören.

Zehn Sätze, die dir nie entschlüpfen sollten

1. Du benimmst dich wie ein Mann.
2. Kannst du niemals etwas richtig machen?
3. Du bist mir zuwider, seit du (hier kommt dann irgendein schreckliches Ereignis), und das wird sich auch nicht ändern.
4. Ich will, dass du nicht hier bist, wenn ich nach Hause komme. *Knall!* (Du solltest niemals das gemeinsame Terrain verlassen, ohne deine Rückkehr zeitlich ungefähr anzukündigen, oder du bist eine armselige Verliererin, die ihren Tennisschläger auf den Boden knallt und vom Platz stakst.)
5. Ich habe dich niemals wirklich geliebt.
6. Wenn du mich wirklich lieben würdest ... *(schnüffel)*.
7. Nach allem, was ich für dich getan habe ... *(schnüffel schnüffel)*.
8. Alle Sätze, die mit „nie" beginnen.
9. Alle Sätze, die mit „immer" beginnen („Nie" und „immer" leiten gewöhnlich Lügen ein; schlimmer noch: Sie zwingen die andere so in die Defensive, dass die Klappe fällt.).
10. Warum trennen wir uns nicht einfach?

Mit einem Schlag bist du draußen

Körperliche Gewalt ist die Einbahnstraße, die aus einer lesbischen Beziehung hinausführt. Punkt. Gewalt ist kein akzeptabler Weg, mit Ärger fertig zu werden. Untersuchungen zeigen, dass auch Lesben einander misshandeln. Der einzige Unterschied zu Misshandlungen in heterosexuellen Beziehungen besteht darin, dass es statistisch betrachtet weniger oft vorkommt und es weniger Einrichtungen für geschlagene und schlagende Lesben gibt. Außerdem gelingt es den meisten Lesben viel schneller, gewalttätige Beziehungen zu beenden, als heterosexuellen Frauen. Dennoch wird es Gewalt unter Lesben geben, solange es Lesben gibt, die nur über eine schwach ausgeprägte Ärger/Impuls-Kontrolle verfügen, die Muster familiärer Gewalttätigkeit gelernt und eine Partnerin mit geringem Selbstwertgefühl haben. Wenn es dir passiert, dass deine Partnerin dich schlägt, beende die Beziehung sofort. Das ist die einzige Handlung, die eine Misshandlerin versteht. Sonst kommt es zu einer Spirale der Gewalt, die immer weiter eskaliert, trotz aller großartigen Entschuldigungen und Versprechungen.

Berühmte Missverständnisse

Wenn unser Ego sein mächtiges Haupt erhebt, dann entsteht sehr leicht ein „berühmtes Missverständnis". Unser Ego geht zum Angriff über und sucht sich ein Thema, über das es sich aufregen und ärgern kann. Wir könnten in der Badewanne singen, Kalligraphie lernen oder uns in einem sozialen Projekt engagieren, aber nein. Wir haben eine Attacke auf unsere Partnerin beschlossen und stemmen in unserer Kampfarena ständig trainingshalber Gewichte. Wir prüfen, welche Fähigkeiten unsere Partnerin mitbringt, und stellen ein persönliches Übungsprogramm für sie auf. Dies lässt uns bequemerweise keine Zeit, an uns selbst zu arbeiten. Aber weißt du was? Die einzige Person, die du ändern kannst, bist du selbst. Deine Partnerin wird ihre eigenen Schritte unternehmen, wenn sie sich ändern möchte – oder eben bleiben, wie sie ist. Du musst mit ihrem So-Sein und ihren Grenzen leben. Erst wenn du von ganzem Herzen loslassen kannst und sie so akzeptierst, wie sie ist, dann – und nur dann, vielleicht – wird durch psychische Osmose eine wechselseitige Veränderung in Gang kommen. Aber verlass dich nicht darauf.

Persönlichkeitsunterschiede im gemeinsamen Haushalt

Wie leicht ist es zum Beispiel, sich über ihre ausgesprochen unangenehmen Eigenschaften aufzuregen, die dir im gemeinsamen Haushalt zuwider sind. Sie bieten Anlass für berühmte Missverständnisse von schockierender Großartigkeit. Deine Liebste übersieht die Zahnpastaspritzer auf dem Badezimmerspiegel genauso wie die Gemüseabfälle, die sich im Abflußsieb in der Küchenspüle sammeln. Ihre Haarbürste ist das reinste Paradies für Ungeziefer. Sie weigert sich, das von dir eingeführte „Zwei-Schwamm-System" in der Küche zu praktizieren (ein Schwamm für den Fußboden, einer für oben) und auch verschiedene andere intelligente und nützliche Prozeduren, die du mit den Jahren als sinnvoll und notwendig ausgearbeitet hast, zu befolgen. Wach auf. Warum solltest du auch nur ein Jota Zeit und Energie daran verschwenden, zwei Leben mit Haushaltsstreitigkeiten ins Unglück zu stürzen? Lass das Sticheln und Nörgeln und pack den Zynismus beiseite. Warum eine grantelnde Puristin sein, statt einer fröhlichen? Verbring einen Bruchteil der Energie, die dich deine Ungehaltenheit kostet, damit, deinen hohen Sauberkeitsstandard für euch beide aufrechtzuerhalten. Betrachte es als deinen Beitrag zur Umweltästhetik.

Das Leben ist zu kurz und zu kostbar, um es damit zu verschwenden, Polizeimethoden in deiner persönlichen Sphäre einzuführen. „Aber", wendest du ein, „ist es denn fair, dass ich immer diejenige bin, die das Katzenklo putzt?" Tja, hasst du denn die Katzen genauso wie deine Liebste, wenn sie nicht ihren Anteil an der gemeinsamen Hausarbeit übernehmen? Nein. Du findest sie trotzdem wunderbar und weißt, dass sie dich lieben, auch wenn sie sich nicht an deinen Standard für korrektes Leben halten (können). In Fällen wie diesen wirst du erst Frieden finden, wenn du Lady Clitoressas Frage zu beantworten weißt: „Willst du Glück oder Fairness?" Glück natürlich. Das Leben ist nicht fair. Also wirst du im Handumdrehen das Katzenklo putzen und dich daran freuen, dass der Schließmuskel deiner Katze besser funktioniert als die Nase deiner Partnerin. Und dann lebe fröhlich weiter. In Sachen Haushalt – wie in spirituellen Zusammenhängen – lebt eine Partnerschaft gewöhnlich vom Kapital der Höherentwickelten. Das ist doch fair, nicht?

Geld

Und was ist mit den berühmten Missverständnissen in Geld-
angelegenheiten? Eines solltest du vor allen Dingen niemals
tun: deiner Liebsten einen Geldbetrag leihen, den du ihr nicht
schenken würdest. Niemals. *Voilà,* damit sind die meisten eurer Missverständnisse zum Thema Geld gelöst. Als nächstes:
Sei bereit, mit deiner Liebsten offen über Geld zu sprechen,
einfach deshalb, weil Geld eine geheimnisvolle Macht ist, die
deine ganze Existenz färbt, ob du das nun willst oder nicht.
Geld ist eine tiefe symbolische Projektion in jeder westlichen
Psyche, ob sie nun als mächtige Form von Energie betrachtet wird oder als Klopapier einer aus den Fugen geratenen
Ökonomie. Wenn du und deine Liebste in unterschiedlichen
Verhältnissen aufgewachsen seid, solltest du einiges an Tur-
bulenzen erwarten, wenn ihr beide euch ein Klassenabteil teilt.
Frauen, die sehr privilegiert aufgewachsen sind und keine
wirkliche Armut kennen, können die extreme „Mentalität des
Mangels", die vielen Frauen vermittelt worden ist, nur selten
nachvollziehen. Die meisten Frauen haben allerdings eine
Ökonomie relativer Armut verinnerlicht. Schließlich gehört
Frauen weniger als ein Prozent der Besitztümer auf Erden
und nur zehn Prozent des erwirtschafteten Einkommens, so
die Statistik der Vereinten Nationen. Bei dieser Aufteilung ist
es kein Wunder, dass Frauen sich häufig Sorgen über Geld
machen, und zwei gemeinsam können geradezu panisch auf
dieses Thema reagieren.

Lesben setzen jedoch Geld nicht mit Selbstwert und Macht
gleich, zumindest nicht in dem Ausmaß, wie dies in Hetero-
und Schwulenbeziehungen der Fall zu sein scheint. Gertrude

Steins Ausspruch: „Ich wollte immer reich sein, aber ich wollte nie das tun, was man tun muss, um reich zu werden", trifft auch heute noch auf viele Lesben zu. Selbstverständlich legen Lesben großen Wert darauf, finanziell unabhängig zu sein, aber die reichere Partnerin wird nur selten als „dominant" betrachtet. Doch häufig gibt es auch bei Lesben Krach ums Geld, besonders wenn beide wenig haben und dann eine Notsituation eintritt. Im Gegensatz zu Berichten der Regenbogenpresse lassen sich übrigens reiche Leute seltener scheiden als arme, vielleicht weil sie weniger Stress mit dem Geld und mehr Steuervergünstigungen haben.

Der beste Weg, berühmte Missverständnisse um Geld zu vermeiden, ist, dein persönliches Geld-Glaubenssystem offenzulegen, das auf Emotionen und auf den Wertvorstellungen deiner Herkunftsfamilie beruht. „Es ist geradezu dumm, nicht auf Kredit zu leben." – „Ich gebe nur dann gern Geld aus, wenn ich ein Schnäppchen machen kann." – „Mir ist noch nie das Geld ausgegangen." – „Ich bekomme schlaflose Nächte, wenn ich nicht genug Geld auf dem Sparbuch habe." Wenn dein Geld-Glaubenssystem und das deiner Partnerin überhaupt nicht übereinstimmen (das Glas ist halbvoll versus das Glas ist halbleer), solltet ihr getrennte Kassen und Konten führen – jede sollte sich um ihre eigenen Angelegenheiten kümmern und tolerant bleiben.

Ein Paar stellte fest, dass die eine Frau das Geld sehr gut einteilen, die andere es dagegen prima ausgeben konnte. Jede kam der anderen ein wenig entgegen, und jetzt haben sie mehr Spaß an ihrem Geld. Viele lesbische Paare haben ein „Drei Topf"-System: Jede Frau hat ihr eigenes Konto bzw.

Portemonnaie und zahlt in eine Gemeinschaftskasse ein, aus der Haushaltsausgaben und gemeinsame Anschaffungen beglichen werden. Während das Ehegesetz es verheirateten Paaren ermöglicht, ihre Finanzen sofort in einen Topf zu werfen und das Ganze als „Gütergemeinschaft" zu betrachten, braucht es gewöhnlich Jahre, bis Lesben so viel Vertrauen zueinander gefasst haben, dass sie sich auch finanziell in dieser Weise aufeinander einlassen.

Der Raum-Krieg: Nähe und Distanz

Weiter geht's mit den berühmten Missverständnissen. Diesmal handelt es sich um den Raum-Krieg: Aurelia will endlos Raum und Zeit für sich, und zwar gerade dann, wenn Britta mehr Nähe möchte. Eine verbreitete Theorie bezeichnet Britta als Symptomträgerin, indem sie für beide Partnerinnen klammert und die gemeinsamen Bedürfnisse äußert. Aurelia dagegen vermeidet auf diese Weise erfolgreich, sich mit ihren eigenen Bedürfnissen und Unsicherheiten zu konfrontieren, da Britta ja so laut ist. Der Krieg um den Raum ist selbstverständlich mit sexueller Bedeutung aufgeladen, um die Erregung zu steigern. Britta birst schier vor Lust. Aurelia hingegen ist zu beschäftigt, zu müde, zu angespannt, zu gelangweilt oder zu weiß der Himmel was, um sich darauf einzulassen. Dann wird Britta zu bedrängend, und Aurelia drängt es um so mehr nach ihrem Freiraum, nicht nach Sex. Wir alle wissen jedoch, dass zwei Frauen dazu gehören, keinen Sex zu haben, und so stellt sich gewöhnlich heraus, dass sowohl Britta wie Aurelia ihr Vergnügen daraus ziehen, nicht miteinander zu schlafen. Lesbische Therapeutinnen nennen dieses seltsame Phänomen „lesbischer Betten-Tod" oder LBT. LBT tritt gewöhnlich nach dem Stadium des ersten Errötens und während des Machtkampfes auf. LBT ist im allgemeinen zur einen Hälfte Langeweile und zur anderen Hälfte ungelöste Konflikte mit einer guten Prise verinnerlichter Homophobie.

Das Problem der Langeweile ist am leichtesten zu lösen, denn es erfordert bloß eine einfache Verhaltensänderung und die Bereitschaft, sich sexy zu präsentieren, selbst wenn du anfangs nicht sonderlich heiß bist. Solche Spielchen sind schließlich für einen guten Zweck – und verbringen wir nicht ohnehin mühelos einen großen Teil des Tages damit, uns anders zu verhalten als wir empfinden?

Also hol die alten Sex-Spielzeuge wieder hervor, besorge heiße Videos und erotische Literatur, lass deiner Phantasie freien Lauf und entwickle neue Settings für euer Liebesspiel. Setz dich leicht geschürzt auf die Küchenanrichte und lade deine Liebste zum *hors d'œuvre* ein. Warum keine Dritte zum Spielen einladen wie in *ménage à trois?* Wenn du davor zurückschreckst, bestelle eine Masseurin, die sich eurer Körper annimmt. Mach mit deiner Liebsten wieder regelmäßig ein „Rendezvous" aus, wie in alten Tagen. Nimm dir dafür Zeit und sorg dafür, dass ihr ungestört bleibt. Und verfall bloß nicht auf die Idee, wenn es nicht spontan sei, könne es nicht sexy sein. Sehr häufig ist „spontaner" Sex sterbenslangweilig, wie wir alle wissen. Und was ist mehr choreographiert als die ersten Rendezvous? Da kennst du jeden Schritt im voraus und genießt es: wann sie ankommen wird, wohin ihr zum Abendessen gehen werdet, dass du im Kino ihre Hand nehmen wirst, sie dich im Auto küsst, dass du sie hereinbittest ... Wir verabreden uns für alle möglichen wichtigen Ereignisse – warum nicht zum Sex?

Liebt euch an halbbriskanten Orten. Versucht es mit schnellem Sex in fünf oder zehn Minuten. Beschließt ausdrücklich, eine Woche oder einen Monat lang *nicht* „alles" zu machen. Ihr werdet beide Geschmack daran finden, wieder einmal enthaltsam zu leben, jedenfalls für eine kurze Zeit. Ermutige sie, wann immer sie mit dir schlafen möchte. Sag ihr, was dir von dem, was sie macht, gefällt. Frag sie: „Wie kann ich es noch schöner für dich machen?", und sie wird dich wahrscheinlich dasselbe fragen. Probiert Telefonsex miteinander. Probiert überhaupt alles einmal aus, was euch gefallen *könnte*, auch wenn ihr über den einen oder anderen Schatten springen müsst – und sei es nur, um eure Vorurteile zu bestätigen. Wirb um deine Herzensdame, als sei sie deine Königin, aber verlange oder erwarte keinen genitalen Sex, wenn erst ein berühmtes Missverständnis ausheilen muss. Statt dessen ist alles erlaubt, von intimer Unterhaltung über heftiges Flirten bis zu intensivem Schmusen. Sich auf den „Geschlechtsverkehr" zu konzentrieren, also immer auf die genitale Penetration hinzu„arbeiten", bedeutet ohnehin häufig eine Einengung des Gesichtsfeldes. Bitte sie, dich beim Masturbieren in den Armen zu halten, wenn du nicht länger warten kannst. Bei allem gilt *Lady Clitoressas Viertes Gesetz der Bewegung: Wenn du dich nicht zu sehr anstrengst, wird es von selbst aufregend.*

Verschmelzung/Trennung

Das letzte berühmte Missverständnis, das für das Scheitern so mancher lesbischen Beziehung verantwortlich gemacht wird, handelt von dem, was Paarberaterinnen als lesbisches „Verschmelzungssyndrom" bezeichnen. (Haben Lesben ohne Therapeutinnen auch solche Probleme?) Die Verschmelzung scheint eine jener Situationen zu sein, in der alles, was zu weit getrieben wird, ins Gegenteil umschlägt, wie bei Yin und Yang. Lesben haben die Fähigkeit, sich emotional und körperlich so nahe zu kommen, dass wir zu beinahe primärer Intimität verschmelzen können – jenem warmen, köstlichen Gefühl der Mutter-Kind-Liebe und Empathie, aus der Sicherheit, Fürsorge und Glück entspringen. Wenn dann noch die lesbische Erotik hinzukommt, entsteht eine Mischung, die ungeheuer verführerisch ist. Doch was soll's? Was ist falsch an dem Bedürfnis zu verschmelzen, wenn es sich doch so gut anfühlt?

Die Probleme fangen erst dann an, wenn du versuchst, die ganze Zeit in der Verschmelzung zu bleiben. Dann bist du bereit, alles mitzumachen, nur um nicht allein zu sein, und dabei vergisst du, dass dieses Alleinsein auch eine Quelle von Kraft und Glück sein kann. Du vertuschst eure Unterschiede. Du beginnst dich in der Beziehung zu „verlieren". Gefühle von Panik und Groll setzen ein, und schließlich kommt es zur Trennung. Schade, wieder ein Paar, das es nicht geschafft hat. Alle Menschen haben ein primäres Bedürfnis nach Nähe, aber ein ebenso grundlegendes Bedürfnis nach Individuation und Grenzen. Eine gesunde Psyche muss manchmal vor einem leeren Himmel stehen, um ihre Einzigartigkeit zu spüren und schätzen zu können.

Es geht also darum, zwischen Verschmelzung und Trennung zu pendeln und sich an keines dieser beiden Stadien zu klammern. Beachte *Lady Clitoressas Fünftes Gesetz der Bewegung: Verschmelzung führt zu Trennung und umgekehrt.* Bei einem Paar, bei dem jede der beiden die machtvolle weibliche Fähigkeit ausleben kann, sich mit der anderen zu verbinden, sich in sie einzufühlen und sie zu umsorgen, kann die daraus entstehende glühende Intimität ein Eigenleben entwickeln und auf ihrem Höhepunkt jede Individualität auslöschen. „Wer werden wir heute sein – du oder ich?" Es heißt, Heterosexuelle operierten in einem Energiefeld zentrifugaler Kraft und Homosexuelle in einem Energiefeld zentripetaler Kraft. Es ist unser Schicksal zu lernen, dynamische, verschmelzende Energie auszubalancieren. Unsere Verschmelzung, die doch in vieler Hinsicht so wünschenswert ist, so großartig in ihrer Tiefe, kann aus dem Rahmen geraten. Verschmelzung kann ungesund und destruktiv werden, wenn sie jede Trennung oder jeden Unterschied als Gefahr bekämpft, statt den sich natürlich verändernden Zyklus von Nähe und Distanz als Chance zur Erneuerung zu begreifen.

Ein Symptom der Verschmelzungstyrannei tritt bei lesbischen Paaren auf, bei denen keine der beiden Partnerinnen ihren eigenen Freundeskreis hat. Das kann dazu führen, dass das Paar überhaupt keine FreundInnen hat und sich isoliert nach dem Motto: „Wir gegen den Rest der Welt." Lesben, die kein Jota Freizeit getrennt voneinander verbringen können, denen es nicht gelingt, unabhängig voneinander ihre Interessen zu verfolgen, sind vermutlich in einem Zustand dauernder Verschmelzung. Ein weiteres Symptom dafür ist wohl die Co-Abhängigkeit. „Ich brauche dich, damit du mir sagst, wer ich bin." Eine Frau verinnerlicht die Probleme und den Schmerz der anderen. Weiteres Suchtverhalten kommt häufig vor: Kontrollzwang, Verleugnung, Alkohol-, Drogen oder Medikamentenmissbrauch. Es können Mutter-Kind-Abhängigkeiten in der Rollenaufteilung vorkommen, die Inzesttabus berühren. Auf jeden Fall führt die „Erstickung" durch dauernde Verschmelzung zu verminderter sexueller Lust und ist ein Hauptfaktor für LBT. Wo ist das romantische Geheimnis, wenn wir ein und dieselbe werden, wenn es keine Überraschungen durch „die andere" gibt, die wir genießen können?

Die Verschmelzung bricht letztlich aus ihrer eigenen langweiligen Intensität heraus zusammen. Auftritt: die Trennung. Die Trennung kann die Gestalt einer anderen Frau annehmen, die herbeigezaubert wird, um die Unabhängigkeit der einen Partnerin zu „beweisen". Sie kann daherkommen in Form dauernder Nörgeleien und beweist damit zumindest oberflächliche Differenzen und Kontrollbedürfnisse. Eine Frau kann so viel Schmerz über ihr „verlorenes" Selbst empfinden, dass sie beinahe jede Gelegenheit ergreift, um sich aus der Beziehung zurückzuziehen. Wenn wir erst einmal die erstaunliche Dynamik der destruktiv gewordenen Verschmelzung begreifen, können wir Trennungsmöglichkeiten entwickeln, die für die Beziehung nicht tödlich sind und die Verschmelzungsmacht ausgleichen. Auf diese Weise können wir Momente der Verschmelzung genießen, einen Zustand, von dem alle träumen, ohne zu vergessen, dass Verschmelzung den Gezeiten unterworfen ist. Sie kommt und sie geht und lässt einen leeren Strand voller Möglichkeiten zurück. Kein Grund, in Panik zu geraten. Individuation muss nicht Verlassenheit bedeuten, und Verschmelzen bedeutet nicht Verschlingen.

Sorg dafür, dass du dich selbst immer wieder spürst – und schaffe auf diese Weise ein wirkliches Individuum. Viele Lesben sind der Ansicht, dass Meditation oder eine andere tägliche spirituelle Praxis ihnen hilft, ihr Herz offenzuhalten und klare, ehrliche Grenzen ihres Selbst zu bewahren. Behalte deinen eigenen FreundInnenkreis. Verfolge deine eigenen Interessen. Das macht dich spannender für die andere (und für dich selbst). Erhalte dir deinen privaten Raum, richte dir vielleicht sogar einen „privaten Abend" ein, indem du etwa einmal in der Woche allein ausgehst und nicht erzählen musst, was du getan hast. Statt dich über ungefährliche oder triviale oder vorgeschobene Unterschiede aufzuregen, setz dich mit wirklichen Unterschieden auseinander, wie sie zum Beispiel zu den Themen soziale und/oder kulturelle Herkunft, Geld, Politik oder Ästhetik auftauchen werden. Fürchte dich nicht vor „sauberer" Wut und herausfordernden Konflikten, solange du eines bewahrst – deinen Ehrenkodex lesbischer Auseinandersetzung.

Ehrenkodex lesbischer Auseinandersetzung

Die hochentwickelte Lesbe orientiert sich an einem moralischen Kodex, der in unserer patriarchalen Missbrauchs- und Gewaltgesellschaft nahezu unbekannt ist. Lesben sind eine der wenigen Gruppierungen auf Erden, die immer noch an *noblesse oblige* glauben, an die Schönheit guter Manieren und Rücksichtnahme. Gutes Benehmen ist nicht zu verwechseln mit Etikette – Etikette ist eher verwirrend und enthält dumme Regeln, die aufgestellt wurden, um das Kastensystem am Leben zu erhalten. Die Regeln der Etikette machen das Leben eher schwieriger, nicht angenehmer, da sie ein System der Heuchelei befördern. Wir finden sie in den herzlosen Formalitäten der Oberschicht ebenso wie im konformen Verhalten von Jugendbanden. Die meisten Lesben ignorieren munter sämtliche dummen Benimmregeln – zum Beispiel, dass die Austerngabel rechts außen liegen muss. Wir benutzen einfach unsere Finger, um unsere Liebsten mit der Köstlichkeit zu füttern. Eine solch freundliche, lebensbejahende Absicht ist der Stoff, aus dem die lesbischen Verhaltensregeln sind. Sie verweisen auf unsere Hoffnungen, Standards und Bestrebungen. Sie schließen ein, nicht aus. Wenn Etikette vergleichbar ist mit Theologie, dann ist gutes Benehmen eher die Moral. Beide kennen Bewusstsein und Seele und verbessern unsere Lebensqualität.

Kein Wunder, dass die meisten Lesben sich sehr gut benehmen können und ungewöhnlich viel Anstand besitzen. Frauen waren schon immer die Fackelträgerinnen des guten Benehmens; sie führten die einzelnen „Schulen" der verschiedenen Epochen an. Große Benimm-Damen ihrer Zeit waren zum Beispiel die berühmten lesbischen *salonnières* wie Madame de Staël („Liebe ist das Grundthema im Leben einer Frau, aber nur eine Episode im Leben eines Mannes.") und natürlich Natalie Barney. Dann sind da in den USA noch Fanny Fern, Dorothea Dix, Emily Post, Eleanor Roosevelt (ja, sie schrieb Hunderte von Kolumnen über gutes Benehmen), Amy Vanderbilt und die unnachahmliche Ms Manners. Welche von ihnen wohl lesbisch waren?

Gutes Benehmen ist mehr als ein diplomatisch versprühtes Duftwässerchen. Es verlangt Nerven aus Stahl und Herzen aus Gold. Das Leben ist voller Ärgernisse und sozialer Mutanten. Es ist nicht einfach, gewaltlos mit aufdringlichen, verletzenden und ausgesprochen widerlichen Menschen umzugehen. Da Lesben keine Brutalo-Rollenmodelle oder missbrauchsfördernden Sozialstrukturen haben, heben wir uns natürlich vom Sozialverhalten der Kampfhunde-Gesellschaft um uns herum ab. Wenn sich die Ladies also in gutem Benehmen üben, scheinen sie zumindest äußerlich das zu sein, was sie innerlich sein wollen. Es ist ja bekannt, dass du um so höflicher wirst, je höflicher du dich benimmst. Du stellst fest, dass gutes Benehmen immer erfolgreicher ist als schlechtes. In soziale Situationen kannst du entweder Dunkelheit oder Licht bringen. Wie kannst du stets dem Licht folgen – nicht nur wenn du von irgendeinem Idioten provoziert, sondern auch wenn du von deiner großen Liebe angegriffen wirst? Indem du Verunglimpfungen nicht mit gleicher Münze heimzahlst und dich dadurch weigerst, zur sozialen Umweltverschmutzung beizutragen und deine Widersacherin das Niveau bestimmen zu lassen. Wie sagte Lillian Hellman einmal so schön: „Wenn du deine Haltung verlierst, bist du wirklich arm."

Je nach Art der Bemerkung, die auf dich gemünzt ist, kannst du versuchen, sie zu neutralisieren mit einem: „Da könntest du recht haben" oder „Wie *reizend* von dir, das zu erwähnen" oder auf einer völlig anderen Ebene zu kontern: „Haben wir heute nicht wunderschönes Wetter?!" Zugegeben, es ist schwer, auf die blöde Bemerkung eines Typen: „Was bist du, lesbisch?" *nicht* zu antworten: „Wenn du die

Alternative bist ..." oder auf: „Trägst du denn nie ein Kleid, du kesser Vater?" mit: „Nicht in deiner Größe." Oder auf das alte: „Wer von euch ist denn der Mann?" mit: „Ich bin auf jeden Fall zu sehr Frau für dich und mehr Mann, als du je sein wirst."

Wenn du ungewollt Zuhörerin eines homophoben, sexistischen, rassistischen oder auf andere Weise diskriminierenden Witzes bist, kannst du mehrmals laut und schockiert fragen: „Hältst du *das* für witzig?" Wiederhole es wirklich mehrmals. Es sollte dir nicht peinlich sein, wie eine gesprungene Schallplatte zu klingen, wenn jemand Streit sucht. Wenn du zehnmal wiederholst: „Ich würde es vorziehen, das Thema zu wechseln", gewinnst du. Auf jede Art von Angriff in der Art: „Das ist die blödeste Ausrede, die ich je gehört habe", bleibe einfach ruhig und halte an deiner Entscheidung fest. Tappe nicht in die Falle, irgendwelche sinnvollen Begründungen abzugeben. Begründungen geben einem streitbaren Gegenüber nur etwas an die Hand, über das er oder sie sich weiter mit dir fetzen kann. Vergleiche einmal das unterschiedliche Maß an Aufruhr in den beiden folgenden Gesprächen:

„Warum machst du das nicht?"
„Weil ich keine Zeit habe."
„Und wenn du noch ein
bisschen bleiben würdest?"
„Nein, ich muss noch kochen."
„Warum lässt du X nicht
kochen?"
„Weil sie es von mir erwartet."
*„Warum sind **ihre** Wünsche*
immer wichtiger als meine?"
(Und wenn sie nicht gestorben
sind, dann streiten sie noch
heute.)

„Warum machst du das nicht?"
„Weil ich nicht kann."
„Warum nicht?"
„Weil ich wirklich nicht kann."
„Warum nicht?"
„Weil ich nicht kann, auch
wenn ich dich noch so sehr
liebe."
(Ende des Streits.)

Wollen wir nicht ohne das Drama ständiger Streitereien leben und uns für einen ruhigen, friedvollen Umgang miteinander entscheiden? Lady Clitoressa ist nicht der Ansicht, dass Beziehungen durch so komplexe Dinge wie Verschmelzung oder Finanzen oder Intimitätsgrenzen ruiniert werden. Sie behauptet, das Problem liege darin, dass liebende Frauen, die einst galant und aufmerksam waren, es sich mit der Zeit erlauben, nörgelnde Emotionaholics zu werden. „Warum können wir ‚Fehler' nicht einfach als ‚exzentrische Eigenarten' betrachten? Warum erlauben wir uns, unsere Launen aneinander auszulassen, statt zu versuchen, sie still für uns in den Griff zu bekommen? Warum ist es zum Beispiel akzeptabel, dass im Bett wegen jeder Neurose und jeder emotionalen Narbe eine Alarmglocke losgeht? Früher ließen die Liebenden ihre schmutzigen Stiefel ebenso vor der Schlafzimmertür wie ihre schlechte Laune."

„Hörst du mich?"

Gegenüber jedem rüden Ausbruch von Fremden ist die richtige Antwort gewöhnlich, keine Antwort zu geben, mit Ausnahme vielleicht von Harmonys oben erwähntem schiefen Lächeln oder einer Judo-Bemerkung wie: „Da könntest du recht haben." Schluss, fertig, aus. Wenn jedoch die wichtigste Frau in deinem Leben wütend auf dich ist, ist die schwierigste Reaktion zugleich die klügste: Hör ihr zu. Hör einfach zu. Warum lassen wir alles fallen, wenn wir angegriffen werden, und brauen uns eine reaktive Mischung aus Verletzung, Wut und Angst zusammen? Hör einfach zu. Das ist eine Herausforderung kolossalen Ausmaßes, denn unser Instinkt fordert uns auf, uns zu verschließen, zurückzuschießen oder zu versuchen, alles durch frühzeitige Kapitulation wieder unter den Teppich zu kehren. Eine wütende Person möchte gewöhnlich einfach nur – erstaunlich genug – ihre Gefühle zum Ausdruck bringen, ohne unterbrochen zu werden, und spüren, dass ihr Schmerz verstanden und anerkannt wird, weiter nichts. Du kannst ihren Zorn nie zum Verschwinden bringen; dafür muss sie schon selbst sorgen. Wenn sie losgeworden ist, was sie sagen wollte, kannst du sie fragen, was sie möchte, das du tun sollst, oder was sie für hilfreich hält. Oft ist das in der Hitze der Schlacht gar nicht so klar zu erkennen.

Die meisten Frauen werden vollkommen verblüfft sein, wenn ihnen plötzlich aufmerksam zugehört wird und sie eine ehrliche Frage gestellt bekommen. KommunikationsforscherInnen sagen, dass wir die meiste Zeit zu uns selbst sprechen. Niemand hört wirklich zu. Menschen sind in der Lage, drei- bis viermal mehr Worte zu verstehen als zu sprechen. Frag dich einmal selbst, womit du all die Intervalle verbringst, während jemand zu dir spricht. Wenn du die andere nicht unterbrichst, dann hältst du wahrscheinlich ein kleines Schwätzchen mit dir selbst, bereitest eine Erwiderung vor, betest, es möge bald vorbei sein, oder träumst vor dich hin.

Erinnerst du dich, wie du deiner Liebsten stundenlang zuhören konntest, als ihr miteinander geflirtet habt? Wie du alle Untertöne, alle Botschaften zwischen den Zeilen gehört hast? Versuch, wieder etwas von dieser Sensibilität in dir zu wecken. Hier sind noch ein paar zusätzliche Ratschläge, denn während du jedes geflüsterte Liebeswort verstehst, gehören schon sämtliche Techniken des Zuhörens dazu, um Wut oder Kritik wirklich aufzunehmen. Zunächst solltest du dich, wenn möglich, hinsetzen oder zumindest deine Füße fest aufstellen. Das hindert dich daran, umgepustet zu werden. Beiß dir auf die Unterlippe oder auf die Zunge, um dich daran zu hindern, sie zu unterbrechen. Öffne deine Hände. Wenn möglich, erinnere dich an freundliche Begegnungen mit deiner Liebsten: wie sie sich engelsgleich um dich gekümmert hat, als du in ein und derselben Woche deinen Job verlorst, dir eine Steuerprüfung ins Haus stand und du eine Räumungsklage erhieltst. Dies hier ist zumindest nicht so schlimm. Versuch, jede Kritik als Sprosse auf der Leiter deiner Selbsterforschung zu betrachten. Natürlich hast du das Recht, unfaire, nicht zur Sache gehörende oder hässliche Worte zurückzuweisen.

Dennoch ist das Zuhören schwer, denn sobald die andere von ihren Gefühlen erzählt, werden bei uns automatisch ebenfalls eine Unzahl von Gefühlen ausgelöst. Arbeite daran, die Gefühle deiner Liebsten als *ihre Gefühle* zu betrachten, auf die sie ein Recht hat. Sie sind nicht die ganze Wahrheit oder das ganze Bild, also bewerte sie auch nicht so. Pack deine kritische Intelligenz für einen Augenblick beiseite. Beobachte statt dessen, was sie empfindet. Gehörlose Menschen „hören" oft besser als andere, weil sie die Körpersprache beobachten, von der es heißt, sie „sage" mehr als Worte oder der Tonfall. Selbst wenn die Tatsachen, die deine Liebste vorbringt, allesamt „falsch" sind – hier geht es um eine Erfahrung auf der Suche nach dem passenden Ausdruck. Ruf dir die Macht der „Botschaft ohne Worte" in Erinnerung. All dies mag eine Fortbildung in Psychotherapie oder die Meisterschaft in egolosem Buddhismus erfordern, aber tu dein Bestes, solange es nur geht. Alle Zwölf-Schritte-Programme sind „Zuhörprogramme", was ihren großen Erfolg ausmacht. Dort lernst du, dreißig Sekunden zu warten, bevor du andere unterbrichst. Dann sagst du etwas Freundliches, egal was, außer: „Vielen Dank, dass du deine Gefühle mit mir teilst", weil dieser Satz in die Mülltonne gehört, so abgedroschen ist er.

Lady Clitoressa hat uns berichtet, dass sie einmal in einer stillen Nacht mit ihrer Katze Burma Burmese zusammen in Trance fiel. Und Burma Burmese äußerte unmissverständlich folgende Worte: „Es ist nicht so, dass wir nicht sprechen – die Menschen hören nicht zu."

Richtlinien für faires Streiten

Inzwischen sollte klar sein, dass die Tage des Streitens für dich vorbei sind – jedenfalls zum größten Teil –, wenn du die Großherzigkeit guter Manieren besitzt und die Selbstdisziplin erworben hast, deiner Liebsten zu erlauben, ihre Gefühle offen auszusprechen. Dennoch sind natürlich immer irgendwelche schwierigen Konflikte im Leben zu lösen – es gibt emotionale Elefanten in deinem Porzellanladen, du persönlich machst grobe Schnitzer, und die *sisterhood* tanzt auch nicht stets nach deiner Pfeife. Große Streiterinnen ebenso wie große Künstlerinnen und Liebhaberinnen besitzen eine ausgefeilte Technik, auf deren Grundlage sie improvisieren können. Damit das faire Streiten funktionieren kann, müssen beide Frauen eine ähnliche Einstellung zu Konflikten haben. Beide müssen der Überzeugung sein, dass es lebenswichtig und durchaus funktional ist, Wut zu empfinden und sie mitzuteilen, und beide müssen den guten Willen mitbringen, sich – falls nötig – zu ändern. Die Wahrheit sollte im Mittelpunkt stehen, und sämtliche Lügen, Geheimnisse und Spielchen sollten tabu sein. Es sollte Einigkeit darüber herrschen, dass jede Frau das Recht auf ihre Bedürfnisse und Empfindlichkeiten hat, eine Art „Ich bin okay, du bist okay"-Bestätigung. Außerdem sollten sich beide darüber einig sein, dass dieses Recht es mit sich bringt, uns selbst und unserer Partnerin und der Beziehung gegenüber Verantwortung zu zeigen. Und schließlich solltet ihr euch einig sein, dass alle Macht und Autorität am besten so gleichmäßig wie möglich verteilt werden und dass es um Kooperation geht, nicht um Machtspiele und Konkurrenz.

Die allgemeine Vorgehensweise in der Eröffnung eines fairen Kampfes kann folgendermaßen zusammengefasst werden: „Wenn du *(beschreibe die Handlung),* dann habe ich das Gefühl, *(beschreibe das Gefühl),* und dann *(beschreibe die Auswirkung des Verhaltens auf dein Leben).* Ich möchte, dass du Folgendes tust: *(Handlung),* damit *(Sinn und Zweck).*" Beispiel: „Ich ärgere mich, wenn du deine Klamotten überall verstreust und dein benutztes Geschirr tagelang in unseren gemeinsamen Räumen herumstehen lässt. Dann habe ich das Gefühl, als wäre ich dein Dienstmädchen, das dir alles hinterherräumen muss. Ich möchte, dass einmal in der Woche aufgeräumt und geputzt wird, und ich möchte es nicht mehr allein tun ... "

Elegante Kämpferinnen werden bemerken, dass die Sprecherin in angemessenem Maße die Verantwortung für die Dinge übernimmt, die sie betreffen, und dass sie ihre Gefühle hinsichtlich des Problems mit klaren Ich-Aussagen unterstreicht. Weder wertet sie ihre Partnerin moralisch ab, noch beschimpft sie sie – das wäre die Schnellschiene in die Nicht-Kooperation. Sie be- und verurteilt nicht, und sie stellt keine psychologischen Diagnosen. Sie bleibt bei einer Sache. Im Gegensatz dazu eine Eröffnung, die nirgendwohin führt, außer in den Frust: „Du bist eine Schlampe. Das Wort Rücksicht scheinst du nicht zu kennen, sonst würdest du unsere gemeinsamen Räume nicht wie einen Schweinestall behandeln, so wie du es mit deinem Zimmer und deinem Auto tust. Du denkst wohl, dass sich alle die Finger danach lecken, deine Sklavin zu sein. Ich hingegen bin es leid, mir von dir anzuhören, dass ich nicht im Haus rauchen darf, wo ich schließlich die einzige bin, die hier saubermacht und Ordnung hält."

Eine elegante Kämpferin überfällt ihre Partnerin auch nicht aus dem Hinterhalt. Das bedeutet, sie versucht nicht, einen Streit auszufechten, wenn die andere gerade von einem langen Arbeitstag nach Hause kommt oder sich gerade in einer wichtigen oder anstrengenden Situation befindet. Bevor ihr aneinander Kritik übt, ist es immer klug, sich zu vergewissern, dass ihr beide euch in guter geistiger und seelischer Verfassung befindet. Wenn es sich um einen wesentlichen Konflikt handelt, ist es am besten, deiner Partnerin zu sagen, dass du ein Problem hast und eine bestimmte Zeit dafür einräumen möchtest, in der du mit ihr darüber diskutieren kannst. Elegante Kämpferinnen fechten natürlich nie irgendwelche Streitereien aus, wenn sie statt dessen schlafen oder Sex haben könnten.

Verhandlungsschritte

Lass dir vor allen Dingen Zeit. Verhaspele dich nicht in argumentativer Hast, weil du dann anfängst zu stottern und dich unklar ausdrückst. Wir neigen dazu, die andere Person als das Problem zu betrachten, nicht das Muster, um das es tatsächlich geht. Wenn du Zielscheibe des Wutausbruchs bist, ruf dir die Tips für gutes Zuhören in Erinnerung, um dich wenigstens zeitweise zu entlasten: Stell die Füße fest auf den Boden, beiß dir auf die Zunge und entspanne die unteren Chakren, besonders den Bauch, wo das Hara sitzt. *Und dann hör zu.* Wenn du anfängst, dich vom Zorn deines Gegenübers überwältigt zu fühlen, eile aus dem Zimmer und versichere ihr, dass du zurück sein wirst, nachdem du kurz das *I Ging* konsultiert hast. Diese Handlung liefert dir die Möglichkeit, ein paarmal ruhig durchzuatmen, und in einer verfahrenen Situation kann das *I Ging* tatsächlich die Perspektive zurechtrücken. Wenn du kein *I-Ging*-Fan bist, zünde eine Kerze an, um ruhig zu werden. Dann kehre zurück *und hör zu*. Versetz dich in ihre Lage, wann immer du kannst, und stelle damit deine Flexibilität und deine bemerkenswerte Fähigkeit, dein Misstrauen aufzugeben, unter Beweis. Und dann gib nach. Jawohl. Das Leben ist zu kurz, um sich mit kleinen Rüffeln groß herumzuschlagen. Es ist hilfreich, dich an wenigstens drei gute Eigenschaften zu erinnern, die diese Frau aufweist. Küsse sie auf die Wange, und dann geh hin und bessere dich.

Manche Situationen sind jedoch sehr viel schwieriger zu bewältigen. Nehmen wir einmal an, ihr beide werdet geschüttelt von rasendem Zorn, Schmerz und Misstrauen. In dem Fall solltet ihr versuchen, euch an die folgenden zwölf gar nicht so einfachen Schritte der Verständigung zu halten. Je explosiver die Situation, desto wichtiger ist es, eine solche Struktur zu haben. Nehmt euch Zeit, das Problem zu diskutieren, oder die Wunde wird weiter schwären.

Richtlinien

1. Tritt in Kontakt zu dir selbst und werde dir klar darüber, in welchem Zustand du dich befindest und was du willst. Bevor ihr euch zusammensetzt, nimm dir ein wenig Zeit für dich, um zu begreifen, was du genau empfindest und warum. Konzentriere dich auf deine Ziele, so dass du sie nicht

aus dem Auge verlierst, wenn die Auseinandersetzung heftiger wird.

2. Einigt euch auf eine zeitliche Begrenzung von fünf bis dreißig Minuten. Wenn ihr dann nicht zu einem zufriedenstellenden Ergebnis gekommen seid, verhandelt miteinander um mehr Zeit oder verabredet ein weiteres Treffen. Ein Zeitlimit wird euch darin bestärken, euch zu konzentrieren, statt euch auszumären. Außerdem verhindert es Zermürbungsstrategien.

3. Beginne mit Komplimenten und freundlichen Worten. Du kannst ihr immer – ganz gleich, wie getroffen du bist – sagen, dass du es zu schätzen weißt, mit einer Frau zusammenzusein, die so offen ist und sich gleichfalls dazu durchgerungen hat, nach einer positiven Konfliktlösung zu suchen. Dann definiert ihr das genaue Thema und erklärt es zum *gemeinsamen* Thema, indem ihr feststellt, *wir* sind da unterschiedlicher Meinung oder es handelt sich um *unser* Problem – schließlich soll hier niemand vorgeführt werden.

4. Sag präzise, was geschehen ist, was die andere Person getan hat, und bleibe im Hier und Jetzt. Vergiss alte Scharmützel, oder du wirst das jetzige niemals beilegen können.

5. Sag präzise, was die Handlung der anderen bei dir/deinem Ego bewirkt hat, bestimme deine Position. Das kann sehr quälend sein, aber es hilft dabei, eine Lösung vorzubereiten. Versuch, deine Position im Sinne einer Furcht zu bestimmen, die du gern aufgeben möchtest. Das trägt eher dazu bei, deine Partnerin entgegenkommend zu stimmen, statt defensiv. „Wenn du spät nach Hause kommst und mich nicht anrufst, dann habe ich Angst, dass du einen Unfall hattest oder bei einer anderen Frau bist." Und

nicht: „Ach, ich fühle mich abgewertet, wenn du zu spät kommst." Das ist zum einen vage, zum anderen maskiert es sich zwar als eine „Ich"-Aussage, nimmt jedoch eine psychologische Interpretation vor und wird wahrscheinlich defensives Verhalten auslösen. Das gleiche gilt für: „Ich fühle mich missverstanden" und „Ich fühle mich zurückgewiesen", die beide kläglich klingen und müßig sind.

6. Und dann *hör zu* – mit aller Aufmerksamkeit und Egolosigkeit, die du aufbringen kannst. Unterbrich nicht, außer um entscheidende Fragen zur Klärung zu stellen. Der Informationsaustausch kann eine Zeitlang hin- und hergehen.

7. Schließlich kommt der Punkt, an dem die Veränderung benannt wird. Verlange 100 Prozent dessen, was du willst; du kannst später verhandeln, aber vielleicht musst du das gar nicht. Halte dich nicht bei all den Dingen auf, die du *nicht* willst; das gleitet gewöhnlich nur in eine Schulddebatte ab. „Ich wünsche mir, dass du mich anrufst, sobald du weißt, dass du später kommen wirst. Dann brauche ich mir keine Sorgen zu machen und kann meinen Abend selbst gestalten." Bestimme deine Position als einen Wunsch, nicht als eine Forderung.

8. Jetzt habt ihr das Verhandlungsstadium erreicht, und – nanu, ihr redet ja immer noch miteinander! Tragt zusammen, was jede von euch braucht. „Du kannst nicht alles haben ...", heißt es im Schlager. Leg es nicht darauf an, dich perfekt mit ihr zu einigen oder von ihr eine wohlklingende Entschuldigung zu erhalten. Akzeptiere, was vernünftig ist, und gib dich damit zufrieden.

9. Vereinbart zwischendurch eine dreißigminütige Abkühl-periode, wenn die Verhandlungen sehr schwierig sind, wie in der folgenden Polarisierung: „Ich wünsche nicht, dass du mit Lesben ausgehst, mit denen du arbeitest, weil ich mich dann nie sicher fühle, da du sie ohnehin jeden Tag siehst. Außerdem weiß ich nie, wann du arbeitest oder ob du dich jetzt gerade herumtreibst." versus: „Wenn ich nicht mit einer Kollegin ein Bier trinken oder ins Kino ge-hen kann, fühle ich mich gefesselt und geknebelt".

10. Wenn es sich um einen schwierigen Konflikt handelt, solltet ihr die Lösung und die vereinbarten Schritte dort-hin aufschreiben. Selbst die ehrlichsten Menschen nei-gen dazu, Informationen zu filtern und sich später nur noch an das zu erinnern, was ihnen genehm ist. Wenn die Lösung nicht funktioniert, selbst wenn unstrittig ist, worauf ihr euch geeinigt habt, stimmt etwas nicht, und ihr müsst wieder an den Verhandlungstisch. Wenn eine Partnerin regelmäßig zustimmt, aber ihren Teil zur Lö-sung nie beiträgt, ist sie wohl noch etwas kindlich und sollte vielleicht gegen eine verantwortliche Erwachsene eingetauscht werden.

11. Richtige Verhandlungsprofis sind in der Lage, im An-schluss einen Schritt zurückzutreten und zu bewerten, wie sie gekämpft haben und was sie das nächste Mal besser machen können: Wie oft haben sie unter die Gür-tellinie gezielt; wie gut ist es ihnen gelungen, im Hier und Jetzt zu bleiben; wie konkret haben sie ihre Bedürf-nisse und Wünsche äußern können; ist es ihnen gelun-gen, ihren Humor zu bewahren und einfühlsam zu rea-gieren? Die Auseinandersetzung kann hinsichtlich ihres

Ergebnisses bewertet werden: Hat sich das Ausmaß an Verletzung, Information, Angst, Vertrauen, Wiedergutmachung, Katharsis und Zuneigung vermehrt oder verringert?

12. Endet immer auf einer positiven Note. Dankt euch gegenseitig für den Versuch, den Konflikt zu lösen, und für die eingegangenen Kompromisse; helft einander, Gesicht und Würde zu wahren. Das bedeutet nicht, dass du dich unterwerfen oder irgendeiner Idiotie zustimmen musst, die dir im Eifer des Gefechts an den Kopf geworfen wurde, aber am besten vergesst ihr, wer „das letzte Wort" hat. Küsse sie statt dessen. Sei dir im klaren darüber, dass Menschen nach einem Streit unterschiedlich „heilen". Die eine Frau wird sich der anderen vielleicht immer wieder versichern wollen; die andere braucht eventuell Stunden für sich allein.

Mach dir keine Sorgen, wenn diese zwölf Schritte in emotional stürmischen Zeiten schwer zu befolgen scheinen ... Sei geduldig und versuche, dich an sie zu halten, so gut du kannst. Im Laufe der Zeit wirst du sie verinnerlichen, und sie werden dir immer leichter fallen. Veränderungen geschehen langsam, aber Rückschläge sind nicht gleichzusetzen mit Versagen.

Oft ist es auch hilfreich, einander während des Streitens zu berühren. Gewöhnlich fühlen wir uns während eines Konfliktes konkurrent und entfremdet voneinander, während wir uns doch genausogut verbunden und kooperativ fühlen könnten. Die Lösung des Konflikts ist schließlich im Interesse beider und stärkt die Beziehung. Helen Colten, Autorin von *The Gift of Touch,* fand heraus: Werden wir berührt, wird mehr Hämoglobin ins Blut geschüttet und wir werden durch einen Sauerstoffanstieg erfrischt. Sie hat auch festgestellt, dass europäische Freundinnen einander etwa hundertmal in der Stunde berühren, Amerikanerinnen hingegen kaum mehr als drei- oder viermal. Coltens Studien zeigen einen Zusammenhang zwischen dem Ausmaß an Gewalt und Grausamkeit einerseits und Berührung andererseits, und zwar in dreißig verschiedenen Kulturen. Ergebnis: je weniger Berührung, desto mehr Gewalt.

Vergebung

Viele Lesben mögen Reinhold Niebuhrs „Bitte um Gelassenheit": *Gib mir die Gelassenheit, die Dinge zu akzeptieren, die ich nicht ändern kann; den Mut, die Dinge zu verändern, die ich verändern kann; und die Weisheit, beides voneinander zu unterscheiden.* Wenn wir danach leben und noch die Bitte um die Großzügigkeit zu vergeben anfügen könnten, würden wir bestimmt schon in diesem Leben selig werden. Sehen wir es doch ein: Viele Konflikte können nicht „gelöst" werden. Manche Handlungen sind so verletzend, so jenseits aller Wiedergutmachung, dass sie uns ewig infam erscheinen werden. Doch warum sollten wir ihnen die Macht über unser Leben geben, indem wir wieder und wieder durchleben, was geschehen ist? Gelingt es uns zu heilen, oder halten wir die Wunden offen? Vergebung ist eine Art Macht – die frische Luft, das Wasser, das Licht – alles, was uns die Freiheit gibt, zu heilen, von vorn anzufangen, zu lieben. Wenn Schuldzuweisungen zu den nutzlosesten menschlichen Handlungen gehören, dann ist Vergebung eine der sinnvollsten. Vergebung bedeutet nicht, dass wir einem nichtsnutzigen Menschen erneut vertrauen und einen Platz in unserem Leben einräumen sollten. Es heißt, irren sei menschlich, vergeben göttlich, vergessen dumm. Doch wir können den Zorn loslassen.

Im Vedanta heißt es, es gibt keine Sünde, nur Unwissenheit. Das Zwölf-Schritte-Programm besagt, manche von uns sind kränker als andere; unser Wirklichkeitssinn sagt, jede begeht mal einen Fehler. Das Christentum ist, wie gewöhnlich, voller Widersprüche, aber Jesus hat wahrscheinlich gesagt: „Richtet nicht, damit ihr nicht gerichtet werdet." Der Buddhismus betrachtet uns alle als letztlich eins, und so ist die Übeltäterin nur eine andere Form unseres Selbst, vielleicht unser Schatten. Wir benötigen zum Beispiel eine unmoralische Person, um unsere eigene Moral zu definieren. Die moderne Psychologie scheint dieses „Schatten-Prinzip" zu bestätigen. Oft stellst du fest: Je mehr du einen Menschen hasst, desto mehr fürchtest du seine wahrgenommenen dunklen Eigenschaften in dir selbst. Und wer ist homophober als ein latenter Homosexueller, wer ist sexbesessener als ein Puritaner?

Die Fähigkeit zu vergeben ist wie die Fähigkeit, fair zu kämpfen, eine Fähigkeit, die erworben sein will – für die meisten von uns eine andauernde, sanfte Übung des Herzens. Die Ladies raten, mit deiner körperlichen Wahrnehmung zu beginnen. Spüre deinem Zorn nach, bis du fühlst, wo du ihn trägst: in deinem Nacken, auf deinen Schultern, in deinem Bauch, deinem Herzen, in jeder Zelle deines Körpers. Wahrscheinlich kannst du den Zorn erst dann loslassen, wenn du ihn in seiner ursprünglichen vibrierenden Form als Schmerz erlebst. Vielleicht kannst du dein Herz offen lassen, selbst dafür, eine Weile verschlossen zu bleiben. (Du weißt vielleicht, dass Rache die Quelle des Schmerzes nicht berührt und dass wir uns, wenn wir rachsüchtig sind, gewöhnlich eher klein und hässlich fühlen.) Und schließlich wirst du mit deinem Schmerz so weit gehen, wie du kannst. Du wirst die Ziellinie überqueren und schließlich zusammenbrechen. Jetzt bist du leer. Du kannst dir selbst allen Schmerz vergeben, allen Anteil, den du daran hast. Jetzt bist du auf dem besten Weg, der anderen vergeben zu können. Du musst jetzt nicht mehr ihren Affen auf deinem Rücken tragen. Du hast Distanz gewonnen; du musst dir nichts mehr beweisen; du bist bereit, etwas Neues anzufangen.

Wir leben oft aus sehr geringem Anlass in Bitterkeit und verschließen uns der Umwelt. Verglichen mit der Fähigkeit, Vergewaltigung, Inzest, Folter, Mord, Totschlag und Krieg zu vergeben, die mehr sind, als ein normaler Verstand verkraften kann, können wir in weniger bedrohlichen Situationen sicherlich in uns gehen, uns weigern, den Schmerz gegen uns selbst zu wenden, und die einzelnen Bestandteile neu arrangieren wie in einem Bild von Frida Kahlo.

Die Wurzeln eines Baumes wachsen aus einem Skelett heraus,
das in seiner Erde begraben ist
Der Tod befruchtet das Leben
Wie diese Vergewaltigung mein Verständnis nährt
Und das Leiden unsere Seelen lehrt.

Judith Ragir

Das hebräische Wort für Mitgefühl, *rachamin,* bedeutet wörtlich Schoß, Geburt, Neubeginn. „Lass das, was war, vergangen sein; was sein wird, kommen; was ist, sein."

VII. „Fifty Ways to Leave Your Lover ..."

Fünfzig? Es gibt, wie jede kluge Lesbe weiß, nur eine einzige Art, deine Geliebte zu verlassen: sie lacht und wirft dir ein Küsschen zu. Wenn du das nicht hinkriegst – und gelöstes Verhalten bei der Auflösung einer Beziehung scheint so selten zu sein wie Seidenpyjamas –, dann verlasse deine Liebste nicht. Lass sie dich verlassen. Das ist viel einfacher. Gib freundlich zu, wessen sie dich auch immer beschuldigt, oder entwickle einen gravierenden Charakterfehler. Entschuldige dich und streue Asche auf dein Haupt; versuche nicht zu erklären. („Ja, ich bin selbstsüchtig und starrköpfig." – „Ja, ich bin ein Workaholic." – „Nein, ich kann in diesem Leben sexuell einfach nicht treu sein.") Warum sich über das Ende grämen und auf das emotionale Schlachtfeld der gegenseitigen Schuldzuweisungen zurückbegeben? Gib die einzige Wahrheit zu, die es wert ist, ausgesprochen zu werden: „Wir verstehen einander nicht mehr." Kein Moralisieren. Kein Aufguss all der Streitereien, die ihr schon hinter euch habt. „Wir liebten, wir litten, wir sind." Danke ihr vor allem für die guten Tage der Beziehung; schmücke einige von ihnen aus, wenn du die Großherzigkeit dazu besitzt. Betone, wie begehrenswert sie ist. „Ich weiß, was ich verliere." Das Ende einer Beziehung ist so wichtig wie der Beginn; die Große Göttin gab dir das Geschenk der Kreativität und des Gedächtnisses, um Rosen im Dezember hervorzuzaubern. Schütze ihr Selbstwertgefühl und dein eigenes, und dann bist du vielleicht schon auf dem besten Weg zu den Freuden des *après deux.*

Jede kluge ältere Lesbe weiß auch, dass das oben beschriebene Szenario nur dann möglich ist, wenn die Bindung an eine Geliebte schon sehr weit gelockert ist oder du dich bereits durch den Kummer des Verlustes hindurchgearbeitet hast. Was aber tust du, wenn die Trennung dich so zum Bluten bringt, dass du fürchtest, sie nicht zu überleben – wenn dein Herz in tausend Stücke gerissen wird, wenn du ein wandelnder Schmerzensschrei bist? Wenn du dich über das Leiden erhebst, nur um noch schlimmeres Leid zu erfahren – das existentielle Leiden an der Vergänglichkeit, dem Geheimnis des *tout passe, tout casse, tout lasse?* Du bist so verletzt, dass du überzeugt bist, es nicht zu ertragen, noch einmal irgendeiner Frau deine Lebensgeschichte zu erzählen. Hier also sind mehr oder weniger fünfzig Arten, mit einer ernsten Trennung fertig zu werden, fünfzig kleine Trostpflästerchen. Denn wie sagte Yeats' Crazy Jane zum Bischof: „Nichts kann einzig oder ganz sein, das nicht zerrissen war."

Tröste dich: Die folgenden Heilmittel haben sich im Laufe der zweiundzwanzig wesentlichen Trennungen, die in Lady Clitoressas Kreis zum gemeinsamen Erfahrungsschatz gehören, als nützlich erwiesen. Jede von uns durchlebte Zeiten, in denen sie das Gefühl hatte, ihr Herzschmerz würde nie vergehen. Doch wie Lady Clitoressa sagt: „Die Qual verlässt dich nie dort, wo sie dich fand." In der Zeit deines Leidens wirst du natürlich die schlichte Wahrheit nicht glauben, die da lautet, wenn du ein Stück deines Herzens fortgibst, wird es nachwachsen. Versuch einfach, dein Herz noch einmal, einen weiteren Frühling lang, zu öffnen. Und höre, was eine

der größten Dichterinnen Japans, Izumi Shikibu, vor tausend
Jahren geschrieben hat:

Mit den Jahren
habe ich mich an das Leid gewöhnt.
Es gibt nicht einen Frühling,
den ich nicht verließ, Blumen auf den Wegen hinter mir.

Der Abstieg in die Dunkelheit

Es heißt, da wir alle wie Göttinnen sind, können wir auch gut
darin sein. Eine unvermeidliche Wahrheit lautet: Unser Pan-
theon enthält auch die Dunkle Göttin. Obwohl wir ihr nie eine
Einladung schicken, ist sie die Führerin, die getreulich erscheint, wann immer unser Weg zum Himmel sich in eine
Trennung gabelt. Sie verspricht (so du sie hören kannst): Immer, wenn du etwas verlierst, werde ich dir etwas zeigen (so
du es sehen kannst). Auf diesen verblümten Hinweis hin
schleudert sie dich ins dunkle All, in die gefährliche *terra in-
firma,* wo die Schöpfung darin besteht, etwas loszulassen.
Der Dunklen Göttin macht es nichts aus, dass sie als Pilotin
deines Schicksals nicht willkommen ist. Sie ist die strenge
Verkörperung von *Lady Clitoressas Erstem Gesetz der Auflösung:*
Keine Libido ohne Mortido. Beispiele dafür sind: Persephone,
Lilith, Oya, Inanna und Kali. Die Dunkle Göttin möchte, dass
du die Worte der Dichterin Audre Lorde verstehst: *Nach wie*
vor grüße ich die Macht, Verlust zu lernen. Und nun begib dich
auf die Reise in die Unterwelt deiner Seele. Erschaffe deine
eigene Poesie des Verlustes, wann immer es dir möglich ist.

Vergewissere dich, dass sie dich lehrt, wie du dir selbst Trost spenden kannst.

Wie auch immer du mit der Tatsache fertig wirst, dass du jetzt in einen anderen Lebensabschnitt eingetreten bist – der erste Schritt besteht darin, die Wirklichkeit des Verlustes zu akzeptieren und den Schmerz fließen zu lassen. Vielleicht erlebst du zunächst einen Schock und Verleugnung. Vielleicht bettelst du deine Liebste an, sie möge zurückkehren. Vielleicht trägst du die Leiche deiner Beziehung mit dir herum, studierst sehnsüchtig die alten Fotos und Briefe. Jetzt ist es Zeit, sich zusammenzureißen. Du hast die Botschaft erhalten – jetzt leg den Hörer auf. Das ist oft so schwer, dass die Ladies vorschlagen, überall in der Wohnung Zettel aufzuhängen, die dir dabei helfen können, den Drang zur Verleugnung aufzubrechen. Eine schrieb sich ein javanisches Sprichwort auf: „Du kannst kein Wasser vom Mond holen." Beliebt ist auch die berühmte Tagebucheintragung Nummer 298 aus Ntozake Shanges *Sassafrass, Cypress & Indigo*. Wie die schöne Cypress, die ihre lesbische Liebe beklagt, müssen wir lernen, allein zu singen:

Was du nicht haben kannst, kannst du nicht haben
Wer nicht gemeint ist, ist nicht in dir
Wer gegangen ist, ist nicht da
Was nicht dein ist, wird einer anderen gehören
Du musst mitnehmen, was du brauchen wirst
Du musst dich ablösen, in die Wunde hinabsteigen, dich umsehen
und mitnehmen, was du brauchen wirst.

Schreibe all deine Fähigkeiten und Talente, deine guten Eigen- und Errungenschaften auf bunte Zettel. Lege sie in einen hübschen kleinen Krug und stelle diesen auf eine sonnenbeschienene Fensterbank. Sie ist vielleicht gegangen, aber der Krug ist noch so voll wie eh und je. Sieh der harten Tatsache ins Auge, dass sie nicht alles sieht oder will, was du zu geben hast. Lass das Fenster für sie offen, falls du möchtest, aber nimm du dein Leben wieder auf, dein Tun, und lass die Toten die Toten begraben.

Wenn du erst einmal begriffen hast, dass deine Liebesbeziehung beendet ist, kannst du dich auf die folgende Depression freuen. Ich sage „freuen", denn Depression ist das Trennungsstadium, in dem du ein wenig taub wirst. Du bist vereist vor Einsamkeit, ansonsten fühlst du dich irgendwie traurig. Selbst wenn du normalerweise nicht dazu neigst, Listen zu verfassen, kann dies die Zeit sein, alles aufzuschreiben, was du jeden Tag tun musst, und es dir an den Spiegel zu heften, denn in dieser Phase scheint nichts von Bedeutung zu sein. Du bist im Augenblick noch nicht in der Lage, mit dem Schmerz fertig zu werden, also betäubt er dich, sprich: die höhere Intelligenz in dir, um dich für die emotionalen Stürme zu wappnen, die noch kommen werden.

Vor allen Dingen solltest du dich in dieser Zeit nicht lange einigeln, sonst könnten deine anderen Rettungssysteme einrosten. Sei ruhig, aber mach lange Spaziergänge, um deine Energie in Fluss zu halten. Finger weg vom Fernseher, dem König aller Depressiva. Beobachte statt dessen, wie Kinder spielen, Blumen wachsen und Wasser fließt. Bitte deine Freundinnen, dir eine herzhafte Suppe vorbeizubringen oder dich zum Abendessen und zu gesellschaftlichen Ereignissen zu begleiten, damit du nicht in Agonie verfällst. Sorg dafür, dass du mehrere Freundinnen hast, die dich unterstützen, denn wenn es sich nur um eine handelt, wird sie irgendwann ausgebrannt sein. Freundinnen sind die besten Wächterinnen, die dich vor deinem negativen Denken beschützen, denn jetzt beschuldigst du dich, eine Versagerin, eine soziale Paria zu sein.

Während du dich zwar darum kümmern solltest, dich nicht völlig abzuschotten, solltest du jedoch auch die Funktion der guten alten Depression anerkennen: Sie zwingt dich, Stunden mit dir selbst, deiner besten Freundin, deiner letztlichen Heilerin, zu verbringen. Tu dir jeden Tag selbst etwas Gutes, eine Kleinigkeit genügt schon. Kauf dir einen Blumenstrauß, back dir Plätzchen, bring dir schöne Bücher aus der Bibliothek mit. Teure Kunstbände eignen sich gut; das gleiche gilt für geistreiche Romane mit einer Spur britischem Humor. Anfangs hältst du es vielleicht kaum aus, allein zu sein. Das ist nur natürlich. Das Licht schafft oft interessante Muster, ebenso der Klang. Eine Art und Weise, deine Empfindsamkeit daran zu hindern, von den Wänden widerzuhallen und auf dich einzustürzen, ist, sie zu kanalisieren: in Schreiben, Musik, Kunst. Vielleicht hast du jetzt eine besonders gesegnete Schaffensperiode. Ein Kunstwerk ist oft Ausdruck einer schmerzvollen Wunde, die dabei ist, zu heilen. Sorg dafür, dass deine Füße immer warm sind, und schlaf viel.

Sei nicht überrascht, wenn dein Depressionsgletscher in Panik zerbirst. Du stellst fest, dass du dich nicht konzentrieren kannst, und fürchtest, aus dem Gleis zu geraten. Dieses Stadium ist bekannt unter dem Namen „Die Stunde der Wölfin". Unterdrück sie nicht, oder sie wird dich wieder und wieder heimsuchen. Sprich mit jemandem, der oder dem du deine Furcht in allen Einzelheiten schildern kannst. Wenn deine

Freundinnen es müde sind, dir zu versichern, dass sich nicht die ganze Welt in einem Zustand des Verfalls befindet und du auch nicht von den Männern im weißen Kittel abtransportiert werden wirst, kannst du eine lesbische Therapeutin aufsuchen und dir helfen lassen. In beinahe jeder Stadt gibt es Selbsthilfegruppen, nicht nur von „Frauen, die zu sehr lieben". Geteiltes ist zwar nicht immer halbes Leid, aber Erfahrungen auszutauschen schenkt Kraft und Hoffnung. Eine weitere sinnvolle Technik besteht darin, in das stets sympathisierende Ohr der Anrufbeantworterin deiner Freundinnen zu weinen. Ihre Antworten, dass sie an deine Gesundheit und deine Erholung glauben, kannst du nun wiederum aufzeichnen und dir in den schlimmsten Stunden wieder und wieder vorspielen, während du eine schnurrende Katze auf deinem Schoß streichelst.

Mit der Zeit wirst du dich genug beruhigen, um den meisten Beobachterinnen normal zu erscheinen. Doch sobald du in der Lage bist, dich wieder auf etwas zu konzentrieren, wirst du feindselig um dich schlagen. Das Hauptziel ist natürlich deine ehemalige Geliebte. Der Zorn ist häufig ein Anzeichen dafür, dass es dir schon wieder besser geht, dass du wieder etwas empfinden kannst. Zorn ist nützlich, wenn er dir dabei hilft, Brücken hinter dir abzubrechen und loszulassen, besonders wenn du schlecht behandelt worden bist. Schreib all das, was dich quält, all deine Vorwürfe auf ein Blatt Papier und verbrenne es feierlich als Symbol dafür, von solch barbarischen Erfahrungen frei zu sein. Ausgesprochen unklug ist es jedoch, deine Wut ungefiltert in einen Brief zu gießen und ihn abzuschicken. Wütende „Liebe Anne"-Briefe sind selten mehr als ungehobeltes und selbstgerechtes Herumholzen.

Briefe sind gewöhnlich eine unfaire, unilaterale Form der Bestrafung, da du offenbar immer noch Angst davor hast, dich mit deiner alten Liebe direkt zu konfrontieren. Umgekehrt solltest du auch keinen Brief entgegennehmen, von dem du befürchtest, er könnte eine Bombe aus Wut und Vorwürfen sein. Einen solchen Brief zu lesen vermag dich um Monate zurückzuwerfen. Einmal konnte ich nicht widerstehen: „Nachdem ich viele Minuten lang mit mir gerungen habe, entschied ich mich, deinen Brief ungeöffnet zurückzuschicken." Aber es war irgendwie billig. Wann immer du die Wunde deiner Trennung entblößt, zeigst du, wie sehr du blutest.

Wenn du in das Stadium kommst, auf dich selbst wütend zu sein und dir Vorwürfe zu machen, sei besonders vorsichtig. Es kann dir passieren, dass du dich auf alles, was du nur „falsch" gemacht haben könntest, fixierst und dich erneut verrückt machst. Die Sache ist gelaufen, aus und vorbei. Du kannst Schuldgefühle nur loslassen, wenn du im Gegenzug (Selbst-)Verantwortung übernimmst. Meist suhlen sich diejenigen in Schuldgefühlen, die zu sehr mit sich selbst beschäftigt sind. Übernimm die Verantwortung für die Handlungen, die dir leid tun, indem du dich wirklich dafür entschuldigst oder Wiedergutmachung leistest, wenn du kannst; ansonsten verändere vor allem dein Verhalten in der Gegenwart.

Vergib dir und sei geduldig mit dir selbst. Der Verlust einer Liebe ist so schmerzhaft wie eine körperliche Verletzung und braucht gewöhnlich längere Zeit, um zu heilen. Manchmal dauert es Monate, manchmal Jahre, bis du dich wieder so fühlst, wie du früher einmal warst. Schließlich machst du – abgesehen von dem seelischen Schmerz – auch noch einen körperlichen Entzug durch. Nicht nur dass deine Arme buchstäblich leer sind und du um das weinst, was ihnen fehlt – auch dein Körper macht einen chemischen Entzug durch. Beim Verlust einer Langzeit-Beziehung sinkt der Spiegel unserer körpereigenen opiat-ähnlichen Hormone häufig schlagartig. Das ist unfair, aber wahr. Wenn du dich wunderst, wie quälend dein Schmerz ist, liegt es vielleicht daran, dass die üblichen chemischen Schmerzmittel, die du selbst in deinem Körper herstellst, kaum noch zur Verfügung stehen. Alle Arten von Sport sind in dieser Zeit von unschätzbarem Wert, um diese schmerzlindernden Hormone zu reaktivieren. Körperliche Betätigung und lange Spaziergänge helfen dir auch dabei, wieder Energie zu gewinnen, denn selbst in einer schlechten Beziehung war deine Partnerin eine Energiequelle für dich.

Manchmal bemerkt der Körper den Schmerz, bevor der Geist es tut. Das Gefühl von Leere in deinem Solarplexus spiegelt den Verlust einer bestimmten Identität wider. Manchmal geht die Stimme verloren, und es kommen nur kleine Kiekser aus deiner Kehle. Der „Klang der Stille"? Wenn du dich trennst und nicht länger mit der anderen identifizierst, folgt zwangsläufig eine Phase der Desorientierung. Hier können bestimmte, sogar relativ kurze Übungen in Tiefenatmung helfen, bei denen du langsam bis zehn zählst. Glücklicherweise kann unser Verstand nicht zwei Platten auf einmal auflegen. Wenn er das Lied eines Hamsters im Rad spielt, dann tu, was immer du kannst, um die Nadel seiner Aufmerksamkeit zu heben. Meditiere über etwas jenseits aller Worte, wie deinen Atem, das Licht- und Schattenspiel in einem Baum, Klänge, die ansteigen und abfallen. Vergib dir dafür, wie oft du zu der Hamster-im-Rad-Platte zurückkehrst. Heb geduldig die Nadel und leg eine beruhigende Platte auf.

Trotz dieser Fähigkeit stellst du vielleicht fest, dass du beginnst, an deiner ganzen Identität zu zweifeln, deiner Identität als Lesbe, deiner Identität als Liebhaberin. Dein alltägliches Leben, zukünftige Pläne und Prioritäten müssen neu ausgerichtet werden. Vielleicht hast du das Gefühl, nicht nur deine Liebste, sondern auch deine beste Freundin verloren zu haben. Alle Risse in den Bodenbrettern deines Lebens öffnen sich. Lady Clitoressa warnt: „Ihr, der die Zeit fehlt zu trauern, fehlt auch die Zeit zu heilen." Der Trauerprozess erfordert Mut, Glauben und Zeit. Eine Liebesbeziehung erweckt schlafende Urbedürfnisse nach Dingen wie bedingungslose Liebe, Abhängigkeit, Permanenz und Wahrheit. Wenn unsere Erwartungen zerstört werden, blicken wir unmittelbar in den Abgrund der Vergänglichkeit, des Chaos. Wie kannst du Haltung bewahren, wenn der Kelch weder halbvoll noch halbleer ist, sondern einfach nur halb? Wie kann unser gewöhnlicher Geist verstehen, dass der Kelch jetzt sowohl leer ist als auch voll, dass es eigentlich weder Gefäß noch Inhalt gibt? Mit solchen Fragen fertig zu werden erfordert großen Mut in der Abteilung freie Assoziation. Zumindest bist du, nun ja, frei ...

Um alles etwas einfacher zu machen, bildeten wir Geschiedenen in Lady Clitoressas Kreis eine Gruppe namens „Freundinnen der Leere". Die Frauen schicken kein Geld und bekommen nichts zurück. Du bist Vollmitglied, sobald dein Nest leer ist und du das Chaos des Neuanfangs vor dir hast. Dieses Chaos sieht nur dann furchterregend aus, wenn es neben der alten Ordnung steht. In Wirklichkeit ist es eine neutrale Zone primärer, fruchtbarer Energie, ungeformt und frei, alles mögliche zu werden. Die Leere ist etwas, an dem du dich erfreuen kannst. Im buddhistischen Denken herrscht die Auffassung, dass alles vergeht, von Moment zu Moment. Das Gesetz der Vergänglichkeit sollten wir aber nicht verwechseln mit Pessimismus. Daher das Motto der Freundinnen: „Nichts ist jemals immer." Dies führt dich zu so grundlegender Meditation über die Natur der Unbeständigkeit oder Vergänglichkeit, dass du vielleicht sogar religiös wirst in dem Sinne, jeden Augenblick als kostbar zu betrachten. Deine Existenz wird so weit, wie dein Sinn für den Augenblick sich weitet. Stabilität ist nur ein Mythos, den wir uns zimmern.

Die Freundinnen der Leere feiern Feste (schließlich sind wir trotz allem Lesben), zu der jede nichts mitbringt, weil keine da ist. Das hindert uns nicht daran, die Unterhaltung um so beliebte Themen kreisen zu lassen wie „Meine Beziehung als ein kosmisches Setting" oder „Das Prinzip umgekehrter Polarität", mit Lesungen aus dem *I Ging*. Wir feiern stets das große „Prinzip der Periodizität" und bringen einen Trinkspruch auf jeden Zyklus oder jede Jahreszeit aus, der oder die sich gerade entwickelt. Am meisten amüsieren wir uns, wenn Absurdität uns mit ihrem Gelächter ergötzt, ihrem Gelächter in der Dunkelheit.

Also, meine traurige Freundin, gesell dich zu uns, den Freundinnen der Leere, wo du bei dir bist, aber nicht allein, wo angesichts von Schmerz wie Süße die traurigsten Worte des Yoniversums lauten, dass „auch dies vorübergehen wird" und „dies alles gewiss nicht ohne Bedeutung ist".

Kompostieren und wachsen lassen

Dann kommt eine Zeit – und es dauert eine Zeit, bis diese Zeit kommt –, in der du beginnen kannst, das *luz de la lucha*, das Licht des Kampfes zu sehen. Du hast sorgfältig nachgespürt, wo du verletzt bist; du hast dich entschlossen, vom Schmerz zu lernen; und du hast wenigstens eine Sache auf der Welt gefunden, die dir Hoffnung gibt. Du magst immer noch „eine Harfe im Wind" sein, wie George Sand es ausdrückte, aber du bist auf dem Weg der Besserung. Zu Beginn dieser Phase bist du wegen verschiedener Dinge dankbar oder zumindest erleichtert. Der Mangel an emotionaler Stabilität, den das Ende deiner Beziehung mit sich brachte, mit all der Unordnung und der Krise, die er auslöste, ist nun vorbei. Du musst dich nicht länger quälen, wundern und immer wieder neu über das Ende dieses Dreibein-Rennens nachgrübeln. Verfasse eine Liste all der nervtötenden und ärgerlichen Eigenschaften deiner Liebsten, mit denen du dich nie mehr herumschlagen musst, ganz zu schweigen von ihren Ausbrüchen von Gemeinheit und Niedertracht, ja der Verdammnis, in die sie dich gestürzt hat. Vielleicht sind ihre negativen Eigenschaften nicht ganz so schrecklich, aber es besteht die Wahrscheinlichkeit, dass sie deine eigenen schlechten Seiten immerzu bestärkt haben. Jetzt bist du endlich frei, dich in anderen Dingen zu üben.

Wo Buddha nicht ist, halte dich nicht auf.
Wo Buddha ist, leg den Finger drauf.

Wenn du den Dummköpfen in euch beiden Raum gegeben hast, stellst du als nächstes eine Liste all der guten Dinge auf, die du aus der Beziehung gewonnen hast. Je stärker das Gefühl des Verlustes, desto bedeutsamer die Geschenke, die diese Frau dir wahrscheinlich mitgebracht hat. Die guten Veränderungen, die deine Liebste bei dir auslöste, kannst du behalten. Eine lesbische Mutter sagte, sie habe das Gefühl, dass ihre alte Geliebte sogar in ihrem Kind anwesend sei, da die Freundschaft ihrer Liebsten ihre Tochter so stark beeinflusst hatte. Damit weicht die Einsamkeit von dir. Beide Ex-Geliebte werden Teil voneinander auf einem bestimmten Niveau, das erhalten bleibt. Jede Beziehung ist wie ein Kokon. Du verlässt ihn verletzbar, unabänderlich verändert und gelangst ans Licht.

Ein Licht, das du in dieser Phase der Veränderung im Auge behalten kannst, ist die Möglichkeit von Freundschaft, dem Beginn der großen *Apès-deux*-Beziehung. Liebende sind wunderbar, aber ehemalige Liebende sind einander für immer verbunden. Hier stirbt die Liebe nicht; sie existiert an einem ruhigeren Ort. Beziehungsforscherinnen sagen: Damit sich eine Liebesbeziehung in eine tiefe Freundschaft verwandeln kann, braucht es eine Zeit der Heilung plus eine Lösung all der Probleme, die euch als Liebende auseinanderbrachten. Vielleicht benötigt ihr die Hilfe einer Mediatorin oder einer Paarberaterin, um über die heiklen Themen zu sprechen, nachdem die Zeit den Schmerz gemildert hat. Eine Lösung wird schwieriger, wenn eine dritte Frau beteiligt ist, da sie oft der Fokus der Trennung wird, statt dass die wirklichen Konflikte in den Mittelpunkt gestellt werden, die ihr vermutlich vorausgingen. Eine Lösung mag unmöglich sein, wenn selbstzerstörerisches Verhalten eine Rolle spielt („bis uns die Drogen scheiden") oder wenn es Muster gibt wie

Machtspiele, körperliche Gewalt oder neurotische Abhängigkeit.

Manche Frauen brauchen eine lange Trauerzeit, bevor sie beginnen können, an einer Freundschaft zu arbeiten. Sechs Monate ist nicht ungewöhnlich. Eine Zeit der Trennung von deiner alten Liebe ermöglicht es dir, alte Bindungen aufzubrechen und dein Leben wieder neu zu ordnen. Möglicherweise riskierst du jedesmal einen Rückschlag, wenn du deine alte Liebe siehst oder mit ihr sprichst. Explosive Reaktionen sind die Norm, und du reibst Salz in die Wunde. Je eher du den körperlichen Entzug hinter dich bringst, desto besser; jede Begegnung ist ein weiterer Angelhaken. Vielleicht verabredest du dich mit deiner alten Liebe einen, zwei oder sechs Monate nach der Trennung, um zu versuchen, alle noch übriggebliebenen Konflikt zu lösen und eure Beziehung als Freundinnen aufzubauen. Warum eine Trennung mit dem endgültigen Ende verwechseln? Keine von euch ist tot. Wenn sie es früher wert war, geliebt zu werden, ist sie es jetzt nicht minder, und euer Leben ist zu kurz, um kleingeistig zu sein. Warum einander verlieren, wenn ihr doch eine kostbare Geschichte miteinander und auch sonst viele Gemeinsamkeiten habt? Erinnere dich an das Juwel der Freundschaft, wenn du in Versuchung gerätst, ihr im Trennungskampf einen Schlag zu versetzen oder sonst etwas Hässliches anzutun. Je weniger ihr aufzuräumen habt, desto besser. Es ist eine Kunst, etwas verlieren zu können, dein Ende des Endes loszulassen. Wenn du die Schichten des Verlustes kompostierst, wird etwas auf ihnen wachsen, sofern du nicht den ätzenden Kalk der Gehässigkeit darüber schüttest.

Sei jedoch nicht überrascht, wenn du und deine alte Liebe weiterhin einige der alten Schwierigkeiten miteinander habt. Erinnere dich: Ihr chronisches Zuspätkommen zum Beispiel oder ihr Mangel an Takt wird nicht verschwunden sein. Der Unterschied ist, dass ihr jetzt beide frei seid, euch auf die jeweils guten Eigenschaften der anderen zu konzentrieren und mit Toleranz oder Ironie statt mit Hysterie auf die andere zu reagieren. Vor allem, bleibt in der Gegenwart. Erlegt euch eine Geldstrafe auf, wenn eine von euch in den Trümmern der Vergangenheit zu wühlen beginnt. Ihr könnt nicht so unreif sein und Freundinnen werden. Wenn ihr die alte Geschichte jedoch unbedingt wieder aufwärmen müsst, dann versucht euch in der Rolle zweier großzügiger, weltgewandter Kritikerinnen, die ein Buch besprechen, das ihr einmal beide gelesen habt. Ihr werdet auch neue Grenzen miteinander aushandeln müssen, etwa zeitliche und sexuelle Grenzen. Eines der netten Dinge am *Après deux* ist der unterschwellige Strom der Sinnlichkeit, selbst wenn er niemals ausgelebt wird. „Du wirst immer einen G-Punkt in meinem Herzen haben."

Ihr könnt den Kompost eurer alten Beziehung dazu benutzen, um jede für sich neue Dinge wachsen zu lassen. In jeder traumatischen Situation hast du die Wahl, dich abzuschotten und zu schützen oder zu lernen und zu wachsen. Wenn du sofort in die Arme einer neuen Frau rennst, ist es eher unwahrscheinlich, dass du etwas aus der Trennung lernen wirst. Du wirst dann dazu neigen, immer wieder dieselben Fehler zu machen und deine Flirts als Ablenkung gegen den Schmerz einzusetzen. Schmerz ist ein Warnsignal, dem du Aufmerksamkeit schenken solltest, weil es dir etwas Wichtiges mitteilt. Am besten verbringst du die Zeit des Kompostierens ohne neue Liebe und setzt dich statt dessen gründlich mit dir selbst auseinander.

Hab den Mut, etwas zu tun, das Lady Clitoressa eine „Beziehungsretrospektive" nennt. Die meisten Menschen, die einmal dem Tod ins Auge geblickt haben, sahen in dieser Situation alle wichtigen Menschen in ihrem Leben blitzartig vor sich. Warum darauf warten? Wie sehen deine wiederkehrenden Beziehungsmuster aus? Deine wiederkehrenden Rollen? Wie beginnen deine Beziehungen gewöhnlich, wie enden sie? Welche gemeinsamen Eigenschaften hatten all deine Partnerinnen? Besitzt du selbst irgendwelche der Merkmale, die du bei deiner alten Liebe bekämpft hast? War sie dein Schatten, herbeigeholt, um dich mit deinen facettenreichen Energiemustern in Verbindung zu bringen? Was hat dich an ihren Problemen in erster Linie angezogen oder fasziniert? Was sind deine Stärken und Schwächen in einer Beziehung? Welchen Kummer hast du anderen bereitet? Wo hast du dich bewaffnet und selbst geschützt? Wo konntest du dich öffnen und wachsen? Was möchtest du lernen, anders zu machen? Was möchtest du jetzt tun? Wünschst du deiner alten Liebe, dass sie glücklich ist oder willst du lieber, dass sie bei dir ist? Was hat dich glücklich gemacht, bevor du ihr begegnet bist? Gib zu, dass es zwei Menschen braucht, um eine Beziehung zugrunde zu richten. Selbst wenn dein Anteil an ihrem Ende nur zehn Prozent betrug (ha!), übernimm dafür die Verantwortung. Entschuldige dich für alles, was du angerichtet hast, und lass alles los, auch dich selbst. Von da aus kannst du beginnen, eine neue innere Beziehung aufzubauen. „Wann immer wir über Beziehungen reden, sprechen wir in Wirklichkeit nur in anderer Form über uns", sagt Lady Clitoressa.

Vom Nutzen der Trauer

Wenn du dem meisten des gerade Gesagten rational und philosophisch zustimmst, dich aber immer noch schrecklich fühlst – hier sind ein paar weitere herzensheilsame Übungen der Ladies. Mach dir keine Sorgen, wenn Wellen der Trauer, des Zweifels und der Wut ohne Vorwarnung über dich hinwegspülen. Deine Heilung wird eher eine gezackte Linie aus „nicht so gut" und „besser" sein als eine sanfte Kurve des Fortschritts.

Etwas, das vielleicht hilft, ist die vom Zen beeinflusste „Realitätstherapie" oder nach ihrem japanischen Gründer auch „Morita" genannt. Ihr wichtigster Lehrsatz lautet: „Das Verhalten ist das Schwanzwedeln der Gefühle." Moritas Weg besteht darin, Gefühle wahrzunehmen und sie zu akzeptieren: „Ein Gefühl zu unterdrücken ist wie der Versuch, eine Welle mit dem Hammer zu erschlagen. Das erzeugt nur tausend kleine Wellen." Der stoische Ratschlag von Morita besteht darin, weiterzumachen und zu tun, was immer du tun musst, unabhängig von deiner Stimmung. Dann werden deine Handlungen letztlich deine Gefühle beeinflussen. Gefühle können als die „Würze" des Lebens betrachtet werden, statt als das Hauptgericht. Emotionen müssen nicht unbedingt unser Verhalten bestimmen, und wir müssen auch nicht mit ihnen in Einklang sein, bevor wir aktiv werden. Hier sind weitere handlungsorientierte Vorschläge, die für manche von uns in Verlustsituationen sinnvoll waren:

• Um dich wieder liebenswert zu fühlen, tu etwas Liebevolles für jemanden.

- Um Frieden zu empfinden, meditiere über den Frieden und die Freiheit von Leid für alle Lebewesen und trage deinen Teil dazu bei, Harmonie herzustellen, auch wenn sie sich darauf beschränkt, sanft zu sprechen.
- Denke bedeutsame Gedanken, um dich positiv zu fühlen, wenn du nicht positiv denken kannst. Überdenke deine Mythen, zum Beispiel, dass Glück und von einer Partnerin geliebt werden ein und dasselbe ist. Viele Menschen lieben die Welt oder einen wunderbaren oder wichtigen Teil von ihr dermaßen, dass sie auch als Single in Glück und Liebe leben. Im Gegensatz dazu sind viele Menschen, die geliebt werden, ausgesprochen unglücklich – genauso wie ihre Partnerinnen. Anregungen für weitere Qualitätsgedanken findest du in all deinen Büchern bedeutsamer Geistesgrößen.
- Schaffe einfache, klare Strukturen in deinem Leben, gerade in diesen turbulenten Zeiten. Das ist besonders wichtig, wenn du freiberuflich arbeitest oder nicht jeden Tag zur Arbeit gehen musst. Vielleicht meditierst du jeden Morgen, um dich wertvoll zu fühlen, ohne dich von irgend etwas überwältigen zu lassen.
- Zünde Kerzen und Räucherstäbchen an und stimme dich ein auf Rosenquarze oder rote Korallen, die du erbetteln, borgen oder kaufen kannst.
- Hol dir professionelle Hilfe, um deinen Humor wieder hervorzulocken. Die Welt ist voller HumoristInnen, die auf dich warten: geistreiche AutorInnen in der Bücherei, Komödien im Kino oder Theater, Clowns und Kabarettistinnen … Lachen ist das sanfte Seelenjogging, das dein Herz wieder in Form bringt.

- Tu einmal so, als besuchtest du eine sehr kranke Freundin und versuchtest, sie aufzuheitern. Die Unterhaltung wendet sich schließlich dem Thema zu: „Wie meine Beziehung starb". Deine Aufgabe ist es jetzt, diese arme Frau zum Lachen zu bringen. Stell die absurdesten Höhepunkte heraus, die lächerlichsten Argumente und das bizarrste Verhalten aus deiner Trennungsphase. Du wirst beginnen, selbst zu lachen. Von Natur aus sind wir vielleicht tragisch, aber von unseren Handlungen her sind wir oftmals sehr komisch.
- Entdecke deine ursprüngliche Faszination für die Wechselfälle des Lebens wieder.
- Und jetzt eine Botschaft aus der Drogenabteilung. Vermeide Alkohol und andere Suchtmittel. Schließlich sollst du eingestimmt werden, nicht wegtreten. Die meisten stimmungsverändernden Drogen lösen einen Kurzschluss in deinen Gefühlen aus und hindern dich daran, mit Şchmerz, Intimität oder auch Lust in Kontakt zu kommen. Statt zu heilen bekommst du eine chemische Lobotomie. Die Frau, die ihr Leben neu ordnen will, muss ihren Wein vielleicht zurückgehen lassen, heißt es.
- Auch eine „geographische Kur" solltest du ins Auge fassen. Eine wirksame Art, den Zauber des Unglücks zu brechen, ist, sich für eine Weile aus der angstvoll besetzten Szenerie herauszubegeben. Der Lieblingsstuhl deiner alten Liebe, ihre Geschenke, „unsere" Lieder auf all den Cassetten bereiten dir Kopfschmerzen. Wenn du eine Weile zu einer Freundin ziehst oder einhütest, selbst wenn es nur für ein Wochenende ist, wird dir das dabei helfen, der negativen Hypnose zu entgehen.

- Kaufe oder leihe dir neue Musik, um sie für deine Selbstheilung einzusetzen. Die Kombination von Alkohol und „eurer" Musik führt schnurstracks ins Fegefeuer.
- Wo wir gerade beim Fegefeuer sind: Die schlimmste Qual ist, wenn ihr euch schon getrennt habt, aber immer noch zusammen leben müsst, bis eine von euch eine neue Wohnung gefunden hat. Dies setzt eure psychische Stärke einem Härtetest aus und stellt die denkbar höchsten Anforderungen an euer gutes Benehmen. In diesem Fall solltest du so wenig Zeit wie möglich zu Hause verbringen. In einer solchen Situation kann kein Mensch Gleichmut bewahren. Gib vor, dass du eine großartige Schauspielerin in deiner größten Rolle bist: „Die attraktive Fremde". Denke „weiträumig". Oder tu so, als seist du eine weise, mitfühlende Priesterin der Göttin, die in das Tal des Schmerzes und der Würdelosigkeit hinabgestiegen ist, um Sanftheit und Großmut zu lernen. Es heißt, es sei nicht nötig, Buddha zu sein, es genüge, sich entsprechend zu verhalten. Tröstlich kann der Gedanke sein, dass du nach dem Auszug das Fegefeuer bereits auf Erden hinter dir hast und es im Jenseits nicht mehr durchleiden musst.
- Wenn du Glück hast und nicht die Rolle der Mitbewohnerin deiner Ex spielen musst, gibt es noch ein weiteres schreckliches Spiel, die „Gütertrennung". Wenn ihr zusammengelebt habt, müsst ihr all die Dinge aufteilen, die ihr gemeinsam angeschafft habt: Küchengeräte, das Aquarium, den Videorekorder oder – Göttin, hilf – den Futon und sogar die FreundInnen. Im Idealfall wurde dies alles bereits in eurer Übereinkunft geklärt. Wenn nicht, stehen euch jetzt rauhe Zeiten bevor. Materielle Güter symboli-

sieren dann oftmals emotionale Ungerechtigkeiten, die bereinigt werden müssen. Den meisten Ladies fällt bei der Erinnerung an ihre „beste Trennung" ein, dass jede der beiden Partnerinnen sich bemüht hat, enorm großzügig zu sein. „Dies ist mein Geschenk an dich." Solche Paare bleiben gewöhnlich Herzensfreundinnen mit gemeinsamen Ressourcen bis in die Gegenwart. Vermutlich wirst du hassen, was du deiner alten Liebe abgerungen hast, also warum trennst du dich nicht großmütig von einigen Dingen und behältst dafür deine Würde?

Bei Kindern ist es anders. Wiederum habt ihr im Idealfall die Besuchsrechte, den Unterhalt und andere Themen bereits geregelt, als die Wogen eurer Beziehung noch ruhig waren. Es ist stets am besten, den Kindern die Wahrheit über die Trennung und eure wirklichen Gefühle zu sagen. Kinder können eine Menge heilsame Weisheit aufbringen, um gut für sich zu sorgen. Aber sei darauf vorbereitet, mit ihnen über ihre Themen zu sprechen, die sich gar nicht so sehr von deinen unterscheiden: Verlassenheitsgefühle, Abhängigkeit, Stabilität, Schuldgefühle.

Sei auch darauf vorbereitet, dich mit deiner Herkunftsfamilie zu befassen. Es ist wahrscheinlich, dass Eltern und Geschwister, die dich schon während deiner lesbischen Beziehung unterstützt haben, dir auch in einer Trennungssituation beistehen. Familienmitglieder, die eurer Beziehung jedoch feindlich gesinnt waren, werden dir auch mit Vorurteilen und Schuldzuweisungen begegnen, wenn eine Trennung erfolgt. Das Traurigste ist jedoch, wenn eure Liebe für eure Herkunftsfamilien unsichtbar war, denn dann gilt das gleiche für den Schmerz eurer Trennung.

- Viele Frauen finden es hilfreich, wenn sie ihren Kummer in einem Tagebuch notieren können. Verfolge deine emotionalen Ausbrüche und versuche festzustellen, wodurch sie ausgelöst werden. Schreib auf, was dich stützt und stärkt, was dir hilft. Erfinde dich neu als jemand, die heimkehrt.
- Verfasse deinen aktuellen Nachruf. Verfasse den Nachruf, der in fünf Jahren aktuell sein soll.
- Verteile Zettel mit unterstützenden, ermutigenden Sätzen in deiner Wohnung: „Es hat dich also umgehauen. Steh auf und beginn von vorn." – „Ich habe den Rest meines Lebens zurückerhalten." – „Schmerz ist unvermeidbar. Leiden wählst du."
- Entwickle Teile deiner Persönlichkeit weiter, für die du bislang keine Zeit hattest. Kunst, Politik, soziales Engagement bieten großartige Möglichkeiten, neue Menschen in dein Leben einzuladen.
- Lade diese neuen Menschen von ganzem Herzen in dein Leben ein. Die Natur duldet kein Vakuum. Wenn du frei bist, allein zu wachsen, bist du auch frei, die eine zu finden, die nach dir Ausschau hält.
- Such dir jemanden, die mit dir in den Urlaub fährt. Er kann sonst eine einzige große Einsamkeitsspirale sein. Bitte deine FreundInnen, in Zeiten bei dir zu sein, die besonders schlimm sind, wie Jahres- oder Feiertage.
- Wenn die Zeichen auf Veränderung stehen, akzeptiere das. Veränderung hat deine Liebste gebracht, und Veränderung hat sie genommen. Manche Frauen legen sich neue Kleider zu, einen neuen Haarschnitt, einen neuen Job – sie verändern in dieser Zeit alles, nur die Kinder behalten sie.

So endet dieses unpopuläre Kapitel. Aber wenn wir alle Liebhaberinnen sind, die allein gehen – zumindest zeitweise –, ist
das dann das Ende? Es klingt doch mehr wie ein Anfang, denn
meistens ist das Ende der Anfang von etwas Neuem. „Nimm's
leicht", fordert uns Gertrude Stein auf, „und wenn du es nicht
leicht nehmen kannst, dann nimm es so leicht du kannst."

Originaltitel: *A Lesbian Love Advisor. The Sweet and Savory Arts of Lesbian Courtship.*
With the Commentaries of Lady Clitoressa & Her Circle
Published 1989 in the United States by Cleis Press Inc., P.O. Box 14684,
San Francisco, California 94114
© 1989 Celeste West

Copyright für die deutsche Übersetzung der Erstausgabe unter dem Titel
Lesben-Knigge. Ein Ratgeber für alle Liebeslagen:
© 1992 Fischer Taschenbuch Verlag GmbH, Frankfurt/Main
Copyright für die überarbeitete Fassung der deutschen Übersetzung:
© 2001 Verlag Krug & Schadenberg

Die Deutsche Bibliothek – CIP-Einheitsaufnahme:
West, Celeste:
Von der Kunst, Frauen zu lieben
Aus dem amerikanischen Englisch von Michaela Huber
Überarbeitet von Andrea Krug
Berlin: Krug & Schadenberg, 2001
ISBN 3-930041-27-8

2. Auflage 2005

Übersetzung: Michaela Huber, Göttingen
Lektorat: Andrea Krug, Berlin
Satz und Gestaltung: Dagmar Schadenberg, Berlin
Coverfoto: Christiane Pausch, Berlin
Druck: Clausen & Bosse, Leck

Wir schicken Ihnen gern unser kostenloses Gesamtverzeichnis:
Verlag Krug & Schadenberg, Arndtstr. 34, 10965 Berlin
Tel. (030) 61 62 57 52, Fax (030) 61 62 57 51
info@krugschadenberg.de, www.krugschadenberg.de